Ernst Pöppel, Beatrice Wagner
Von Natur aus kreativ

Inhalt

Vorwort 7

Teil 1   Vom Sinn der Kreativität 9

Teil 2   Bedingungen der Kreativität 15
Der Verlust des Ortes 15
   Gespräche mit Gunter Henn und Isolde Zondler 21
Die Fülle der Wahrnehmung 27
   Gespräch mit Igor Sacharow-Ross 33
Der Reichtum des Zufalls 37
   Gespräch mit York von Heimburg 43
Die Beharrlichkeit der Erinnerung 47
   Gespräch mit Hubert Burda 53
Der Terror der Wahrheit 57
   Gespräch mit Julian Nida-Rümelin 61
Die Gelassenheit der Verwegenen 65
   Gespräche mit Christa Maar und Maria Reinisch 70
Die Qual der Liebe 77
   Gespräch mit Henryk M. Broder 83
Die Gnade des Vergessens 87
   Gespräch mit Hans Magnus Enzensberger 91
Die Lust am Unmöglichen 97
   Gespräch mit Kai Diekmann 102
Das Gute des Bösen 107
   Gespräch mit James Giordano 116

Inhalt

Das Geschenk der Wiederholung 121
  Gespräche mit Yan Bao und ihren Studenten und Abdulla Al Karam . 126
Die Zeit der Gegenwart 135

Teil 3   Vier Milliarden Jahre Kreativität 147
Lebens- und Erlebensprinzipien 147
Die Versklavung des Bewusstseins und einige Befreiungsversuche 154
Komplementarität als kreatives Prinzip 158

Teil 4   Wissenschaftliche Kreativität in Gedichten 161
Warum gibt es überhaupt Gedichte? 161
Dichterische Spiele mit linguistischen Kompetenzen 168
Philosophische Themen 178
Vom Anfang bis zum Ende: Sex und Tod 186

Teil 5   Kreativität in den Augen anderer 195
Eine anarchistische Vorbemerkung 195
Kommentierte Texte von A bis Z 202
Dank 250
Gedichts- und Fotoquellen 251
Index 253

Vorwort

Jeder Mensch ist kreativ. Das ist die Botschaft dieses Buches. Auch wenn die Kreativität ein wenig verschüttet ist, kann sie wieder hervorgelockt werden, und dann kann man wieder aus sich herauslassen, was in einem verborgen ist. Dass wir alle kreativ sind, das ergibt sich aus unserer Natur, aus unseren biologischen Anlagen. Das evolutionäre Erbe, das in jedem Menschen steckt, gibt einen Rahmen vor, innerhalb dessen sich kulturelle und individuelle Kreativität entfalten können.

Wie ist dieses Buch aufgebaut? Wir Autoren, Beatrice Wagner (BW) und Ernst Pöppel (EP), haben uns die Arbeit aufgeteilt, wobei jeder dem anderen über die Schulter geschaut hat. Nach einem einleitenden Kapitel, in dem wir uns Gedanken über den Sinn der Kreativität machen, folgen Berichte und Geschichten über Kreativität (BW), die ein weit gespanntes Netz unterschiedlicher Aspekte von Kreativität ausbreiten. Hinter jedem Kapitel gibt es ein oder mehrere Gespräche mit Personen, deren Kreativität uns beeindruckt; die Meinungen anderer erweitern das Bild davon, was es mit der Kreativität auf sich hat.

Es folgt eine naturwissenschaftliche Begründung der Kreativität (EP), die sich an der Evolutionstheorie orientiert. Als Kräfte, von denen die Evolution vorangetrieben wird, gelten Mutation und Selektion, also zufällige Veränderungen und eine intelligente Auswahl aus diesen Veränderungen; doch dahinter steht von Anbeginn des Lebens Kreativität als biologisches Prinzip. Das „Neue" war immer schon mitgedacht, auch wenn es auf den ersten Stufen des Lebens ein „Denken", wie wir es verstehen, noch nicht gab.

Nach dieser Begründung dafür, dass wir geradezu kreativ sein müssen, kommt ein Abschnitt, der überraschen mag, in dem nämlich die Kreativität von Dichtern genutzt wird, um die Grundlagen der Kreativität auf eine andere Weise anschaulich zu machen (EP): Es wird gezeigt, dass in vielen Gedichten wissenschaftliche Erkenntnisse dargestellt oder sogar vorweggenommen werden, und viele Gedichte unter diesem Blickwinkel zu lesen sind. Die Gedichte, die zur Veranschaulichung ausgewählt wurden, sind eher von „leichterer Natur" – sie sollen auch Vergnügen bereiten.

Schließlich gibt es am Ende des Buches ein „Literaturverzeichnis", aber eines ganz ungewöhnlicher Art, das eingeleitet wird mit einer zynischen Erläuterung, warum es in Büchern überhaupt solche Verzeichnisse gibt (EP). Die Werke anderer sind hier jedoch nicht nur genannt, sondern werden durch Kommentare ergänzt. So kommen weitere Perspektiven auf das Thema Kreativität zur Geltung.

Schon an dieser Stelle gilt ein besonderer Dank unseren Gesprächspartnern. Es sind dies (in alphabetischer Reihenfolge) der Direktor von KHDA (Knowledge and Human Development Authorities) in Dubai Abdulla Al Karam, die Professorin für Psychologie an der Peking University Yan Bao, der Autor Henryk M. Broder, der Verleger und Mäzen Hubert Burda, der Chefredakteur Kai Diekmann, der Dichter Hans Magnus Enzensberger, der Neurowissenschaftler James Giordano, der Vorstand des Verlages IDG in Deutschland York von Heimburg, der Architekt Gunter Henn, die Präsidentin der Felix Burda Stiftung Christa Maar, der Philosoph und ehemalige Kulturstaatsminister Julian Nida-Rümelin, der Professor für Orthopädie Wolfgang Pförringer, der Pionier, Visionär und Psychiater Bertrand Piccard, die Kommunikationschefin für Siemens Deutschland Maria Reinisch, der russisch-deutsche Künstler Igor Sacharow-Ross und die „Seele" des Golfclubs Beuerberg Isolde Zondler. Sie alle haben unseren Horizont darüber erweitert, was Kreativität bedeutet.

Wenn zwei Autoren an einem Buch arbeiten, dann ist nicht zu verhindern, dass sie oft an verschiedenen Orten sind. Wie wichtig Orte für die Entfaltung der Kreativität sind, das ist auch ein Thema dieses Buches. Entscheidend ist, dass man ungestört ist, und das ist merkwürdigerweise besonders dann der Fall, wenn man von vielen Unbekannten umgeben ist, sei es in einem Restaurant, in der Eisenbahn oder im Flugzeug. So saßen wir manchmal in Icking, Irschenhausen oder Beuerberg im Restaurant und die anderen Gäste wunderten sich, warum immer ein Computer dabei war. Doch das meiste wurde in der notwendigen Abgeschiedenheit erarbeitet, sei es in Icking (BW) oder in Peking (EP).

Teil 1
Vom Sinn der Kreativität

Nein, im Leben geht es nicht darum, glücklich zu sein. Das empfiehlt zwar der Dalai Lama, und die amerikanische Verfassung verspricht es. Man sollte sich aber keine Ziele wie das Glück, das Paradies oder die Liebe vorgeben, weil diese so nicht zu erreichen sind – und weil häufig über sie vergessen wird, was im Augenblick zählt. Denn oft erkennen wir erst im Nachhinein, dass etwas gut war, dass wir glücklich waren. Und dass der Weg, den wir eingeschlagen haben, uns dorthin führen würde, das hätten wir in vielen Fällen nicht gedacht. Wer aber sagt: „Jetzt bin ich glücklich", der riskiert bereits mit diesem Satz, den zauberhaften Moment vorbeiziehen zu lassen. Wer das Paradies auf Erden will, muss immer die Wünsche anderer übergehen, denn jeder hat sein eigenes Bild paradiesischer Utopien, weshalb diese oft genug mit Gewalt durchgesetzt werden wollten. Wer immerwährende Liebe fordert, überfordert den anderen, und der Wille zur Liebe wird zur Freiheitsberaubung.

Liebe und Glück sind hehre Ziele, die nur die wenigsten erreichen. Aber zum Glück wurden uns Menschen andere Hilfsmittel mitgegeben, ein gelingendes Leben zu führen. Was uns vor allem anderen ausmacht, ist das Prinzip der Homöostase: der Drang, die eigene Mitte zu entdecken, das Gleichgewicht zwischen extremen Gefühlszuständen zu finden, eine Balance zwischen zu viel Energie und lähmender Tatenlosigkeit zu halten. Das schaffen wir nur dank einer Kreativität, die jedem von uns biologisch mitgegeben ist, auch wenn sie manchmal verschüttet ist.

Teil 1   Vom Sinn der Kreativität

Was ist diese Homöostase, die hier so wichtig wird? Der Begriff aus der Medizin meint das Gleichgewicht der physiologischen Körperfunktionen und die Stabilität des Verhältnisses von Blutdruck, Körpertemperatur, pH-Wert des Blutes und Ähnlichem. Wie wir unten noch genauer erläutern werden, gehen wir davon aus, dass die Natur eine Einheit bildet, dass Biologie und soziokulturelle Lebenswelt miteinander verbunden sind. Den Begriff der Homöostase verwenden wir deshalb für ein allgemeines Lebensprinzip. Unsere Kreativität besteht nun darin, in Extremzuständen Lösungen zu finden, um die Homöostase wieder zu erreichen.

Wir sind von Natur aus kreativ, doch müssen wir auch den Mut haben, unsere Kreativität zu nutzen, sie einzusetzen. Sapere aude – „Habe Mut, dich deines eigenen Verstandes zu bedienen", so schreibt Immanuel Kant 1784 in seinem berühmten Aufsatz „Was ist Aufklärung?". Ebenso gilt: Habe Mut, deiner Kreativität zu vertrauen, und habe Mut, zu handeln – agere aude.

Icking. Ein kleines bayerisches Dorf südlich von München. Die „Nackerten" aus der Berliner Kommune I haben hier Zuflucht gesucht, ebenso der Schauspieler Gert Fröbe. Und Rainer Maria Rilke hat hier gewohnt, im Haus Schönblick in der Irschenhausener Straße 87, von 1911 bis 1915. Die wenigen Menschen, die Icking kennen, ahnen vielleicht, dass Rilke die folgenden Zeilen mit Blick auf die wunderbare Alpensilhouette am Horizont gedichtet hat:

Berge ruhn, von Sternen überprächtigt; –
aber auch in ihnen flimmert Zeit.
Ach, in meinem wilden Herzen nächtigt
obdachlos die Unvergänglichkeit.

Wir, die beiden Autoren, sitzen im Rittergütl im Ickinger Ortsteil Irschenhausen, wo auch Rilke oft hingegangen ist. Wie groß ist die Wahrscheinlichkeit, dass wir ein Molekül Sauerstoff einatmen, das Rilke vor etwa 100 Jahren hier sitzend ausgeatmet hat? Es sind weit über 90 Prozent. So ist man über die Zeiten hinweg durch die Luft und das Atmen miteinander verbunden. Auch eine Form von „Unvergänglichkeit". Mutter Natur – oder wen immer man für die Schöpfung verantwortlich machen will – hat seit jeher für Unvergänglichkeit gesorgt.

Dies ist das Thema unseres Buches: Kreativität und Leben gehören zusammen. Von der Ursuppe, wo inmitten rein chemischer Prozesse Leben entstand, durch die gesamte Evolutionsgeschichte hindurch bis in unsere Gegenwart. Von den Einzellern bis zur angeblichen Krone der Schöpfung, von den Stammesgesellschaften bis zur heutigen Hochzivilisation.

„Jeder Mensch ist kreativ!" Es war eine Sensation, als Joy Paul Guilford, Präsident der American Psychological Association, dies 1949 in seiner Antrittsrede sagte. Als kreativ hatte man bis dahin nur die herausragenden Persönlichkeiten der Geschichte bezeichnet. Doch das Leben an sich ist kreativ, und jeder einzelne Mensch ist es auch. Und was sind Merkmale einer kreativen Person, die für jeden gelten oder zumindest gelten können, wenn man gleichsam rauslässt, was in einem steckt? Natürlich Neugier und eine Sensitivität für ungelöste Probleme; ein ungehemmter Gedankenfluss, der sich nicht durch Banales unterbrechen lässt; die Fähigkeit, sich zu konzentrieren und mit ganzem Herzen bei der Sache zu sein; die Fähigkeit, Dinge zusammenzufassen und sich nicht in Einzelheiten zu verlieren; Flexibilität, um seine Ziele zu erreichen, also nicht krampfhaft an einem Weg festzuhalten; die Fähigkeit zur Abstraktion und dazu, einen Sachverhalt analysieren zu können; eine lebendige Vorstellungskompetenz, denn häufig entwickeln sich kreative Gedanken in einer bildlichen Welt. Und was ganz wichtig ist: Man muss an sich selbst glauben, man muss unabhängig sein und man muss eine hohe Frustrationstoleranz haben, denn alles Neue wird zunächst von anderen als störend abgelehnt.

Wir sind also nicht kreativ um der Kreativität willen, sondern um unsere Ziele zu erreichen. Wir können gar nicht anders. Wir Menschen sind zum Entscheiden geboren, doch vor der Entscheidung findet im Gehirn ein häufig unbemerkter kreativer Prozess statt. Dass sich unsere Kreativität oft versteckt, heißt nicht, dass sie nicht da ist. Will man sie nutzen, muss man sie also erst „entbergen", um einen Begriff des Philosophen Martin Heidegger zu verwenden. Wir können uns selbst entdecken, ein Ventil für unsere Kreativität finden und herauslassen, was in uns steckt. Die Methoden hierfür werden im nächsten Teil dieses Buches beschrieben.

Kreativität dient immer dazu, dass wir in unsere Mitte, zu innerer Balance, gelangen. Konkreter: Wer in seiner Arbeit frustriert ist und aufgerieben wird, sucht sich in seiner Freizeit einen Ausgleich, der idealerweise das Gegenteil von dem darstellt, was in der Arbeit verlangt wird: Motorradfahren etwa oder alpines Bergsteigen, Aktivitäten, die Konzentration auf den Moment und Selbstverantwortlichkeit erfordern. Zwischen Frust (Arbeit) und Erfolg (Risiko-

Teil 1   Vom Sinn der Kreativität

sport) gibt es eine gedachte Mitte, ebenso zwischen Liebeskummer und Wolke sieben oder zwischen Abenteuer und Langeweile. Um diese Mitte herum rankt sich unser Leben. Und auch wenn wir gelegentlich die Extreme ausleben, so ist doch der Platz zwischen den Extremen unser Lebensbereich. Um dort immer wieder hinzulangen, benötigen wir die Kreativität, sie lässt uns Lösungen finden. Die biologisch in uns angelegte Kreativität ermöglicht erst und beschleunigt das Finden und das Erhalten unserer Mitte.

Mit diesem Buch wollen wir zeigen, dass das kreative Herstellen einer Mitte für jeden Lebensbereich gilt. Für das Denken, das Bewerten, die Bewegung, das Handeln. Ein gelangweilter Mensch öffnet Büchsen und Tüten, um sich zu sättigen. Ein kreativer Mensch stellt sich an den Herd und entdeckt die Geheimnisse der Zubereitung von frischen Lebensmitteln. Ein erschöpfter Mensch schlurft abends von der S-Bahn nach Hause. Ein kreativ-dynamischer Mensch geht mit Schwung und gönnt seinem Körper die Bewegung, die er braucht. Ein reservierter Mensch betreibt Sexualität nach dem Prinzip: Acht Minuten Missionarsstellung sind genug. Ein sinnlich-kreativer Mensch belässt es nicht dabei, sondern sucht nach neuen Ausdrucksformen für seine Lust. Und so ist es in allen Bereichen unseres Lebens. Wir sind so gemeint, kreativ zu sein, um ein ausgeglichenes Leben zu leben und zu erleben. Und wir sind nicht so gemeint, immer nur Extreme wie das höchste Glück zu erleben. Deswegen sind alle Bücher über Glück gut fürs Altpapier, aber nicht fürs Leben. Wir können für einen Augenblick glücklich gewesen sein und wir können traurig gewesen sein. Doch das Ziel des irdischen Seins liegt in der Mitte, trotz oder sogar mithilfe glücklicher und trauriger Momente.

Diese notwendige und uns aufgegebene Mitte ist natürlich individuell verschieden und immer auch von den Situationen abhängig, an die wir uns anpassen (oder auch nicht). In der Biologie kennzeichnet die Homöostase das Gleichgewicht der physiologischen Körperfunktionen und ist genau definiert – in Bezug auf die Psyche jedoch ist sie nicht normiert. Jeder Mensch hat seine eigene Mitte zwischen extremen Gefühlen und Zuständen. Dahinter verbirgt sich ein weiteres Prinzip des Lebens: Wir haben zwar unsere vorgegebenen Muster, nach denen wir leben, aber wir sind auch dazu in der Lage, diese an die realen Umstände anzupassen. Der Sollwert richtet sich nach dem Ausgangswert. Wer krank ist, entwickelt andere Ziele, als der, der gesund ist. Und so kann der Kranke, der seine (heruntergeschraubten) Ziele erreicht, lebenszufriedener sein als der Gesunde, der seine (hochgesteckten) Ziele verfehlt.

Teil 1 Vom Sinn der Kreativität

Die Natur war schon kreativ, als sie aus der Ursuppe das Leben erschuf. Wie dies geschah und warum, das versteht kein Mensch, außer jenen Gläubigen aus Religion und Wissenschaft, die mit dem Anspruch auftreten, für alles eine Erklärung zu haben. Aus dem einfachen Einzeller heraus entfaltete sich die ganze unfassbare Natur, mitsamt Rilke und seinen Gedichten und Gottfried Benn, der dieses Prinzip des Lebens wiederum in einem Gedicht zur Ursuppe beschrieben hat. Überhaupt tritt in Gedichten viel verborgene Wissenschaft zutage, in ihnen versteckt sich oft das Wissen der Naturforscher oder kündigt sich an. Künstler können Sinnschöpfer, Wissensschöpfer sein, die aufdecken, was dem rationalen Verstand erst nach anstrengender Reflexion bewusst wird.

Gottfried Benn: Gesang I

O daß wir unsere Ururahnen wären.
Ein Klümpchen Schleim in einem warmen Moor.
Leben und Tod, Befruchten und Gebären
glitte aus unseren stummen Säften vor.

Ein Algenblatt oder ein Dünenhügel,
vom Wind Geformtes und nach unten schwer.
Schon ein Libellenkopf, ein Möwenflügel
wäre zu weit und litte schon zu sehr.

Die Natur wirkt kreativ, indem sie Zustände in der Zeit von früher für später in Form von Erbsubstanz gleichsam einfriert und somit Erfahrungen für die Zukunft festhält. Das konnte schon die Urbakterie und das können wir. Über Jahrmillionen hat sich dieses Prinzip gehalten, und zwar ohne dass die Natur weiß, ob ihr das Eingespeicherte später einmal von Nutzen sein wird. Wir sammeln Erfahrungen wie Eichhörnchen Nüsse – ob die Nager sie jemals wiederfinden werden, wissen sie nicht. Im genetischen Speicher bilden sich aus den aufbewahrten Erfahrungen die Möglichkeiten zu neue Kombinationen. Und auch das entspricht einem Grundprinzip der Kreativität: Je mehr Erfahrungen, desto mehr Möglichkeiten, neue Wege zu gehen und neue Ideen zu entwickeln. Dies kennzeichnet übrigens auch einen Vorteil des Alters gegenüber der Jugend. Unerfahrenere Menschen haben allerdings die Möglichkeit, unkonventionell in alle Richtungen zu denken. Dieses „wilde Denken" ist aber zumeist noch kein kreativer Prozess. Kreativität entfaltet sich immer auf der Grundlage von realen Gegebenheiten. Auch wird Kreativität manchmal mit Innovation verwechselt. Kreativität ist eine persönliche Angelegenheit, denn das einmalig Neue kann immer nur einem Gehirn entspringen. Auch wenn man in einer Gruppe zusammensitzt, etwa in einem Think Tank, dann mag die Gruppe die Bedingung dafür sein, dass jemandem etwas einfällt, aber es fällt immer einem Einzelnen ein. Eine Innovation dagegen ist ein soziales Gebilde: Ein kreativer Gedanke kann noch so genial sein, doch erst in Relation zu den Ideen anderer kann er eine Innovation sein. Und wenn er schließlich an die Öffentlichkeit gelangt und von anderen aufgenommen wird, dann gelten andere Gesetze, insbesondere Marktgesetze, wenn es um neue Produkte oder Dienstleistungen geht.

Machen wir uns also auf die Reise durch die Lande der Kreativität. Welches sind die Bedingungen dafür, dass wir kreativ sind oder sein können? Was mag unserer Kreativität, die in jedem steckt und aus jedem heraus will, im Wege stehen? Was meinen andere über ihre Kreativität, die sie durch ihr Lebenswerk beweisen und bewiesen haben? Wie konnte sich Kreativität überhaupt in uns entfalten, was also sind die Vorgaben unseres Gehirns, das auf eine Geschichte von einigen Milliarden Jahren zurückblicken kann? Wie äußert sich wissenschaftliche Kreativität, an die Autoren vielleicht gar nicht gedacht haben, in ihren Gedichten? Aus allem, was um uns und in uns geschieht, was sich unserem Bewusstsein zeigt und anderen sichtbar wird, aus allem können neue Wege der Kreativität entstehen. Man muss sie nur gehen.

Teil 2
Bedingungen der Kreativität

Der Verlust des Ortes
Warum ein Ort mit durchlässigen Grenzen wichtig ist

Es braucht gute Randbedingungen für Kreativität. Wenn wir uns anschauen, wie eine Zelle organisiert ist, sehen wir, dass ihre Grenzen halb durchlässig sind: Sie sind offen für manches, was sie von außen brauchen, und undurchlässig für manches, was nicht wieder hinaus soll – ein Vorbild für die Gestaltung von Arbeitsplätzen.

Als Herr K. an diesem Tag zur Arbeit kam, war alles anders. An den Eingangstüren seines Bürotowers prangte ein neues Firmenschild mit dem Zusatz: „Zukunftsbetrieb 3000. Ausgezeichnet nach DIN …", und es folgte eine fünfstellige Ziffer, die Herrn K. nichts sagte. Die Empfangsdame erklärte geschäftsmäßig, dass er nun kein eigenes Büro mehr besitze. Aber mit dem Transponder, den sie ihm überreichte, könne er jeden Büroraum in seiner Abteilung öffnen. Und die PIN-Nummer auf dem Zettel sei für den Laptop und das Telefon. Seinen früheren Computer könne er nicht mehr benutzen, der sei sowieso veraltet gewesen. Nun sei alles modernisiert, man habe im ganzen Tower nur noch geleaste Laptops, die jedes Jahr erneuert werden. Doch selbstverständlich sei sein Account unberührt. Wenn er mit dem Transponder ein Büro betrete und mit der PIN-Nummer das Telefon entsperre, werden Anrufe, die für ihn bestimmt sind, automatisch an diese Nebenstelle geleitet. Es sei ganz einfach. Dann drückte sie ihm noch einen Briefumschlag in die Hand und wünschte ihm einen schönen Arbeitstag.

Herr K. war platt. Drei Wochen Urlaub, und jetzt das. Erst mal einen Kaffee, um die Gedanken zu ordnen. Zumindest der Automat stand noch an der alten Stelle. Im Umschlag, den ihm die Empfangsdame gegeben hatte, war ein Anschreiben seines Chefs: „Wir haben festgestellt, dass unsere Mitarbeiter 70 Prozent ihrer Arbeitszeit nicht in ihren Büroräumen verbringen. Sie halten Meetings ab oder sind auf Kongressen, haben Urlaub oder befinden sich in der Kaffeepause. Und zehn Prozent sind immer auf der Toilette. Deswegen haben wir nach der Gleitzeit nun auch die ‚gleitenden Büroräume' eingeführt. Das hat für Sie den Vorteil, dass Sie sich in jedem Büroraum niederlassen können, der frei ist. In Stoßzeiten müssen Sie damit rechnen, dass alle Büros belegt sind. In einem solchen Fall können Sie jederzeit in eine der Arbeitslounges ausweichen und dort einen Einzelarbeitsplatz belegen."

Herrn K. fiel ein, dass auf seinem alten Schreibtisch noch Fotos von seiner Frau und seinen Kindern gestanden hatten. Und in den Schubladen lagen Aspirin, eine Packung Zigaretten, weil ihm seine Frau zu Hause das Rauchen untersagte, und aus ähnlichen Gründen eine Packung Kondome. Was war damit? „Ihre Sachen haben wir unter Aufsicht eines Juristen in einer abschließbaren Box verstaut, diese händige ich Ihnen heute bei Feierabend aus", schnurrte die Empfangsdame mechanisch. Wahrscheinlich hatte sie das in den letzten Tagen schon mehrere Hundert Mal erklärt. Dass seine persönlichen Dinge, die wenigen, die er im Büro hatte, von anderen einfach angefasst und zusammengepackt worden waren, traf Herrn K. mehr als die Umorganisation seines Büros. Ihm kamen die Bilder von einer kürzlich stattgefundenen Kernreaktor-Katastrophe in den Sinn. Die Arbeiter im zerstörten Kraftwerk hatten alles Persönliche abgelegt und Schutzkleidung angezogen, eine Gasmaske, Schutzanzug, -schuhe und -handschuhe. Keiner war mehr vom anderen zu unterscheiden gewesen. Nicht mehr wie Individuen sahen sie aus, sondern wie austauschbare Arbeitsroboter. Und genau so fühlte sich Herr K. Er nahm seine Utensilien und ließ sich einen freien Raum zuteilen. Endlich am Schreibtisch, loggte er sich in seinen Account ein. Er blickte lange auf die Datenketten auf seinem Bildschirm. Doch an diesem Tag wusste er damit einfach nichts anzufangen.

Aus Sicht der Hirnforschung verständlich. Wir sind von Natur aus ortsverankerte Wesen. Wir brauchen für die Entfaltung unserer Möglichkeiten Sicherheit, und diese Sicherheit wird uns dann gegeben, wenn wir uns irgendwo heimisch fühlen. Da viele einen großen Teil ihrer Zeit in einem Büro zubringen, ist das ebenfalls ein Ort, an dem wir uns heimisch fühlen könnten und es intuitiv auch wollen. In einem neuen Arbeitsraum breiten wir häufig zuerst die persönlichen Dinge aus, und seien es nur die eigene Kaffeetasse und ein Foto. Damit wird ein Revier in Besitz genommen, der Raum wird zu einem persönlichen Ort, zu einem Bezugspunkt, von dem aus man lebt und handelt.

Der geschützte Raum ermöglicht eine Erweiterung unserer Innenperspektive, aus der heraus wir die Welt betrachten. Indem wir persönliche Sachen um uns herum verteilen, erweitern wir sozusagen unser Inneres. Der Schreibtisch, der Laptop, die Bilder und Bücher um uns herum sind Teile unserer selbst und helfen, uns am Arbeitsplatz heimisch zu fühlen. Der japanische Hirnforscher Atsushi Iriki hat dies einmal an Makaken beobachtet. Die Gehirnstruktur dieser kleinen Affen ist der von uns Menschen sehr ähnlich. Wenn ein solcher Makake versuchte, mit einem Stöckchen an ein Leckerli zu kommen, wurden interessanterweise dieselben Hirnareale aktiviert, wie wenn er mit den Pfoten danach griff. Das Stöckchen wurde also zum erweiterten „Selbst".

Dieses erweiterte Selbst aber wird wieder auf uns alleine eingeschränkt, wenn wir nur einen leeren, austauschbaren Büroraum zugewiesen bekommen. Um uns dort heimisch zu fühlen und dort anzuknüpfen, wo wir am Tag zuvor die Arbeit unterbrochen haben, brauchen wir in diesem fremden Raum erst einmal eine Anlaufzeit. Der Büroraum ist zunächst anonym, wir blicken auf ihn als etwas, was außerhalb unserer selbst ist, mit dem wir uns aber nicht identifizieren. Will man also erreichen, dass sich jemand mit seiner Arbeit identifiziert, sollte man ihm eine Ausweitung der Innenperspektive ermöglichen. Dies gilt für Büroräume, aber auch für entindividualisierte enge Arbeitsplätze wie in einer Fabrik oder auf einem Schiff. Dort wird der eigene Spind zum kleinen Wohnzimmer, zum Hort der Individualität.

Kreativität gedeiht aber nicht nur an einem individuellen Ort, sondern auch an öffentlichen Plätzen. Ein besonders plakatives Beispiel dafür, dass man kreativ sein kann, wenn Menschen um einen herum sind und man von einem permanenten Geräuschteppich umgeben ist, ist der Erfolg der Autorin Joanne K. Rowling. Als alleinerziehende Mutter einer kleinen Tochter lebte sie von Sozialhilfe, als sie am ersten Band von „Harry Potter" arbeitete. „So machte ich mich in einem regelrechten Rausch an die Arbeit, weil ich unbedingt das Buch beenden und zumindest versuchen wollte, es veröffentlichen zu lassen. Wenn Jessica in ihrem Kinderwagen einschlief, eilte ich stehenden Fußes ins nächste Café und schrieb dort wie eine Wahnsinnige." (Nachzulesen in der Biografie auf ihre Website. Auch in einem Interview gab sie einmal bekannt, ihr liebster Schreibort sei das Café Nicholson's in Edinburgh.)

Ein öffentlicher Platz als liebster Ort zum Schreiben? Ein Café als Ort der Kreativität? Ja, denn auch die Isolation, das Abschotten von sinnlichen Eindrücken, lässt kreative Potenziale ungenutzt. Das Gehirn braucht Anregungen von außen zur Förderung der Kreativität. „Trigger" wie Geruch, Gehörtes und Alltagsszenen sind geeignet, um Erinnerungen wachzurufen und neue Ideen anzuregen. Untersuchungen haben gezeigt: Der Blick auf eine belebte Straße lässt die Gedanken leichter fließen als der Blick ins Grüne. Denn das Straßenleben wirkt belebend, das Grüne beruhigend. Man benötigt zum Denken ein erhöhtes Aktivierungspotenzial des Gehirns. Dafür ist das Arbeiten im Cafe optimal. Man kann sich zugehörig fühlen, ist Sinneseindrücken ausgesetzt und wird dennoch nicht gestört. Die Umgebung von anderen Menschen beinhaltet außerdem eine psychische Komponente. Beim Schreiben im Café wie bei Rowling, aber auch beim Arbeiten im ICE stellt sich das Gefühl ein, dass andere im Fall des Falles da seien und man sich mitten in einem sozialen Netz befinde. Und gleichzeitig kann man sich abschotten, denn die unbekannten Menschen in der direkten Umgebung treten nicht als Individuen in Erscheinung und kommunizieren nicht direkt mit einem, sie stören also nicht. – Der Mensch lebt von Paradoxien.

Austausch und Durchlässigkeit – das ist ein naturgegebenes Prinzip von Kreativität und in der Natur zu beobachten. So sind etwa die Wände einer lebendigen Zelle ebenfalls nicht starr und schließen die Welt draußen nicht vollkommen von der Welt im Zellinnern ab. Sie sind semipermeabel: Sinnvolle Stoffe werden hineingelassen, andere nicht. Dies ist die Funktionsweise der Osmose, ein Vorgang, der für viele regulative Abläufe in der Natur von Bedeutung ist.

Auch in vielen Büros findet Osmose statt, nämlich dann, wenn die Zimmertüren geöffnet bleiben, zumindest temporär. Gespräche finden dann nicht im Refugium des einen oder des anderen statt, sondern entstehen im Türrahmen. Will man die Interaktion mit anderen fördern, sodass sich kreative Prozesse entfalten können, spielt auch die Gestaltung der Räume oder eines Gebäudes eine maßgebliche Rolle. Bereits ein anderes Stockwerk hindert daran, mit anderen in einen kreativen Kontakt zu treten. Kreativität findet in einem Radius von etwa 50 Metern statt, und dies auf einer einzigen räumlichen Ebene. Eine gelungene Architektur, die Kreativität anregt, muss also von der Innenperspektive des Menschen ausgehen und gleichzeitig den „osmotischen" Kontakt zu anderen ermöglichen. Übereinandergetürmte Räume in einem Bürotower isolieren die Menschen voneinander, und durch fehlenden Kontakt zu anderen bleiben kreative Potenziale ungenutzt.

Das Prinzip der Kreativität ist eine unglaubliche Leistung der Natur, und was sich in der Natur bewährt, das wird immer wieder angewandt. Dies schlägt eine Brücke zwischen den molekularen und den sozialen Prozessen, weshalb die Anforderungen an die Funktionstüchtigkeit einer Zelle und eines Büroraumes vom Prinzip her gleich sind.

Die Beispiele der Zelle und der Büroräume verdeutlichen also zwei Grundvoraussetzungen dafür, unsere Kreativitätspotenziale zu entfalten: die Ruhe und Entfaltungsmöglichkeit einerseits und der Kontakt und Austausch mit anderen andererseits. Kreativität findet zwischen den extremen Polen Isolation und Integration statt. Oder, psychologisch betrachtet: zwischen Introversion und Extraversion. Dies mögen als aktuelles Beispiel die fehlgeschlagenen Ermittlungen bei den Morden des „Nationalsozialistischen Untergrunds" (NSU), auch kolportiert unter „Zwickauer Zelle", verdeutlichen: Der fehlende kommunikative Austausch zwischen den einzelnen Strafverfolgungsbehörden – auch eine Art von Zellen – verhinderte, dass Kreativität sich entfalten und man zu Ergebnissen und einem Gesamtbild kommen konnte. Die terroristische Neonazi-Zelle NSU hingegen spielte bloß ein (destruktives) Programm ab – dafür allerdings war die Isolation sogar förderlich.

Aus der Biologie ist der Ausgleich zwischen zwei Extremen als Homöostase bekannt. Wir sind von vornherein in ein genetisches Programm eingebettet, das Stoffwechsel, Körpertemperatur, Blut- oder pH-Werte nur im „mittleren" Bereich funktionieren lässt – jeder Ausschlag zu einem Extrem hingegen ist äußerst ungesund. Auch im sozialen Umfeld versuchen wir immer, die richtige Position zu finden, die weder zu extrem in die eine Richtung geht, noch zu sehr in die andere. Nach einer öden Bürowoche wollen wir am Wochenende etwas erleben; wenn eine Woche aber sehr aufregend war, suchen wir am Wochenende eher Ruhe und Erholung. Um den Ausgleich herzustellen und die

Teil 2 Bedingungen der Kreativität

Lebensumstände entsprechend zu gestalten, brauchen wir Kreativität. Das ist ein Sinn von Kreativität, der sich durch das ganze Buch zieht, und dem wir in immer unterschiedlichen Umständen begegnen. Kreativität ist das Werkzeug, mit dem wir uns an die Herausforderungen der Welt anpassen können.

Wissen es viele Unternehmen also nicht besser? Ist eine Infrastruktur, die Kreativität behindert, nicht kontraproduktiv und schränkt schlussendlich die Gewinnmarge ein? Und berauben Unternehmen ihre Mitarbeiter tatsächlich nur aus Unwissenheit der Grundlage für Kreativität? Auf der Führungsebene wird die Kreativität der Mitarbeiter oftmals als Hindernis für die Funktionsfähigkeit und damit die Produktivität eines Unternehmens betrachtet. Denn Kreativität beinhaltet auch Unvorhersehbares, und das ist für die Linie eines Unternehmens nicht immer gewünscht. Doch durch die Beseitigung von Kreativität entstehen neue Probleme: Wer nicht mehr das Gefühl hat, innerhalb seines Bereichs eigenverantwortlich entscheiden zu dürfen, sondern Aufgaben nur noch abarbeiten muss, der steuert auf Frustration und Burn-out zu. Kreative Arbeit ist immer auch erfüllende Arbeit, für die sich Mitarbeiter gerne engagieren. Doch dafür müssen sie Aufgaben zu Ende bringen dürfen, erst dann kann sich ein Belohnungsgefühl einstellen: das Gefühl, dass uns etwas gelungen ist.

Wir müssen also Büroräume, Arbeitsplätze oder andere Begegnungsstätten kreieren, welche uns optimal arbeiten und denken lassen. Dazu meldet sich nun Stararchitekt Gunter Henn zu Wort, dessen Aufgabe es ist, in großem Stil Bauten zu erschaffen, in denen die Kreativität Fuß fassen kann, von Forschungszentren und Hochschulgebäuden über Ausstellungsräume bis hin zu Bürogebäuden. Anschließend erläutert Isolde Zondler, die zusammen mit ihrem Mann Urs Zondler einen der schönsten Golfclubs in Deutschland mit einem vorzüglichen Restaurant betreibt, ihre persönlichen Erfolgsrezepte.

Ich spüre, wenn etwas perfekt ist
Ein Gespräch mit Gunter Henn

Gunter Henn – einer der Großen unter den Architekten: In München hat er zusammen mit seinem Team das Projekthaus im Forschungs- und Innovationszentrum von BMW entworfen, für Volkswagen die Autostadt Wolfsburg und die Gläserne Manufaktur Dresden, sowie viele weitere maßgebliche Gebäude für Wissenschaft und Industrie. Er prägt das Erscheinungsbild ganzer Stadtteile, vor allem auch in China. Er hat eine Vielzahl an Architekturpreisen gewonnen, er lehrt am Massachusetts Institute of Technology (Cambridge, USA) und ist Inhaber der Professur für Industriebau an der Technischen Universität Dresden. Architektur ist für ihn eine Antwort auf die Bedürfnisse eines Bauherrn: Welche Art von Gemeinschaft soll entstehen, welche Kommunikations- und Kooperationsform sich entwickeln? Dafür werden kreativ ästhetische und nützliche Lösungen gesucht. Ein Besuch bei ihm in der Münchner Augustenstraße.

Wagner: Sie arbeiten in einem Feld, in dem sowohl Nützlichkeit als auch Ästhetik eine große Rolle spielen. Was ist eigentlich „Ästhetik" – und wie wirkt sie?

Henn: Je nach Kultur gibt es unterschiedliche Wahrnehmungen von Ästhetik, aber dennoch gibt es eine Grundübereinstimmung: Überall geht es um Ausgewogenheit, von oben und unten, eng und weit, der faktischen Ordnung. So entstehen Symmetrien. Diese sind etwas Universales in der Natur, sie reichen von Bäumen über Blüten und Schneckenhäuser bis hin zum Antlitz des Menschen.

Wagner: Machen nicht auch Abweichungen etwas schön?

Henn: Doch, genau, das ist das nächste Prinzip. Eine vollkommene Wiederholung ist langweilig. Symmetrie bedeutet auch nicht die Wiederholung des Gleichen, sondern ein Gleichgewicht der Formen.

Wir kennen verschiedene Symmetrien. Zunächst einmal gibt es die Grundrisssymmetrie, die uns Halt gibt, zum Beispiel in der Längsrichtung einer Basilika. Dann haben wir die vertikale Symmetrie: Betrachten Sie einmal den Barcelona-Pavillon, den Mies van der Rohe für die Weltausstellung 1929 entworfen hat. Hier erfassen wir den Grundriss nicht mit einem Blick, aber dafür werden Boden und Decke durchgängig gespiegelt, auch das gibt Halt, denn auf halber Raumhöhe entsteht eine Symmetrieachse. Im Guggenheim-Museum in New York wiederum liegt eine Drehsymmetrie vor. Das Drehzentrum bildet den Mittelpunkt, nach der Drehung um einen gewissen Winkel sieht die Figur wieder genauso aus wie zuvor. Wahrscheinlich würden wir uns dauerhaft in unsymmetrischen Umgebungen nicht wohlfühlen. Wir haben ein Bedürfnis nach einem gewissen Maß an Symmetrie.

Pöppel: Unsere Vorstellungen von Ästhetik wandeln sich. Worin liegt dies begründet?

Henn: Wir haben ein Bedürfnis nach Veränderungen. Unsere heutige Gesellschaft ist nicht mehr feudal überwölbt, sodass nur ein Stil vorherrscht. Vielmehr hat sich eine Gleichzeitigkeit von Unterschieden herausentwickelt. Diese kann entweder über viele Jahre hinweg entstehen, sie kann aber auch schlagartig hergestellt werden, weil wir Funktionen koppeln möchten. Betrachten Sie das Konzept eines Flughafens: Es muss die Funktionen „Taxi fahren", „shoppen" und „fliegen" koppeln, wie es Soziologe Armin Nassehi ausgedrückt hat, und beinhaltet deshalb eine Gleichzeitigkeit von Unterschieden. Gleichzeitigkeiten nehmen heute zu, und dies wird häufig als Verunsicherung erlebt. Architektur hat dann die Aufgabe, Instabiles in eine Stabilität zu überzuführen, ohne die Unterschiede zu leugnen. Aus diesem Grund spricht man auch von der „Architektur" eines Friedensabkommens oder von einer „Sicherheitsarchitektur".

Pöppel: Können Sie Ihre Projekte frei gestalten, sofern Sie die anthropologischen Universalia berücksichtigen, also das, was alle Menschen als schön empfinden?

Henn: Nicht ganz, denn es gilt, auch die kulturellen Spezifika zu berücksichtigen. In China werden immer mehrere Häuser eng aneinander gebaut. In einem vereinzelten Haus würden sich die Menschen nicht wohlfühlen und dort wohl gar nicht erst einziehen. Die Straße als solche ist in China eher ein Unraum, für uns hingegen bedeutet sie auch öffentliches Leben. In Japan wiederum müssen die Gebäude voneinander getrennt stehen, da steckt ursprünglich der Brandschutzgedanke dahinter. Heute ist es zu einer sozialen Tatsache geworden. Weitere Besonderheiten, auf die wir Rücksicht nehmen muss, sind klimatische Bedingungen. In heißen Ländern etwa sind kleine Fenster wegen der Sonneneinstrahlung funktional.

Wagner: Kann man den ästhetischen Sinn trainieren?

Henn: Wenn man früh damit beginnt, und wenn man dies anwendungsbezogen macht. Deshalb sollte es Architektur als Schulfach geben, um an diesem Gegenstand etwas über Farben, Ästhetik und Haptik im Allgemeinen zu lernen. Doch im ganzen Bildungsprozess fehlt die Erkenntnis, dass man das Schöne herstellen kann.

Pöppel: Wie merken Sie, dass ein Entwurf geglückt ist?

Henn: Ich ahne während des Entwickelns, ob der Entwurf etwas Besonderes wird oder nicht. Das Besondere ist dann geglückt, wenn verschiedene Betrachtungsmuster übereinander passen und die Dinge nicht nur aus einer Perspektive, sondern aus mehreren erklärt werden können. Und es ist etwas Besonderes, wenn sich verschiedene Aspekte in einer ähnlichen Ästhetik darstellen, wenn eine Idee vom großen bis zum kleinen Maßstab durchgängig erkennbar ist. Ich spüre, wenn etwas perfekt ist. Dem kann man sich nicht entziehen. Es ist dann da, Dopamin pur. Manchmal zögere ich die Vollendung heraus, um auch das Glücksgefühl hinauszuzögern.

Pöppel: In der Wissenschaft ist man dreimal frustriert oder dreimal beglückt. Zunächst macht man ein Experiment, das ist der größte Rausch, etwas verstanden zu haben. Dann schreibt man es auf, es muss dokumentiert werden. Damit ist man dann einigermaßen zufrieden. Die dritte Stufe ist dann erreicht, wenn andere es rezipieren.

Henn: Das ist in der Architektur ähnlich. Als wir den Auftrag erhielten, für Volkswagen mitten in Dresden eine gläserne Manufaktur zu errichten, erlebten wir den ersten Rauschzustand. Die Idee war zunächst unvorstellbar, aber wir ahnten, dass es irgendwie gehen wird. Der zweite Höhenrausch stellte sich ein, als wir die Lösung dafür fanden, wie das Gebäude den räumlichen Anforderungen entsprechen könnte. Und natürlich ist es beglückend, wenn jetzt, zehn Jahre später, noch immer darüber berichtet wird.

Wenn alle gern hier arbeiten, überträgt sich das auf die Gäste
Ein Gespräch mit Isolde Zondler

So manche Seite dieses Buches ist im Golfrestaurant Beuerberg entstanden. Ein – wie wir finden – magischer Ort, auf einem Hochplateau gelegen, vor 40 Kilometern unverbauter Alpenkulisse. Trotzdem fragen wir uns, warum dieser Ort offenbar besonders kreativitätsanregend ist.

Wagner: Frau Zondler, ich spiele zwar kein Golf, aber ich habe schon häufiger Ernst Pöppel hierher begleitet, er dreht dann eine Runde auf dem Golfplatz, ich bearbeite währenddessen meinen Laptop, und anschließend tragen wir bei einem gemeinsamen Essen unsere geistigen Ergüsse zusammen. Der Ort scheint sich anregend auf die Kreativität auszuwirken. Beobachten Sie das häufiger?

Zondler: Hier werden viele Kontakte geknüpft, Ideen geboren und Geschäftsabschlüsse getätigt, auch wenn ich das natürlich nicht alles im Einzelnen mitbekomme. Auf jeden Fall weilen die Gäste lange bei mir, und sie kommen nicht nur, um Golf zu spielen.

Pöppel: Hier wird das Konzept der Syntopie verwirklicht. Dieser Kunstbegriff besagt, dass unterschiedliche Zeiten und Kulturen an einem Ort zusammengebracht werden. Wenn sehr unterschiedliche Menschen aus verschiedenen Bereichen oder Kulturen zusammentreffen und einen Rahmen finden, um sich auszutauschen, entsteht zwangsläufig etwas Neues. Deswegen ist das für mich ein kreativer Ort.

Wagner: Dann müssten wir jetzt herausbekommen, worin das Geheimnis der Begegnung besteht. Der Architekt Gunter Henn hat uns erzählt, dass es beim Design von privaten Innenräumen darum geht, ein Nest zu gestalten und Sicherheit zu vermitteln. Und gemütlich ist es hier ja.

Zondler: Wir haben einen zeitlosen, edlen Landhausstil, der vermittelt in der Tat etwas Beständiges, ohne altmodisch zu sein. Die Terrasse ist mit den vielen Blumen natürlich sehr romantisch. Für mich gilt: lieber etwas opulenter als zu nüchtern. In ein cooles, ungemütliches Restaurant würde ich niemals gehen. Ich brauche außerdem ein schönes Licht, wenn möglich auch noch schöne Musik dazu. Vielleicht tragen all die vielen Sinneseindrücke zur Kreativität bei?

Pöppel: Ein kreativer Ort ist sicher ein Gesamtkunstwerk. Auch die Atmosphäre ist entscheidend. Dazu gehört, dass Hausherrin oder Hausherr wirklich präsent sind. Dass sie oder er durch die Räume schreitet, die Gäste willkommen heißt. Man muss den Eindruck haben, dass Patron und Patronin alles im Blick haben und ihnen keine Einzelheit entgeht – und dass sie gerne an diesem Ort sind.

Zondler: Genau so handhaben wir es. Mein Mann und ich gestalten alles so, dass wir und unser Team uns auch selbst wohlfühlen, denn wir verbringen ja die meiste Zeit des Lebens hier. Und wenn alle gerne hier arbeiten, überträgt sich das auf die Gäste. Wir schaffen einen äußeren Rahmen, damit sich die Kreativität anderer entfalten kann, und hierfür setzen wir unsere eigene Kreativität ein. Das ist vielleicht das ganze Geheimnis.

Die Fülle der Wahrnehmung
Wie das Gehirn unsere Sinneswahrnehmungen verändert

Kreativität basiert auf wahrgenommenen Informationen. Sinnesorgane bilden "mittige" Wahrnehmungen, um damit sensibler für Abweichungen zu sein. Experte ist, wer einen inneren Maßstab entwickelt und damit eine hohe Sensibilität hat. Dies ist oft bei Künstlern der Fall, aber manchmal auch bei deren Vätern, wie die folgende Erzählung beweist.

Auguste beim Lesen zuzuhören war eine Qual. Schriftstücke von ihm: eine Katastrophe. „Zu viele Fehler, er muss mehr lernen, mit mehr Disziplin", meinten seine Lehrer. Doch sein Vater war anderer Meinung. „Der Junge kann nicht richtig lesen und schreiben, aber er kann etwas anderes. Er hat ein gestalterisches Talent." Er nahm seinen 14-jährigen Sohn Auguste wieder aus dem Internat, wo er „unter denen leidet, die ihn mit Fremdheit und Rücksichtslosigkeit umgeben". Stattdessen ermöglichte er ihm etwas anderes: Sein Sohn „lernt in einer kleinen Zeichenschule zuerst den Ton kennen, den er am liebsten nicht wieder aus den Händen ließe: so sehr sagt dieses Material ihm zu." Auguste wuchs heran und wurde zu dem weltberühmten Mann, dessen Biografie der Dichter Rainer Maria Rilke, von dem die beiden obigen Zitate stammen, wie folgt begann: „Rodin war einsam vor seinem Ruhme. Und der Ruhm, der kam, hat ihn vielleicht noch einsamer gemacht."

Doch hier soll es zunächst gar nicht um den französischen Bildhauer Auguste Rodin gehen, sondern um seinen Vater. Der arbeitete als Beamter in der Polizeiverwaltung und bemerkte früh, dass sein Sohn offenbar an einer Störung litt, die heute als Legasthenie bekannt ist, damals aber noch gar nicht erforscht war. Und er spürte Augustes Kunstbesessenheit. Er nahm sowohl die Stärken und als auch die Schwächen seines Sohnes in den Blick, um dann nach einem Weg zu suchen, ihm zu helfen. Vor seinem kreativen Handeln stand also die Wahrnehmung.

Verschiedenste Sinnesorgane geben uns Auskunft über die Welt. Der ursprünglichste Sinn ist das vestibuläre System, das unser Gleichgewicht steuert und uns auf der Welt stehen lässt. Der für uns wichtigste Sinn ist der visuelle, 80 Prozent der sinnesverarbeiteten Neuronen im Gehirn sind mit ihm beschäftigt. Aber alle Sinnesorgane verrichten Dienstleistungen, um uns an die Welt anzubinden und uns Orientierung darin ermöglichen. Bei Tieren ist dies ebenso, aber Menschen ist ihre Fähigkeit zur Wahrnehmung in stärkerem Maße als anderen Lebewesen bewusst. Sie haben, wie man in der Psychologie sagt, eine „Theory of Mind", eine Theorie darüber, wie der Geist funktioniert, und damit auch die Fähigkeit, sich in Gefühle, Situationen, Denkweisen und Wahrnehmungen anderer Personen hineinzuversetzen. Mit der Fähigkeit, eine Außenperspektive zu sich selbst zu entwickeln, geht einher, dass wir die Welt nicht nur hinnehmen, sondern sie wahrnehmen. Darin, dass wir uns unserer Wahrnehmungsfähigkeit bewusst werden, liegt der Ursprung von Achtsamkeit und Aufmerksamkeit, es beginnt eine Art Wahrnehmungskreislauf: Ich nehme wahr, nehme wahr, dass ich wahrnehme, und nehme dann umso intensiver wahr. Auf die Wahrnehmungen erster Stufe reagieren wir zunächst. Die durch Achtsamkeit gesteigerte Wahrnehmung ist jedoch Grundlage für einen noch reichhaltigeren Input an Informationen durch die Sinnesorgane, und diesen können wir kreativ verwenden.

Damit sind wir wieder bei Rodin angelangt. Denn die Achtsamkeit für das Wahrnehmen der Umwelt lässt sich steigern. Künstler zeigen uns ein anderes Bild von der Welt als das von uns flüchtig wahrgenommene. Rodin war in einer besonderen Weise kreativ: Er löste sich vom vorherrschenden überhöhten Schönheitsideal in der Kunst und erhob das Unfertige in der Kunst zum Prinzip. Für diese Sicht auf die Welt nahm er auch Anfeindungen und Rückschläge in Kauf. Aber nicht nur Künstler, sondern Wissenschaftler können die Welt in einer besonderen Weise wahrnehmen, neue Zusammenhänge herstellen und dies kreativ veranschaulichen. Während der Bildhauer in einer Skulptur seine Sicht auf die Welt darstellt, gelingt dem Wissenschaftler dies vielleicht in einer neuen mathematischen Formel. Das dahinterstehende Prinzip ist jedoch dasselbe. Und es gilt auch für den privaten Bereich einer jeden Person, was Tagebucheinträge, die Facebook-Pinwand, Urlaubsfotos oder erzählte Anekdoten beweisen.

Was aber sind die Grundvoraussetzungen der Wahrnehmung? Wie funktioniert sie? Die im westlichen Kontext übliche Vorstellung ist das Prinzip des Bottom-up. Angewandt auf das Sehen besagt es, dass wir Einzelheiten wahrnehmen, die wir dann zu einem Bild komponieren. Wie die einzelnen Elemente aus dem Sehraum herausgefiltert und dann zusammengesetzt werden, entdeckten David Hubel und Torsten Wiesel, wofür sie 1981 den Nobelpreis erhielten. Allerdings konnten bis heute weder Hubel und Wiesel noch andere Neurobiologen erklären, nach welchem Prinzip das „Binding" – das Zusammensetzen der Einzelheiten zu einem Bild – funktioniert. Es fehlt im Modell ein Element, mit dem die Einzelheiten zu einer Gestalt verschmelzen.

Fast zur gleichen Zeit, im Jahr 1982, wurde im asiatischen Raum ein zum Bottom-up-Prinzip konträres Wahrnehmungsmodell entwickelt, das auf den chinesischen Wissenschaftler Lin Chen zurückgeht. Nach ihm ist der erste Schritt einer Wahrnehmung nicht die lokale Analyse von Details, sondern das Herausfiltern von zunächst großräumigen Faktoren, wie Flächen, Kanten oder Löchern. Vor allem die gleichbleibenden, sich nicht ändernden Gestalten sprechen unser Sehen zuerst an – Lin Chen nennt sie „topologische Invarianten". Sie bedingen eine Sehrichtung, die von der großen, überblickshaften Wahrnehmung hinab zur Wahrnehmung kleinerer Einzelheiten führt. Das wird auch als Top-down-Prinzip bezeichnet.

Zwei gegensätzliche Prinzipien aus West und Ost, die beide durch viele Experimente belegt worden sind. Welches stimmt? Oder sind in uns Menschen beide wirksam, können wir sie zusammenfügen? Unter welchen Umständen ist es denkbar, dass beide Modelle richtig sind, obwohl sie sich auf den ersten Blick zu widersprechen scheinen?

Oft veranschaulicht unsere Alltagspraxis komplexe Zusammenhänge besser als abstrakte wissenschaftliche Modelle: „Wenn ich ein Layout oder eine Illustration begutachte, wähle ich beide Methoden", erklärt die Münchner Grafikerin Katharina Schweissguth. Beim Designen am Computer schaut sie zunächst von Nahem auf den Monitor. „Doch immer wenn ein Gestaltungsschritt beendet ist, trete ich zurück und schaue mir mein Werk aus der Entfernung an. Dabei kneife ich die Augen zusammen, um nicht auf Details zu achten, sondern einen Gesamteindruck zu bekommen", so die Grafikerin. Stört sie etwas am Ganzen, arbeitet sie sich wieder in die Details hinein.

Teil 2 Bedingungen der Kreativität

Eine solche Komplementarität von Bottom-up und Top-down ist der „two-streams hypothesis" zufolge auch bei der Gesichtswahrnehmung zu beobachten. Die über die Augen aufgenommenen visuellen Informationen werden im Hinterhauptlappen (occipitaler Cortex) verarbeitet. Hierhin gelangen die Informationen auf zwei verschiedenen Kanälen („streams" ist die neurobiologische Bezeichnung dafür). Diese Kanäle scheiden sich an der Augenlinie: Was unterhalb der Augenlinie wahrgenommen wird, gelangt über den sogenannten dorsalen Stream in den Scheitellappen (Parietallappen); was oberhalb der Augenlinie wahrgenommen wird, wird über den ventralen Stream in den Schläfenlappen (Temporallappen) geleitet. Das Besondere: Die über den ventralen Stream eingehenden Informationen werden detailreich, die über den dorsalen Stream eingehenden Informationen hingegen „als Ganzes" wahrgenommen. Die Schminktechnik von Frauen ist eine möglicherweise unbewusste Replik auf diese neurobiologischen Mechanismen: Vielleicht werden Augen deshalb detailreich geschminkt und Lippen plakativ?

Beim Wahrnehmen ist es auch entscheidend, was wir anschauen. Im Rahmen des Forschungsprojekts „Art + Science" an der Ludwig-Maximilians-Universität München fragten Sarita Silveira und Evgeny Gutyrchik, ob naturalistische und surrealistische Bilder in unterschiedlicher Weise im menschlichen Gehirn verarbeitet werden. Den Probanden wurden dazu einmal naturalistische Bilder gezeigt, also Ölbilder, welche die Natur ähnlich abbilden, wie sie in der Realität zu sehen ist. Dann bekamen sie surrealistische Malerei zu sehen wie zum Beispiel das berühmte Bild „Die Beständigkeit der Erinnerung" von Salvador Dalí mit den zerfließenden Uhren. Bei der Auswahl der Bilder war es wichtig, dass sie sich in ihrer Maltechnik nicht wesentlich unterscheiden, weswegen kein naturalistisches Bild mit dem eines Impressionisten verglichen wurde. Deshalb hatte zuvor eine Arbeitsgruppe an der Peking University naturalistische und surrealistische Bilder hinsichtlich mehrerer optischer Kriterien mithilfe eines mathematischen Verfahrens verglichen. Da beides gegenständlich gemalt war, ergab sich kein signifikanter Unterschied bis auf die physikalische Unmöglichkeit von Dalís Gemälden.

Sarita Silveira konnte im Kernspintomografen feststellen, dass die beiden unterschiedlichen Kunstrichtungen unterschiedliche Hirnaktivitäten auslösen. Naturalistische Bilder werden anstrengungslos entschlüsselt, das heißt, das Gehirn muss nur wenige Areale aktivieren, um sie wahrzunehmen und zu verstehen. Die Wahrnehmung und Interpretation surrealistischer Bilder hingegen ist mit sehr viel mehr Gehirnaktivität verbunden. Man kann daraus schließen, dass das Gehirn etwas physikalisch Unmögliches sofort erkennt.

Wie können wir diese Erkenntnisse über die Wahrnehmung nun für unsere kreativen Zwecke einsetzen? Zunächst einmal ist es wichtig zu wissen: Wahrnehmung ist nicht objektiv, sondern hängt von vielen Einflussfaktoren ab. Unsere Erfahrungen und unser Wissen steuern die Art, wie wir etwas Beobachtetes interpretieren, was auch unter das vorhin angesprochene Prinzip des Top-down fällt. Des Weiteren haben die Emotionen Einfluss auf die Wahrnehmung, ebenso darauf, wie stark oder weniger stark unsere Sinne Reizen ausgesetzt sind. Auch Alkohol und andere Drogen beeinflussen sie.

Wenn Wahrnehmungen auch von subjektiven Faktoren abhängen sind und sich verändern lassen, ist der Schritt nicht weit, sie bewusst einzusetzen. Und hier sind wir wieder bei der Kreativität: Sie profitiert davon, wenn wir neue Facetten an gewohnten Wahrnehmungsweisen entdecken. Zum Beispiel bei einer Weinprobe: Wie oft haben wir schon Wein getrunken. Erklärt aber ein Sommelier, wie der Wein zu trinken ist, auf welche Geschmacksrichtungen wir achten müssen und wie er sich von anderen Weinen unterscheidet, schmecken wir plötzlich mehr Unterschiede. Es ist derselbe Wein, doch das Empfinden ist reicher geworden.

Untersuchungen mit der funktionalen Magnetresonanztomografie (fMRT) zeigen, dass die neuronalen Aktivitäten beim Lernvorgang, bei der Schulung von Wahrnehmung, gleich bleiben. Die Informationen nehmen wir also immer wahr. Doch wenn wir lernen, genauer zu sehen, mehr zu hören, besser zu schmecken und zu riechen, dann lernen wir, mit den gegebenen Informationen mehr anzufangen. Wir interpretieren nach und nach Details, die uns vorher nicht bewusst waren. Damit schaffen wir eine Grundlage für Kreativität: Mit mehr achtsam wahrgenommen Details haben wir mehr Informationen zur Verfügung, die kreativ zu neuen Aspekten und Sichtweisen kombiniert werden können. Fördern Sie diese Suche, indem Sie an multisensorischen Ereignissen teilnehmen, bei denen Sie gleichzeitig hören, sehen, riechen, tasten, schmecken – par excellence zu praktizieren bei einem sexuellen Akt, aber natürlich auch bei einem Picknick unter blühenden Kirschbäumen, einem Open-Air-Konzert in einer lauen Sommernacht, der Rast an einem Gipfelkreuz und vielem mehr.

Die genauen Beobachtungen von Auguste Rodins Vater führten übrigens noch zu mehr als der Weltkarriere seines Sohnes. Auguste Rodin ist Namenspate der International Rodin Remediation Academy, deren Sitz sich im Karolinska-Institut in Stockholm befindet, wo die Nobelpreise verliehen werden. Hier kommen führende Forscher der Welt regelmäßig zu Konferenzen zusammen, um darüber nachzudenken, wie Legasthenie zustande kommt und welche Therapiemöglichkeiten es gibt. Doch eigentlich ist es nicht Auguste Rodins Name, den die Akademie tragen sollte; es ist der seines Vaters, der vor 150 Jahren mit aufmerksamem Blick die Leserechtschreibschwäche seines Sohnes festgestellt und daraus kreative Schlüsse gezogen hat.

Von der Analyse des Einzelfalls aus kreativ weiterzudenken ist leider nicht überall an der Tagesordnung. Hindernissen ist leider schon die kreative Selbstverwirklichung der Jüngsten in unserer Gesellschaft ausgesetzt: In Schulen werden häufig nicht die individuellen Stärken erkannt und gefördert, sondern es wird eine Gleichmacherei betrieben, die wohl aus dem Gedanken der Gleichberechtigung entstanden ist. Der Unterrichtsstoff ist normiert, die Lehrpläne sind zumindest landesweit vereinheitlicht und alle Kinder sollen in definierten Hauptfächern möglichst gut sein. Es wird ein Maßstab an alle Kinder angelegt, so als ob es keine unterschiedlichen Begabungen gäbe. Auf die individuellen Stärken wird mit diesem System keine Rücksicht genommen. Damit wird die Kreativität nicht gefördert, sondern gezügelt, bis Kinder sich ihrer eigenen Stärken nicht mehr bewusst sind.

Die Fülle der Wahrnehmung

Ich kann viel erklären, aber das wäre einfach falsch
Ein Gespräch mit Igor Sacharow-Ross

Das Atelier befindet sich einem neoklassizistischen Haus in Köln-Ostheim mit hohen hellen Räumen und weiten Hallen, ehemals war hier ein Umspannungswerk für Straßenbahnen untergebracht. Den Künstler Igor Sacharow-Ross zu besuchen ist eine Freude für die Sinne. Gerade hat er mit Pflanzenextrakten herumexperimentiert, es liegt ein eigentümlicher Duft in der Luft. „Huflattich", erklärt er. Die Wände sind bis unter die Decke mit seinen Kunstwerken vollgehängt. Der Boden: ein Labyrinth aus Abertausenden von Exponaten. Er bietet an, etwas zu kochen, mindestens einen starken russischen Kaffee. Dann gerät er ins Reden, über seine Vergangenheit in Sibirien, über Kreativität, darüber, was er mit der Kunst ausdrücken will, er zeigt ein Werk nach dem anderen – und gleich, nein, jetzt sofort werde er den Kaffee kochen. Nach einer Stunde ist es dann tatsächlich so weit: Dampfende Tassen und russisches Gebäck stehen vor uns, außerdem eine Flasche Wodka, ausgewählt aus mindestens 50 Sorten. Das Gespräch mit einem der kreativsten und interessantesten Künstler der Gegenwart wird kurzweilig. Hier ein Auszug.

Wagner: Du bist in der sibirischen Verbannung geboren und aufgewachsen, in Chabarowsk, nahe der chinesischen Grenze. Welchen Einfluss hat das auf deine heutige Kreativität?

Sacharow-Ross: Großen Einfluss, denn ich habe oft schon als kleines Kind Zuflucht in der Taiga gesucht. Die Erlebnisse in der Natur waren für uns ungefährlicher als die Menschen. In der Taiga gab es so viele Geräusche, überall lagen sie in der Luft, erzeugt von Tieren und dem Wind, eine Rhythmik. Und dann bin ich dort oft schamanischen Ritualen begegnet und sibirischen Nomaden, die um das Feuer tanzten. Immer war die Trommel im Einsatz. Diese Eindrücke haben in mir eine formale Spur hinterlassen. Meine ersten Kompositionsversuche begannen mit Klavier und Trommel.

Wagner: Du bist aber kein Komponist geworden, sondern bildender Künstler.

Sacharow-Ross: Als Sohn von Verbannten hatte ich keine Chance, auf das Konservatorium zu gelangen. Deswegen fing ich an, die Taiga zu visualisieren, die lichtgeladene Atmosphäre, die dort selbst bei Nacht oder im Schnee und Regen herrscht. Aber wie sollte ich mit dieser Vielfalt konkurrieren? Die erste Hilfe erfuhr ich von einem Juden im Exil, den ich oft heimlich besuchte und der einige verbotene Bücher über Kunst besaß. Einmal habe ich meine Uhr, eines meiner wenigen Besitztümer, gegen ein Buch – „Das futuristische Manifest" von Marinetti – getauscht, so sehr dürstete mich nach dem Wissen der anderen. Schließlich durfte ich an der Uni Chabarowsk Kunst studieren und habe entdeckt, wie man sich mit Feuer und Erde, einem Baumblatt und Gras, mit Wasser und Holzkohle ausdrückt. Das alles findet sich heute in meinen Werken wieder.

Wagner: Kannst du erklären, wie sich Kreativität in dir abspielt?

Sacharow-Ross: Das ist mit dem Verstand nicht zu begreifen. Du wirst mich jetzt wahrscheinlich für verrückt erklären: Ich meine, einen Schöpfer, den Generator dieser ganzen wundervollen Natur zu spüren. Meine Kunstwerke sind intuitive Versuche, eine Verbindung zu diesem Schöpfer herzustellen. Deswegen sind mir materielle Güter und Sicherheiten nicht wichtig, ganz im Gegenteil. Wenn man sich in seinem Bereich zu sehr einrichtet, Besitztümer anhäuft, einen Bausparvertrag abbezahlt, wird man konform. Ich bekomme Luftnot dabei, weil das alles mir den Kontakt zum Schöpfer verstellt.

Wagner: Du bist doch nicht religiös?

Sacharow-Ross: Nicht im üblichen Sinne, aber ich spüre, dass rechts und links meines Lebensweges noch etwas anderes liegt. Der enge Korridor der langen Hoffnung, wie Horaz ihn in einer Ode beschreibt, ist für mich eine Metapher für das Leben. Der Korridor ist dunkel, aber außen ist Licht, für die meisten verborgen. Das Licht erahne ich gelegentlich – und ich will mehr davon.

Die Azteken hatten ein schönes Bild für das, was ich spüre und nicht mit Worten erklären kann. Sie meinten, dass sie ihr Leben aus der Milchstraße gewonnen haben. Und manchmal finden wir den Kontakt zu den Sternen, zum Licht, zum Universum. Mir gelingt das nur, wenn ich Ballast abwerfe und sozusagen frei nach oben schwebe. Dann kommuniziere ich mit dem Schöpfer.

Wagner: Und wie kommst du dann vom ahnungsvollen Verstehen zum Kunstwerk?

Sacharow-Ross: Nachdem die Taiga mir die Augen für die Natur geöffnet hatte, entstanden in mir auch Wut und Ärger über die Menschen, die ignorant und blind sind, die Natur missachten, zerstören und knechten. Daraus entsteht in mir noch immer das Verlangen, das Leben und seine Energien so auszudrücken, dass auch in anderen Menschen ein Gefühl für die Natur entsteht. Die Werkzeuge dafür bilden sich aus verschiedenen zufälligen Erlebnissen, wozu auch Gespräche mit Wissenschaftlern gehören. Ich versuche in allem, was ich mache, Zusammenhänge herzustellen, zwischen den Menschen und den Zeiten, verschiedenen Orten, zur Natur, zur Kultur, zum Schöpfer. All diesen Eindrücken entspringen kleine „Rohdaten", die ich auf Notizzetteln festhalte. Daraus entsteht dann das, was ich ausdrücken will, zum Beispiel der Satz „Graphit sind zusammengepresste Jahrtausende organischen Lebens, die von den Energien des Urbewusstseins durchdrungen sind". Dann startet wieder ein Prozess, in dem die Aussage umgesetzt wird. Und dann kommt der Moment, wo ich einfach handeln muss. Das Werk entsteht, verändert sich, ist ein Prozess. Und irgendwann beschließe ich, es freizugeben und eine Ausstellung zu finden.

Wagner: Was ist dann aus dem Satz vorhin entstanden?

Sacharow-Ross: Ein Graphitspiegel, der Betrachter sieht sich selbst in einer polierten Fläche, vor dem Hintergrund seiner Urvergangenheit. Nie ist das Bild wichtig, sondern immer das, was im Betrachter entsteht. Aber wenn ich ganz ehrlich bin: Eigentlich kann ich überhaupt nicht erklären, was ich tue. Ich kann viel erzählen, aber das wäre falsch. Wenn ich die Zwischenzone erreiche, dort wo sich der Zugang zur Kreativität befindet, dann weiß ich nicht, wie ich dahin gelangt bin und was geschieht. Vielleicht ist ein Werk die Essenz von vielen Eindrücken und Überlegungen, von vielen Kritzeleien, von vielen Notizen. Auf jeden Fall braucht man Mut, durch neue Türen zu gehen, die man nicht kennt, und Mut, nach einem Scheitern wieder aufzustehen.

Der Reichtum des Zufalls
Wie wir Zufälle ausbeuten und kreativ verwenden

Lebensgeschichten sind ein kreativer Akt. Im Nachhinein erst machen wir Zufälle bedeutsam, indem wir sie verknüpfen und ihnen einen Sinn geben. Nach diesem Prinzip finden Liebespaare zueinander, werden wissenschaftliche Erfindungen getätigt und Beobachtungen in Theorien verwandelt.

Jede große Liebesgeschichte beginnt mit einem Zufall. Hier lauern viele Chancen, kreativ zu werden, auch wenn uns das zunächst gar nicht so bewusst ist. Hans-Peter und Angela Wergelts Geschichte, von der sie in einer Therapiesitzung erzählten, lief zum Beispiel folgendermaßen ab: „Meine jetzige Frau lernte ich in einer abgelegenen kleinen Kirche kennen, in der schon Johann Sebastian Bach geheiratet hat. Dass ich überhaupt dahin kam, lag an einer Brauerei, die ich vor 25 Jahren in Thüringen entdeckt habe. Ich liebe Traditionsbrauereien, und das war eine ganz besonders schöne. Immer wenn ich durch Thüringen kam, machte ich dort Halt und freundete mich sogar mit den Besitzern an. So luden sie mich zum Jubiläum der Brauerei ein. Nach der Feier hatten einige der Anwesenden noch Lust, etwas Kulturelles zu erleben. Ich wusste, dass Johann Sebastian Bach in einer Kirche in der Nähe geheiratet hatte, und weil ich seine Musik liebe, sind wir also dorthin gegangen. Dort lernte ich einen Mann kennen, der einen Förderverein für die Kirche gegründet hatte. Der Typ war so enthusiastisch, dass ich beschloss, etwas Verrücktes zu machen, nämlich diese Kirche zu fördern. Ich, der Atheist! Vor einigen Jahren lud er mich dann zu einem Konzert anlässlich der 300-Jahr-Feier von Bachs Hochzeit in dieser Kirche ein. Später an diesem Tag schlenderte ich draußen auf dem Kirchplatz noch über den kleinen Bauernmarkt und lief dort der Sopranistin in die Arme, die zuvor im Konzert gesungen hatte. So eine lange Kette von Zufällen, nur damit ich dieser Frau begegnen konnte! Zwei Jahre später haben wir geheiratet, in genau jener Kirche. Schade nur, dass mein Vater das nicht mehr miterlebt hat, er hatte einen Bach-Chor dirigiert, er wäre so glücklich gewesen."

Was Hans-Peter nicht erwähnt, wenn er die Geschichte erzählt: Er hatte sich in den zwei Jahren vom Kennenlernen bis zur Eheschließung gleich dreimal von Angela getrennt und sie mehrfach nicht wiedersehen wollen. Sie teilen nicht unbedingt viele ihrer Interessen – er ist eher der Abenteurertyp, sie die Vorsichtige. Auch mit dem Beruf ihre Freundes hat Angela Schwierigkeiten – er ist plastischer Chirurg, und sie reagiert etwas empfindlich auf seine detailgenauen Erzählungen. So gesehen gab es keinen Highway mit Ausfahrt direkt ins Eheglück. Die Darstellung als schicksalhafte Liebesgeschichte ist jedoch eine kreative Konstruktion, die auf subjektiv ausgewählten Informationen beruht.

Lebensgeschichten und Liebesgeschichten sind immer eine kompositorische Leistung. Tatsächliche Zufälle werden im Nachhinein als bedeutsam angesehen, miteinander verbunden und in eine konsistente Geschichte verpackt. Ein kreativer Akt unseres Gehirns, bei dem Unliebsames auch schon mal ausgeblendet wird. Solche Verdrängungsleistungen unseres Gehirns sind ganz normal. Situationen, egal welcher Art, werden so gedeutet oder weggeschoben, dass sie sich sinnvoll in einen Fluss von Ereignissen fügen. Daraus entsteht eine kontinuierliche Lebensgeschichte, die immer weiter fortgeschrieben wird, eingeklemmt zwischen Antizipation, Hoffnung und Plänen.

Die Katastrophe tritt erst dann ein, wenn ein „Symmetriebruch" stattfindet und wir Ereignisse nicht mehr in die selbstgeschaffene Lebensgeschichte integrieren können. Bei Lena Müller etwa hätte diese Katastrophe um ein Haar stattgefunden. Doch sie vermied den Symmetriebruch, indem sie die Situation zu verklären begann – auch das gehört zu den Mechanismen, mit denen wir unser Leben retrograd kreativ umdeuten: „Als ich meine große Liebe kennenlernte, war ich 17. Ich war drei Wochen in einem Ferienlager der Kirche. Für mich war es das erste Mal als Gruppenleiterin, aber ich fühlte mich noch gar nicht reif genug. Als es mit dem Ferienbus losging, fehlte noch ein Gruppenleiter, Christoph, er wollte mit seinem eigenen Auto hinfahren. Und als wir ankamen, wartete er schon auf uns, lässig an seinen blauen VW-Käfer gelehnt. Es war nicht richtig blau, mehr so petrolfarben. Die Sonne schien und er sah genau so aus, wie ich mir den perfekten Mann immer in meinen Träumen ausgemalt habe."

Lebensgeschichten sind manchmal unglaublich detailreich. Das hängt mit dem episodischen Gedächtnis zusammen, das emotionale Erinnerungen bildhaft speichert. Bis hierhin ist die Erzählung aber noch nichts weiter als eine romantische Schwärmerei vom Märchenprinzen, dem Lena begegnet ist. Und doch nimmt auch sie für diese Begegnung einen Symmetriebruch in Kauf, den sie dann kreativ begründet. „Zum Glück bin ich damals mitgefahren, das hat mein Leben komplett verändert. Ich war damals trotz meiner 17 Jahre noch sehr kindlich. Ich hatte die Auffassungen und Meinungen meiner Eltern unreflektiert übernommen, womit ich aber nicht glücklich war. Christoph nun hat all meine Überzeugungen in Frage gestellt, bis ich verstand: Ich muss mir selbst meine eigene Meinung bilden! Das klingt banal, aber es war für mich ein Initialerlebnis. Als ich wieder nach Hause kam, war ich wie verwandelt. Ich wurde zu einem kritischen und selbstständigen Wesen und konnte mich fortan nie wieder unreflektiert an eine Situation anpassen. Ich bin ihm auf ewig dankbar."

Wir haben bereits darauf hingewiesen, dass Kreativität viel mit der Evolution zu tun hat. Diese bedient sich bestimmter kreativer Mechanismen, die auch in den beiden Geschichten eine große Rolle spielten: Mutation, Variabilität der Merkmale und Selektion. Zufällig entstehen im Fortpflanzungsprozess neue Merkmale – zufällig treibt das Schicksal Angela und Hans-Peter zum selben Zeitpunkt an denselben Ort. Dann kommt das zweite Kriterium eines evolutionären Prozesses zum Tragen: die Variabilität der Merkmale. In Bezug auf die Evolution ist damit gemeint, dass sich Merkmale von Lebewesen genetisch ändern können. Wir sind zwar genetisch bis zu einem gewissen Grad determiniert, tragen aber auch Programme in uns, welche die Möglichkeit der Veränderung ermöglichen (in der Wissenschaft als „Epigenetik" bezeichnet). Wenn sich ein Genpool mit anderen mischt, entsteht etwas Neues, das sich dann im Selektionsprozess behaupten kann, dem dritten Merkmal der Evolution. Nach dem gleichen Prinzip funktioniert die Ko-Evolution in einer Paarbeziehung: Zwei Menschen mit unterschiedlichen Charakteren treffen aufeinander, verlieben sich, wollen zusammenbleiben – und fangen deshalb an, einige ihrer Eigenschaften und Interessen weiter auszubauen, wenn sie der Beziehung guttun, und andere zu vernachlässigen, wenn sie der Beziehung schaden. So kann gemeinsam Neues entstehen. Eine Musikerin und ein Abenteuerreisender finden über ihre Liebe zu Bach zusammen. Sie passen ihre Zukunftspläne einander an. Fortan wird, vereinfacht dargestellt, der Abenteuerreisende in die Welt der Musik eingeführt und die Sängerin in die Welt des Reisens. Wer weiß, was daraus noch alles entsteht, vielleicht ein Reiseorganisationsbüro für Konzerte an besonderen Orten? Auch bei Lena und Christoph hat die Begegnung zu etwas Neuem geführt. Lena fing an, ihr Leben selbst in die Hand zu nehmen und zu gestalten. Heute sagt sie, ihr Schicksal wäre anders verlaufen, wenn sie durch Christoph nicht den richtigen Anstoß zur richtigen Zeit erhalten hätte.

Es ist ein Prinzip der Natur, Offenheit zu programmieren. Menschen sind zwar durch ihre genetischen Anlagen festgelegt, haben aber gleichzeitig auch die Möglichkeit, sich an verschiedene Lebensumstände anzupassen. Das wichtigste Werkzeug dafür ist die Kreativität. Es hilft uns dabei, den Rahmen unserer Erwartungen an die Gegebenheiten anzupassen und ein Gefühl der inneren Balance zu erzeugen.

Die gerade beschriebene Umdeutung von Zufällen findet sich nicht nur in Liebesgeschichten, es gibt sie in jedem Bereich. Vielleicht kennen Sie die Geschichte, wie Edwin Land die Polaroidkamera erfand. Er besaß damals in Cambridge eine Firma, die Polarisationsfilter herstellte. Diese Filter schraubte man damals vor die Objektive, um Besonderheiten des Lichtspektrums auszugleichen. Eines Tages spazierte Edwin Land mit seiner kleinen Tochter am Strand entlang und fotografierte sie. Es war die Zeit der 35-Millimeter-Kleinbildfilme, die zunächst entwickelt werden mussten, damit Fotoabzüge hergestellt werden konnten. Ungeduldig fragte das Mädchen ihren Papa, warum sie ihr Foto denn nicht sofort sehen könne. Diese Frage beschäftigte ihn jahrelang, bis er schließlich das Konzept einer Sofortbildkamera entwickelte, zunächst für Schwarzweißbilder. Daraus entstand dann die klassische Polaroidkamera für Farbabzüge, die SX 70. Dass zufälligerweise gerade die Tochter eines Entwicklers von Kamerazubehör ihrem Vater diese Frage stellte, war das auslösende Moment einer kreativen Weiterentwicklung.

Zufälle hatten auch bei Charles Darwins Entdeckung der Evolution seine Finger im Spiel. Der berühmte Weltreisende war mit dem Segelschiff Beagle unterwegs und sammelte Daten. Überall beobachtete er Tiere und Pflanzen, zeichnete sie und hielt ihre Eigentümlichkeiten fest. Auf den Galápagos-Inseln, die heute zu Ecuador gehören, fiel ihm auf, dass es dort besondere Finken gab, die ihm noch nirgends zuvor begegnet waren. Er zeichnete auch sie. Später entdeckte er, dass es sich um mehrere Finkenarten handelte, die sich zwar ähnelten, sich jedoch durch Form und Größe des Schnabels, durch ihre Lebensweisen und ihre Gesänge voneinander unterschieden. Das erschien ihm merkwürdig. Nirgends sonst gab es diese Galápagos-Finken, und an diesem einen Ort gleich 14 Unterarten von ihnen.

Aus dieser Beobachtung, die nur durch das Sammeln vieler Daten möglich wurde, leitete Darwin seine bekannte Evolutionstheorie ab: Die Galápagos-Inseln sind vulkanischen Ursprungs und entstanden später als das benachbarte Festland. Aus irgendeinem Grunde, vielleicht durch einen Sturm, landete die Gründerpopulation der Finken auf der Inselgruppe. Es gab keine Konkurrenz und keine Fressfeinde, weshalb sich die Population rasch vergrößerte und expandieren musste. So wurden auch die benachbarten Inseln des Archipels bevölkert. Die verschiedenen Lebensbereiche lagen so weit voneinander entfernt, dass sich die jeweiligen Finken nicht gegenseitig beeinflussten, was die Fortpflanzung betraf. So entwickelten sie sich genetisch auseinander. Später wurden einige Finken auf die Insel der Ausgangsart zurückvertrieben, wo sie fortan mit dieser in Koexistenz zusammenlebten. Dort wurden sie dann von Charles Darwin beobachtet und bildeten eine der Grundlagen seiner Evolutionstheorie. Denn der Artenbildungsprozess auf den Galápagos-Inseln ist beispielhaft für die Evolution im Allgemeinen.

Bei Darwin und Land handelt es sich um eine andere Art, wie Zufälle wirksam werden, als bei den Liebesgeschichten: Jemand erkennt, dass eine Beobachtung in einem bestimmten Kontext eine Bedeutung haben könnte. Häufig trägt er die Frage danach, welche Bedeutung es sein könnte, lange mit sich herum, bis sich die Antwort in Form eines konkreten Einfalls manifestiert. Dieser muss jedoch vorbereitet sein, zunächst durch das Sammeln von Daten, das Anhäufen von Erfahrung, die Wahrnehmung von Sinneseindrücken. Die Daten werden daraufhin im Gehirn in einen Kontext eingeordnet, und auf diese Weise werden unterschiedliche Wissensfelder aufgebaut. Schließlich werden diese miteinander vernetzt. Je mehr unterschiedliche Wissensfelder in einem Gehirn vorhanden sind, desto außergewöhnlichere Kombinationsmöglichkeiten gibt es. Dies sind die Grundlagen der Kreativität, denn Kreativität besteht darin, durch die Vernetzung von Informationen Lösungen für Probleme zu finden.

Sie können dem Zufall auf die Sprünge helfen, indem Sie sich nicht nur in Ihrem Fachgebiet in die Tiefe vorarbeiten, sondern auch offen sind für gänzlich andere Lebensbereiche. Dieses Kapitel ist implizit also auch ein Plädoyer gegen das ausschließliche Spezialistentum. Spezialisten können zwar in die Tiefe vordringen und hier ungeahntes Wissen erwerben. Doch dies geht auf Kosten der Mutation, Variabilität der Merkmale und Selektion, den Kriterien der Evolution. Um die Kreativität anzufeuern ist es besser, in einem Bereich der Spezialist zu sein, aber sich trotzdem für andere Bereiche zu öffnen, mit dem Anspruch, zumindest ansatzweise über alles informiert zu sein, was die Welt bewegt. Welche Auswirkungen das haben kann, zeigt Ihnen nun auch unser nächster Gesprächspartner, der Verleger York von Heimburg, der die Zeichen der Zeit erkannte und intuitiv das Verlagswesen völlig auf den Kopf stellte.

Kreativität braucht den vorbehaltlosen Austausch
Ein Gespräch mit York von Heimburg

York von Heimburg ist der Vorstand der IDG Communications Media AG in München, einem der größten deutschen IT-Fachverlage für Computerzeitschriften. Gründer und Übervater von IDG ist Patrick McGovern, der dem MIT in Cambridge und einem Verbund von Universitäten in Peking Zentren für innovative Hirnforschung gestiftet hat. York von Heimburg, der immer für eine neue und auch polarisierende These gut ist, hat seine ganz eigene Sicht, was ein Medienhaus in Zukunft erfolgreich macht. Für den Manager, der außerdem Autor und Künstler ist, sind Technologen künftig das Maß der Dinge, weil nur sie die Voraussetzungen schaffen können, das Wissen der vielen Millionen Leser anzuzapfen und zu verwalten. Ein Gespräch über eine neue Art, ein Medienhaus zu führen.

Pöppel: York, du bist Unternehmer und wolltest mit dem Verlag einmal etwas ganz anderes machen als bisher. Wie kam es dazu?

von Heimburg: Um kreativ zu sein, bedarf es immer der Neugierde, des Offenseins für neue Ideen und eines hohen Maßes an Sensibilität. Es gilt, die Gedanken, Gesten und Gefühle von anderen Menschen aufzunehmen und zu verarbeiten. Kreativität braucht den vorbehaltlosen Austausch. Man bringt seine eigene Persönlichkeit mit ein und verbindet das mit dem, was von außen kommt.

Wagner: Jetzt wollen Sie neben Ihren Redakteuren auch auf die Stimme der Vielen hören. Der Modebegriff Schwarm-Intelligenz besagt: Aus vielen guten Entscheidungen Einzelner entsteht die Weisheit der Masse. Sehen Sie das auch so?

von Heimburg: Ob Schwarm-Intelligenz oder Crowd-Sourcing, wie wir es nennen: Es geht darum, das Wissen und die Kreativität unserer User zu nutzen und mit unserem Content sinnvoll zu verknüpfen. Schauen Sie, wir haben knapp hundert Redakteure. Das ist angesichts der Vielschichtigkeit der Themen und Nutzungsaspekte dann doch eine überschaubare Anzahl. Deshalb bauen wir auf die millionenfachen Erfahrungen all unserer Leser. Deshalb sind die Beiträge von Experten, die sich sowieso täglich mit den Systemen beschäftigen und ihre Erfahrungen damit machen, eine so wertvolle Ergänzung für die ganze Leserschaft. Parallel dazu brauchen wir Web- und Mobile-Entwickler, Informatiker und Social-Media-Experten, um interessante Inhalte schnell zu finden und sie in unser Content-Angebot integrieren zu können. Wir benötigen auch SEO-Spezialisten für die Suchmaschinen-Optimierung, außerdem New-Media-Berater und -Verkäufer sowie Kreative wie etwa Screen-Designer.

Wagner: Wie ist die Web-Zentrierung entstanden?

von Heimburg: Zuallererst durch wirtschaftlichen Druck, weil immer weniger Printprodukte verkauft werden, dann durch die damit verbundene Erkenntnis, dass unsere Zielgruppen zunehmend ins Internet abwandern. Deswegen müssen wir zwangsläufig alle unsere Medienmarken auf den relevanten digitalen Kanälen abbilden. Daraus entstehen neue Chancen, die wir in Kooperation mit unseren Lesern und Werbekunden erkennen und nutzen müssen.

Wagner: Dabei findet auch wieder ein Austausch zwischen dem eigenen Wissen und dem der anderen statt?

von Heimburg: Wir sind bescheiden geworden und behaupten nicht, dass wir mehr wissen als unsere Kunden. Gemeinsame Kreativität entsteht in Workshops mit Lesern, Werbekunden und den Machern einer Zeitschrift wie etwa der Zeitschrift Computerwoche. Nach dem Syntegrationskonzept von Malik nimmt dabei jeder Teilnehmer verschiedene Rollen ein. Daneben verknüpfen wir unsere Medienmarken immer stärker mit sozialen Netzwerken. Das alles hilft uns dabei, neue Gedanken zutage zu fördern.

Wagner: Kreativität verstehen wir so, dass etwas Neues entsteht, weil wir etwas Altes hinter uns lassen. Lassen Sie das alte Zeitschriftenkonzept hinter sich?

von Heimburg: Die schöpferische Zerstörung ist wichtig, darauf hat schon Joseph Schumpeter hingewiesen. Entweder entsteht Kreativität aus einer Not, die dann so groß ist, dass man sich bewegen und auch etwas zerstören muss. Die Kreativität bei Künstlern entsteht extrem oft aus Leid. Wer als Jugendlicher Liebeskummer hatte, fing an, einen Brief zu schreiben. Oder man kann den Prozess des Verlustes, der Zerstörung, des Leids auch künstlich herbeiführen, wenn eine bestimmte Entwicklung vorhersehbar ist. Dieser Prozess braucht natürlich auch viel Frustrationstoleranz, wenn der Erfolg nicht von Anfang an erkennbar ist. Kreativität ist ein Prozess, der Konsequenz bei der Umsetzung beinhaltet.

Pöppel: Gestaltest du das Unternehmen oder passt du es an die Bedürfnisse an?

von Heimburg: Ich gestalte mit meinem Team, wenn es um Geschäftsmodelle geht. Dazu gehört, dass wir nicht nur auf die Technologie setzen, sondern diese auch stark pushen. Bereits jetzt haben uns die neuen Technologien ganz andere Kundenfelder eröffnet. Blackberry, iPhone und iPad haben nicht nur unser Leben verändert, sondern unser ganzes Geschäftsmodell.

Die Beharrlichkeit der Erinnerung
Wie Entdeckungen aus dem Gedächtnis gemacht werden

In kreativen Prozessen werden immer unterschiedliche Gedächtnisinhalte miteinander verknüpft. Eine besondere Rolle spielt dabei das episodische Gedächtnis, in dem bedeutsame Situationen unseres Lebens gespeichert sind. Eine Geschichte über das episodische Gedächtnis mit einem sehr persönlichen Ausgangspunkt.

Vor einigen Jahren stand ich, Ernst Pöppel, im Prado in Madrid und betrachtete die Grafikzyklen von Francisco de Goya über die Grausamkeiten des Krieges („Desastres de la Guerra") und die Absurditäten des Lebens („Los Caprichos"). Die Revolte der Spanier gegen die Herrschaft Napoleons und die brutalen Repressalien durch die Besatzer hatten den Maler zu seinen schockierenden Schreckensbildern inspiriert. In Öl malte Goya die Geiselerschießung des 3. Mai 1808, eines seiner Meisterwerke. Besonders zu diesem 2,6 mal 3,4 Meter großen Bild fühlte ich mich hingezogen und von ihm abgeschreckt zugleich.

Dabei kamen die Kriegsbilder aus meiner Vergangenheit in mir hoch. Als die Russen den Hof meiner Familie in Pommern einnahmen und dort ein Blutbad anrichteten, erging es mir und den anderen Kindern genauso, wie es Goya gemalt hat: Wir hielten uns die Augen zu und guckten trotzdem. Mit den Erinnerungen stellten sich auch die beklemmenden Gefühle wieder ein, die ich aus Träumen nur zu gut kenne. „Der Schlaf der Vernunft gebiert Ungeheuer", das hat Goya unter eines seiner Bilder geschrieben. Im Prado wurden die bildhaften Erinnerungen jedoch nicht durch den Schlaf ausgelöst, sondern durch die Konfrontation mit anderen, real fassbaren Bildern.

Zur Zeit des Prado-Besuchs vor etwa zehn Jahren beschäftigte ich mich mit den unterschiedlichen Wissenssystemen in unserem Gehirn. Denn das, was wir wissen, ist nicht immer in derselben Weise in unserem Gehirn gespeichert. Vielmehr besitzen wir drei Wissensformen. Bestens bekannt ist das explizite Wissen, das in Schulen genauso wie in Quiz-Shows im Vordergrund steht. Es ist das, was wir abfragen können. Wie heißt die Hauptstadt von Aserbaidschan? Wie viele Neuronen besitzt das menschliche Gehirn? Wie lautet die zweite binomische Formel? Aber können Sie erklären, welche Muskeln Sie nacheinander anspannen, um einen Golfschläger zu schwingen? Oder welche Prozesse ablaufen müssen, um einen Text zu schreiben? Oder was in unserem Unbewussten verborgen liegt? All diese Kenntnisse und Steuerungsmechanismen, die wir brauchen, um als Menschen zu funktionieren, die uns aber nicht bewusst werden, das ist das implizite Wissen.

Dann gibt es noch einen dritten Bereich, das bildhafte Wissen. Es umfasst unser Vorstellungsvermögen genauso wie unser Erinnerungsvermögen an Bilder. Aber auch die eigenen Erlebnisse werden teilweise bildhaft festgehalten. Wie Goyas Bilder in einem äußeren Museum, so befanden sich meine eigenen Schreckensbilder in einem inneren Museum. Ich fragte mich, wie viele Erinnerungsbilder wir wohl in uns tragen, und beschloss, den kanadischen Psychologen Endel Tulving anzurufen, der das bildhafte oder episodische Gedächtnis (Episoden sind aufeinanderfolgende Bilder) erstmals wissenschaftlich untersucht hat. Von ihm wollte ich wissen, wie groß eigentlich unser „inneres Museum" ist.

„Ein gute Frage. Ich habe keine Ahnung, zu welcher Anzahl von inneren Bildern wir Zugang haben", antwortete Tulving auf meine Frage, ermunterte mich jedoch, ihr weiter nachzugehen. 15 Diplomanden und Doktoranden von der Universität Innsbruck sowie weitere in Kenia, Korea und Deutschland begannen zunächst einmal mit ihren eigenen Erinnerungsbildern, um mit dem Prinzip der Introspektion vertraut zu werden, der Selbstbeobachtung. Dann forderten sie ihre Probanden auf, mit demselben Verfahren ihre inneren Bilder zu beschreiben. Anschließend betrachteten wir die inneren Bilder genauer, charakterisierten und analysierten sie. Wir untersuchten die Ursachen ihrer Einspeicherung und versuchten zu beantworten, ob sich die einmal eingespeicherten Bilder im Laufe des Lebens konstant verhalten oder sich verändern. So wurde aus einem sehr persönlichen Vergleich zwischen äußeren Bildern (Goya im Prado) und inneren Bildern (den Kindheitserinnerungen) ein Forschungsprojekt.

Die Beharrlichkeit der Erinnerung

Das bildhafte Gedächtnis stellt einen unglaublich kräftigen Motor für kreative Leistungen dar. Wenn es aktiv und lebendig ist (worauf wir Einfluss haben, was wir gleich noch sehen werden), können wir die äußeren Bilder, denen wir täglich begegnen, viel genauer in jeweiligen „Rahmen" einordnen und werden auf diese Weise überhaupt erst zu Kreativität angeregt. Ein Beispiel: Ein Kunsthistoriker, der einen furchtbaren Autounfall überlebt hatte, meinte einmal, Goyas Schreckensbilder könne man nur verstehen, wenn man selbst ein Trauma erlitten habe. Ein Rahmen, der bei mir gegeben war. Hinzu kam, dass ich mich zu dem Zeitpunkt bereits mit bildhaften Wissensformen beschäftigte und daher erkennen konnte, dass wir ein inneres Museum in uns tragen. Ein damals zwar bereits entdecktes Phänomen, an das sich aber noch viele offene Fragen knüpften. Das ist der zweite Rahmen, den ich mit dem ersten kreativ verknüpfen konnte, was dann schließlich eine neue Forschungsrichtung mündete.

Wir konnten einige fundamentale Erkenntnisse über das episodische Gedächtnis gewinnen. Diese beziehen sich erstens auf das Prozedere der Introspektion und zweitens auf die Anzahl der zutage beförderten Bilder. Beginnen wir mit der Introspektion, dem verbalen Bericht über die Vorgänge im eigenen Geist, unsere Innenschau. Sie ist die einzige Möglichkeit, die eigenen inneren Bilder zu kommunizieren. Versuchen Sie es einmal selbst: Schließen Sie die Augen und holen Sie sich den gestrigen Tag vor Ihr geistiges Auge. Zunächst wird der „Bildschirm" grau sein, doch irgendwann formiert sich das erste Bild. Schauen Sie es sich genau an. Wo befinden Sie sich? Blicken Sie aus Ihren Augen auf das Bild, oder sind Sie selbst Teil von ihm? Wie fühlen Sie sich dabei? Oft ist das eine Bild der Türöffner für das nächste.

Wenn Sie die Introspektion konzentriert betreiben, werden Sie sich nach einer halben Stunde der Zeitreise in die eigene Vergangenheit erschöpft, aber gleichzeitig auch erlöst fühlen, ähnlich dem Zustand nach längerem Meditieren. Die Introspektion ist daher eine gute Möglichkeit, einen Tag abzuschließen.

Kommen wir zum zweiten Punkt. Bald werden Sie bemerken, dass Sie nur relativ wenige Bilder aufrufen können. Wer den gestrigen Tag betrachtet, erinnert sich manchmal nur an fünf Bilder und ganz selten an mehr als 30. Das Gleiche gilt für die vergangene Woche, lässt man den gestrigen Tag einmal außer Acht: Auch hier können nur wenige Bilder in einer ähnlichen Spannbreite aktiv aufgerufen werden. Wenn wir durch unsere ganze Lebensgeschichte gehen, können wir nur ein paar Hundert Bilder aufrufen, mehr ist in unserem inneren Museum offenbar nicht aktivierbar. Es findet also ein enormer Bildverlust statt. Nur solche Bilder werden aufbewahrt, die eine große persönliche Bedeutung haben.

Interessant ist, wie die aufbewahrten Bilder in unserem Kopf aussehen. Sie unterscheiden sich von reinen Fotografien oder Filmaufnahmen. Aus der Beschaffenheit der Bilder können wir einiges über die Funktion der inneren Bilder ableiten: Sie helfen uns, kreativ zu werden. Unsere inneren Bilder sind (1) manchmal multisensorisch, zudem neigen sie (2) zum Verblassen und Verwischen, und schließlich enthalten sie (3) uns selbst als Doppelgänger.

Beginnen wir bei Punkt eins: Vor allem bei Erlebnissen des Schreckens oder der Freude werden die visuellen Erfahrungen manchmal durch andere Sinneseindrücke begleitet: Wir hören etwas, ein Musikstück oder unsere eigene Stimme. Beim Bild aus einer Liebesbeziehung riechen wir den anderen, spüren seine Haut oder werden selbst berührt. Doch der Haupteindruck bleibt visuell: Die Bilder, die wir in uns tragen, sind immer vor uns, sie beziehen sich auf die Blickachse und einige Grad Sehwinkel um die Blickachse herum. Das ist bemerkenswert, denn es wäre ja auch denkbar, dass die inneren Bilder an einer anderen Stelle in unserem Gehirn dargestellt werden. Dies aber weist darauf hin, dass beim Aufrufen der Bilder bestimmte Strukturen des menschlichen Gehirns angesprochen werden, in denen das Gesichtsfeld repräsentiert ist, nämlich jene, die für die Objektwahrnehmung notwendig sind und nicht etwa andere, was auch denkbar wäre. Die Bilder sind also denen ähnlich, die wir tatsächlich sehen.

Die Bilder haben allerdings nicht lange Bestand. Alle Probanden berichteten, wie sie sich wieder auflösen. Über Tage bis Jahre hinweg kommt es zu einem Verwischen der Konturen und einem Verblassen der Farbe. Dies führt uns zu einer grundsätzlichen Frage der Hirnforschung: Wie sind Informationen, die uns die Sinnesorgane übermitteln, überhaupt im Gedächtnis repräsentiert? Eher als sensorische Abbildung dessen, was man gesehen oder gehört hat, oder eher als kognitive Konstruktionen auf einer abstrakten Ebene, also propositional? Das bedeutet: Sehen wir die Bilder wirklich vor unserem inneren Auge, oder rekonstruieren wir sie aufgrund von Fakten, an die wir uns erinnern? Wir haben herausgefunden, dass man aufgrund des Verblassens und Verwischens der Bildinhalte davon ausgehen muss, dass die Bilder tatsächlich zunächst bildlich im Gehirn repräsentiert sind. Allerdings können sie, vor allem wenn sie sehr lange eingespeichert sind, auch eine propositionale Komponente erhalten. Das heißt, man setzt nachträglich Fakten bildhaft in das eigene Erinnerungsbild ein – so kommen die verzerrten Zeugenaussagen bei der Polizei zustande. Die Bilder, die wir in uns tragen, sind demnach keine korrekten Abbildungen der Welt. Damit kommen wir zu Punkt drei. Wir verwandeln die Bilder kreativ und passen sie an unsere persönliche Lebensgeschichte an. Dies ist unter anderem daraus abzuleiten, dass man selbst in den eigenen Bildern vorkommt. Wenn man sich an seine frühe Kindheit erinnert, sieht man sich zunächst in einigen Bildern selbst als Kind. Somit sind die Bilder also nicht aus der Perspektive des damaligen Kindes eingespeichert, sondern in einer Außenperspektive, in der das eigene Selbst in das Bild integriert wird. Doch damit nicht genug: Bei einem sehr großen Zeitabstand ist man möglicherweise zusätzlich auch als heutige Person in das Kinderbild integriert, als sein eigener Großvater oder seine eigene Großmutter.

Die Verdopplung seiner selbst ist die Grundlage dafür, dass man überhaupt von sich selbst als „Ich" sprechen kann. Man nimmt in einer bildlichen Weise auf sich selbst Bezug und sieht sich selbst als von allem anderen unterscheidbares Wesen. Dies garantiert Identität. Die persönliche Identität ist also eine kreative Leistung des menschlichen Gehirns. Wir erfinden Geschichten, um die eigene Kontinuität zu gewährleisten. Diese Geschichte unseres Lebens, zu der auch die Bilder einfließen, die aus Erzählungen unserer Vorfahren stammen, wird als „historische Präsenzzeit" bezeichnet. Wir tragen unser eigenes lebendiges Geschichtsbuch in uns. Das Tragische an Demenzen ist deshalb nicht alleine der Gedächtnisverlust, sondern dass es durch den Verlust dieser Zeitreisen in die eigene Vergangenheit nicht mehr möglich ist, sich selbst wiederzufinden, die eigene Identität zu konstruieren.

In diesem Kapitel haben wir eine mächtige Maschinerie der Kreativität kennengelernt. „Ex nihilo nihil fit" – aus dem Nichts kommt nichts. Auch Kreativität kommt nicht aus dem Nichts, sondern ist eine Verknüpfung des schon Dagewesenen mit neuen oder auch alten Gedächtnisinhalten. Um kreativ sein zu können, sollten wir deshalb am besten jeden Tag unser Gedächtnis „aufladen" und unsere historische Präsenzzeit wachhalten. Dafür bieten sich abendliche Zeitreisen in den vergangenen Tag an. Wenn Sie jeden Abend eine Introspektion vornehmen, bleiben Ihre Erinnerungen lebendig. Damit erhalten Sie viel „Material" aus Ihrer Vergangenheit, das Sie kreativ mit neuen Eindrücken verknüpfen können.

Einen Zugang zu Ihrem Inneren erhalten Sie übrigens auch mit einem Schluck Wein. Damit öffnen sich manchmal andere Wissensfelder Ihrer Persönlichkeit, und Sie bekommen einen kleinen Zugriff auf das, was Freud das Unbewusste genannt hat. Wir erleben diesen Zugriff auch in Träumen. Legen Sie ein Notizbuch neben Ihr Bett und notieren Sie kurz nach dem Aufwachen die kreativen Gedanken, die Ihnen im Traum gekommen sind. Da das Gedächtnis beim Träumen abgeschaltet ist und Sie die Träume schnell wieder vergessen, müssen Sie sich beeilen, sie festzuhalten. Auch Tagträume sind eine Möglichkeit, die Phantasie wandern zu lassen und die in uns schlummernde Kreativität anzuzapfen. Denn auch Tagträume greifen auf die inneren Bilder des episodischen Gedächtnisses zurück.

Wie jemand nun bewusst sein bildhaftes Gedächtnis einsetzt, um kreativ zu werden, zeigt Ihnen nun der Verleger Hubert Burda im Gespräch mit den beiden Autoren.

Die Beharrlichkeit der Erinnerung

Man muss sich aus seinem Kasten herausdenken
Ein Gespräch mit Hubert Burda

Reich und berühmt geworden ist er mit Zeitschriften. Freundin, Bunte, Focus, Super Illu, Mein schöner Garten, Bambi – das sind seine Kinder. Und doch ist er niemand, der nur in eine Richtung denkt, wie er von sich sagt, sondern immer sprunghaft: „Andere bringt's zur Verzweiflung!" Für uns, die wir Professor Hubert Burda in seinem Verlagsimperium in München besuchten, führte diese Eigenschaft zu einem kurzweiligen Gespräch, das er dann ebenso abrupt beendete, wie er zuvor die Themen gewechselt hatte. „So ist er", sagte Ernst Pöppel, der seit vielen Jahren mit dem Verleger befreundet ist.

Pöppel: Hubert, wir wollen heute mit dir über Kreativität reden, eine Eigenschaft, die du brauchst, um Nachhaltigkeit im Verlag zu erzeugen. Wie tritt dir deine Kreativität gegenüber?

Burda: Mir kommt es oft so vor, als würde ich beim Denken spüren, dass ich zwei Hirnhälften habe. Die eine – das beginnt meist schon um fünf Uhr morgens – ist kreativ, findet überraschende und neue Lösungen. Die andere überprüft sofort, wie sie sich realisieren lassen, mit welchen Menschen und wie viel Geld man dafür benötigt. Jeder große Unternehmer muss kreativ sein, sonst bleibt er inmitten seines Tätigkeitsfeldes hängen. Er muss in der Lage sein, weit über seinen Kasten hinauszudenken. Wenn ich immer nur in Zeitschriften denken würde, wäre ich bald weg. Deshalb muss ich sprunghaft, poetisch, assoziativ sein. Diese Eigenschaften bezeichnet man als „disruptiv". Ich habe zwei Denkbereiche in meinem Kopf. Einmal das Gesetzmäßige und dann das Disruptive.

Wagner: Zu welchen Ergebnissen kommen Sie mit dem disruptiven Denken?

Burda: Sprunghaft denken heißt, sich aus den bestehenden Kategorien herauszudenken. Ein Beispiel: Das traditionelle Print-Verlegen wird heute ersetzt oder ergänzt durch das Internet. BurdaStyle zum Beispiel ist eine der größten internationalen Marken. Wenn Sie auf Pinterest.com gehen, eine Online-Pinwand, auf der jeder das posten darf, was ihm gefällt, dann werden Sie dort zu Ihrer Überraschung feststellen, dass Hunderttausende weltweit ihr selbstgemachtes Kleid einstellen. Die Links davon führen fast immer zu Schnittmustern auf BurdaStyle.com. Weil ich es liebe, sprunghaft zu denken, ist mir von allen Kunstgattungen die Lyrik am nächsten. Lyrik ist sprunghaftes Denken in Bildern. Und ich habe ein Bildhirn. Wenn ich zum Beispiel eine Rede halte, dann präge ich mir den Saal genau ein und verbinde mit seinen architektonischen Raumelementen jeweils ein inneres Bild aus dem Vortrag. Beim Reden spreche ich dann entlang dieser inneren Bilder und brauche kein Manuskript mehr. Diese Technik ist übrigens nicht neu. Sie war schon immer Teil der Gedächtniskunst, von den antiken Philosophen und Rhetorikern bis hin zu Thomas von Aquin, der sie großen Predigern beibrachte, ob es nun Benediktiner oder Dominikaner waren.

Pöppel: Ein ganz entscheidender Faktor der Kreativität ist immer auch der Mut.

Burda: Mut ist nötig, um etwas ins Werk zu setzen. Das Bild, das ich dann im Kopf habe, ist das Überqueren des Flusses. Ich weiß, ich muss zum anderen Ufer, doch oft kenne ich die Gefahren nicht, die inmitten dieser Passage liegen. Freud hat einmal gesagt: „Navigare necesse est." Vielleicht war das einmal das Motto der Seefahrer der Hanse. Für mich ist es der Sinnspruch des Aufbrechens zu neuen Ufern. Dazu höre ich morgens immer Musik, dann Schubert oder Bob Dylan. Beim einen „Early Morning Rain", beim anderen „Am frischgeschnittenen Wanderstab".

Pöppel: Gefühle sind ebenfalls ein wichtiger Motor für die Kreativität. Wie sieht es bei dir damit aus? Welche Gefühle treiben dich an?

Burda: Als ich vor 40 Jahren in das väterliche Unternehmen ging, waren wir hauptsächlich in einer kleinen Stadt tätig. Ich habe sehr früh kennengelernt, wie exponiert man in einer Familie mit großem wirtschaftlichen Erfolg ist. Das spürten meine Eltern ja nicht. Die Aggression ließ man an den Kindern aus. Ob es die Lehrer waren, in den Pausen auf dem Schulhof, die Rivalität der Gleichaltrigen. Aber das hat auch seine Vorteile. Man darf sich nicht unterkriegen lassen. Das Gefühl, das dich antreibt, heißt dann: Ich zeige es euch. Interessant, dass die zehn größten deutschen Familienunternehmen in kleineren Städten entstanden sind. Ob es das Gütersloh von Bertelsmann oder das Künzelsau eines so herausragenden Unternehmens wie der Würth-Gruppe ist.

Pöppel: Es gibt drei Grundmotivationen: Macht, Leistung und soziale Teilhabe.

Burda: Bei mir ist es ganz stark der Wunsch, Leistung zu erbringen. In meinem Freundeskreis gibt es viele, die außergewöhnliche Leistungen vollbracht haben, von Franz Beckenbauer über Willy Bogner bis hin zu Markus Wasmeier. Das treibt mich an.

Der Terror der Wahrheit
Was unser Selbst mit Kreativität zu tun hat

Wir sind es selbst, die unsere Identität zusammenschustern, ihr neue Versatzstücke hinzufügen oder für ihre Kontinuität sorgen. Dabei kann sogar das Lügen behilflich sein und zum Überlebensprinzip werden. Die Lüge gibt uns auf besondere Art und Weise Aufschluss über das Wesen und den Sinn von Kreativität.

An seine Kindheit denkt Markus nicht gerne zurück. Die um sich selbst kreisende Mutter, die nur die eigenen Bedürfnisse im Blick hatte, der Vater, der sich schon früh nach anderen Frauen umsah. Der Streit der Eltern, in dem Worte zu Giftpfeilen wurden, schließlich der große Knall und der Auszug des Vaters. Die darüber verbitterte Mutter, die bei jeder Gelegenheit mit dem Jungen schimpfte. Wenn ihr neuer Freund Zeit hatte, ließ sie alles stehen und liegen, um zu ihm zu eilen. Markus störte bloß und wurde auf ein Internat geschickt, in dem er auch die Wochenenden und Ferien verbringen musste. „Ich war einsam, und das war mir vor meinen Klassenkameraden peinlich. So ließ ich niemanden merken, dass ich im Internat bleiben musste, wenn die anderen heimfuhren. Wenn sie wiederkamen, erfand ich tolle Erlebnisse von zu Hause. Vielleicht hat damals alles angefangen."

Der kleine Junge machte die positive Erfahrung, dass er mit den erfundenen Geschichten gut bei seinen Klassenkameraden ankam. Der Erfolg führte in dieser für Markus prägenden Phase zu einem effektiven Lernen, zur Beibehaltung und Optimierung der Strategie, mit Fiktionen zu punkten. 50 Lebens- und 40 Ehejahre später hatten die Schattenseiten dieser einst so erfolgreichen Strategie Markus' Leben verdunkelt. Er hatte sich in ein Geflecht aus

Lügen und Fehlentscheidungen verstrickt. Der kleine Markus war zu einem polygamen Baron Münchhausen geworden, der seine Fähigkeit zur eleganten Lüge eingebüßt hatte. Über Jahrzehnte war es ihm noch gelungen, die Kontrolle über seine Geschichten zu bewahren, indem er verschiedene Lebensbereiche fein säuberlich voneinander getrennt hielt. Im Freundes- und Familienkreis bewegte er sich mit seiner Ehefrau. In einem freiberuflichen Bereich hatte er eine Dauerfreundin. An seinem festangestellten Arbeitsplatz gab es immer mal wieder die eine oder andere Sekretärin als Geliebte. Kritisch waren die neuralgischen Punkte: Wochenenden, Geburtstage, Silvester. Markus hätte sich zerteilen müssen, um es allen recht zu machen. So erfand er viele phantasievolle Gründe, warum er nicht zur Verfügung stand. Doch irgendwann machte das Umfeld nicht mehr mit.

Seine Freundin Simone bekam heraus, dass er sie belog und neben ihr noch eine Ehefrau und eine zweite Geliebte hatte. Es war eine Kleinigkeit, die Markus auffliegen ließ, nämlich ein aus Versehen aus seiner Jacketttasche herauslugendes Flugticket, ausgestellt auf den Namen einer anderen Frau. „Wer ist Markus?", fragte sich Simone. „Der liebende Mann, den ich kennengelernt habe? Ein kaltherziger Lügner, nur auf seinen Vorteil bedacht?"

„Wer bin ich?", fragte sich auch Markus, nachdem er von so vielen angefeindet wurde. „Ein verlogener Drecksack." Er hatte die Gewissheit über seine Identität eingebüßt und das Lügen so sehr verinnerlicht, dass er sich selbst nicht mehr zu glauben vermochte. Gefallsüchtig und angewiesen auf die vielen Frauen, um sich selbst zu bestätigen, hatte er seine Mitte verloren.

Geschichten rund um seine eigene Identität zu konstruieren, war bei Markus zunächst einmal ein Überlebensprinzip. Er musste sich etwas einfallen lassen, um bei seinen Klassenkameraden nicht zum Außenseiter zu werden. Die damals entdeckte Kreativität setzte er dann im Laufe seines Lebens immer wieder in kritischen Situationen ein, gerade wenn es galt, heimlich mehrere Beziehungen parallel zu führen. „Ich habe nach Liebe gesucht, und über den Sex mit vielen Frauen habe ich sie bekommen. Das war lange mein Hauptlebensziel", sagt Markus heute. Kreativität dient also auch dazu, Erklärungen für sich selbst zu finden und sich seine eigenen Schwächen nicht selbst eingestehen zu müssen. Hieran ist zu sehen, was alles im Prinzip der Kreativität steckt. Kreativität ist nämlich wertfrei. Sie ist nicht nur dazu da, das Leben bunter und reicher zu machen, wie wir es bislang gesehen haben. Kreativität ist vor allem ein Werkzeug, um eine innere Ausgewogenheit wiederherzustellen und mit der eigenen personalen Identität wieder ins Reine zu kommen.

Als Identität wird in der Psychologie die als „Selbst" erlebte innere Einheit der Person bezeichnet. Die Erlebnisse, die Gefühle, die Einstellungen, Stärken und Schwächen – alles fließt in die Identität mit ein. Kann man aber noch von Identität sprechen, wenn man, wie wir alle, im Leben die verschiedensten Rollen spielt? Ist die Identität selbst nur eine Rolle?

Tatsächlich sind wir nicht immer nur wir selbst. Wir nehmen so viele Anregungen und Einflüsse unserer Umwelt auf, dass diese nicht nur die Identität mitformt, sondern mehr noch: In manchen Situationen scheint der Teil, der einen selbst ausmacht, auf ein Minimum heruntergeschraubt. In anderen Situationen hingegen hat man wieder das Gefühl, man bringe sich maximal in ein Geschehen ein. Es besteht also eine Komplementarität zwischen dem Inneren und der Umwelt eines Menschen.

So nahm Markus bei jeder Frau eine andere Rolle ein, weil die Anforderungen an ihn immer verschieden waren. Seine Ehefrau sah in ihm den Versorger und Vater der gemeinsamen Kinder. Die Freundin suchte mit ihm den geistigen Austausch und die Sexualität. Die Sekretärinnen waren oftmals einfach nur gefügig. Und so konnte er bei jeder Frau einen anderen Aspekt seines Selbst ausleben. Das Einnehmen von unterschiedlichen Rollen ist psychologisch betrachtet durchaus sinnvoll. Hätte man nur eine Rolle, kann dies umgekehrt zu einer Identitätsüberforderung führen, zumindest dann, wenn man in dieser Rolle für einen Partner alles erfüllen soll: von der Lust auf die gleichen Reiseziele über geteilte kulturelle Interessen, politische Vorstellungen, den Kleidungsstil bis zur Sexualität. Dies alles sind verschiedene Rollen, die mit einer einzigen Person verknüpft werden. Dass sich zwei Partner treffen, bei denen Zufriedenheit in allen Bereichen herrscht, ist unmöglich. Der Anspruch geht am menschlichen Maß vorbei.

Es ist also menschlich und normal, verschiedene und zum Teil sehr unterschiedliche Rollen einzunehmen. Und doch haben die meisten bei all dem das Gefühl, sie würden als einheitliche Person handeln. Wie geht das? Eine Erklärung finden wir in der Prinzipal-Agent-Theorie: Weil wir selbst Erinnerungen an unsere verschiedenen Rollen haben, erscheinen wir uns selbst wie der Auftraggeber unserer eigenen Lebensepisoden, der Prinzipal. Der Agent ist der Ausführende, also derjenige, der die verschiedenen Rollen einnimmt. Die Erinnerung bildet das Auftragsbuch des Auftraggebers, sie bildet den Kitt zwischen den unterschiedlichen Rollen, Denkweisen, Zielen und Wünschen, die ein Mensch in seinem Leben einnehmen kann, und sie befördert so das Gefühl der Identität. Der Kitt zwischen verschiedenen Persönlichkeiten lässt sich verstärken, und zwar mithilfe der Introspektion. Bilder bilden unsere Autobiografie. Doch werden sie nur dann im Langzeitgedächtnis gespeichert, wenn sie mit starken Emotionen einhergegangen sind. Wir haben bereits darauf hingewiesen, dass eine Introspektion des gerade erlebten Tages das Einspeichern der inneren Bilder erleichtert. Man gestaltet mit ihnen einen festen Ankerplatz des Selbst und festigt somit seine personale Identität. Denn diese wird wesentlich dadurch getragen, sich selbst in seiner eigenen Vergangenheit sehen zu können.

Identität ist also auch eine kreative Leistung. Die Welt um uns herum fließt genauso in die eigene Identität ein wie das, was sich im Innern abspielt. Mit diesen Faktoren zu spielen und je nach Situation einzelne Rollen herauszustellen und andere auf ein Minimum herunterschrauben, basiert auf Kreativität. Aber wir haben gesehen, dass wir das nicht immer freiwillig tun. Und so macht der „Zwang zur Kreativität" nicht einmal vor unserem eigenen Selbst halt.

Der Terror der Wahrheit

„Menschen sind für das, was sie tun, auch für ihre Überzeugungen und Emotionen, in einem gewissen Grade verantwortlich"

Ein Gespräch mit Julian Nida-Rümelin

Was die alten Philosophen mit dem Thema Identität verbindet, taucht in diesem Buch häufiger auf. Doch was sagt wohl ein heutiger Philosoph dazu, der auch selbst verschiedenen Rollen und Identitäten verhaftet ist? Der „identitätsreichste" Philosoph, den wir kennen, ist Julian Nida-Rümelin. Er ist Inhaber eines Lehrstuhls für Philosophie an der LMU in München. Darüber hinaus ist er politisch tätig und war Staatsminister für Kultur, in den Jahren 2000 bis 2002 unter der Regierung Schröder. Er ist ein Anhänger „oraler Philosophie", einer Philosophie des mündlichen Austausches, nicht lediglich des geschriebenen Textes, wie er sagt, und bringt philosophische Gedanken in den Alltag der Menschen.

Seine Herkunft hat ihn eher künstlerisch geprägt, vor allem durch seinen Vater, den Bildhauer Rolf Nida-Rümelin. „Er hat mit Brettern eine kleine Wohnung von seiner Werkstatt abgeteilt, da lebten wir." Sein Vater war außerdem der Neffe von Angelika Aurora Rümelin. Und mit der hat es Folgendes auf sich. Ein Vorfahre des Hotelbesitzers Sacher war ihr verfallen und schrieb eine Novelle über sie, die ein Bestseller wurde: „Venus im Pelz". Die Geschichte einer Frau, die Lust darin fand, Männer zu erniedrigen, denen dies auch noch gefiel. Da der Autor Leopold von Sacher-Masoch hieß, stand sein Name plötzlich Pate für den Begriff Masochismus als Bezeichnung für die Lust an sexueller Erniedrigung. Und nun ist diese Geschichte eine weitere bunte Facette im episodischen Gedächtnis des Philosophen. Fragen wir ihn jetzt also zur personalen Identität.

Wagner: Auf den vorangegangen Seiten wird beschrieben, wie jemand inmitten verschiedener Rollen seine Identität sucht. Wie stehen Sie dazu? Kann man mehrere Identitäten haben, je nach Umfeld?

Nida-Rümelin: Ja. Diese Erfahrung machen viele Menschen, die Teil unterschiedlicher kultureller Gemeinschaften waren oder sind. Es sind zum Beispiel bikulturelle Erfahrungen, die zu einem Identitätsswitch führen können. Man beobachtet sich selbst und ist überrascht, dass man sich in der einen Gemeinschaft ganz anders verhält als zuvor in der anderen. Wertungen, auch Überzeugungen können sich durch den unterschiedlichen Umgang ändern. Dies allerdings ist nicht ein bloßes Faktum, sondern eine Herausforderung: Wie können diese unterschiedlichen „Identitätsausführungen" wieder so weit in eine Persönlichkeit integriert werden, das die betreffende Person sich mit sich selbst im Reinen fühlt?

Wagner: Und wie kommt man damit klar, wenn man gegensätzliche Werte und Wünsche in sich trägt?

Nida-Rümelin: Das Entscheidende scheint mir zu sein, dass divergierende Wünsche nicht zu einer widersprüchlichen Lebensform führen. Daher muss ich herausfinden, wie ich die jeweiligen Wünsche bewerte. Was ist mir wirklich wichtig? Wenn ich beispielsweise einerseits Hunger habe, es mir aber andererseits wichtig ist abzunehmen, dann esse ich nicht. Ich bewerte also die widersprüchlichen Wünsche und handle danach. Wir sind nicht lediglich eine wunschgetriebene Maschine, sondern in der Lage zu deliberieren, das heißt, Gründe abzuwägen. Und das ist genau die Grundlage, um hinreichend Kohärenz in unserer Lebenslage herzustellen. In diesem Zusammenhang kann auch das eine Rolle spielen, was als „philosophische Praxis" bezeichnet wird, nämlich die Analyse von Wertungen und Lebensformen vor dem Hintergrund philosophischer Begriffe und Theorien.

Wagner: Was aber ist, wenn man nicht nur unterschiedliche Wünsche, sondern zwei Seelen in seiner Brust hat? Wo ist der Kern?

Nida-Rümelin: Um die Fragen zu beantworten, müsste ich meine philosophische Sicht etwas genauer zu erläutern. In den Feuilletondebatten scheinen sich zwei Lager gegenüberzustehen. Auf der einen Seite sind es die „Freunde der Identität", die von ihren Gegnern meist als verspätete Descartes-Anhänger charakterisiert werden. Auf der anderen Seite sind es die Identitätsskeptiker, zum Beispiel aus der Neurowissenschaft, die meinen, so etwas wie personale Identität könne es schon deswegen nicht geben, weil es kein Zentrum gibt, von dem aus das Gehirn gesteuert wird. Meine eigene Position steht beiden Auffassungen entgegen. Von Identität kann man in meinen Augen nur in einem graduellen Sinne sprechen. Diese Identität ist handlungstheoretisch und ethisch verfasst, nicht metaphysisch oder ontologisch. Für mich ist Identität verknüpft mit Verantwortung: Menschen sind für das, was sie tun, auch für ihre Überzeugungen und Emotionen, in einem gewissen Grade verantwortlich. Es gibt jeweils einen Akteur, der begründen kann und muss, warum er so und nicht anders entschieden hat. Diese Fähigkeit, Gründe für Überzeugungen und Handlungen anzugeben, macht unsere jeweilige Identität aus.

Wagner: Menschen gestalten also ihr Leben und ihre Bedingungen selbst?

Nida-Rümelin: Weitgehend, allerdings in den Grenzen der Gegebenheiten, die sie nicht selbst kontrollieren können, wie genetische, kulturelle und soziale Bedingungen ihres Lebens. Es gibt einen interessanten Befund aus der Zwillingsforschung. Eineiige Zwillinge, die gemeinsam aufwachsen, sind oft unterschiedlicher als eineiige Zwillinge, die getrennt aufwachsen. Dieser empirische Befund bestätigt die von mir vertretene Identitätskonzeption. Trotz weitgehend identischer Genetik und weitgehend identischer Umweltbedingungen entwickeln sich die beiden Zwillinge offenbar auseinander, wenn sie zusammenleben, weil sie sich voneinander unterscheiden wollen. Das heißt, sie werden in engen Grenzen kreativ, sie werden zu Gestaltern ihrer eigenen Lebensform und damit auch ihrer Identität. Menschen sind verantwortliche Akteure und nicht bloße Subjekte äußerer Beeinflussung. Die Idee menschlicher Würde und menschlichen Respekts setzt voraus, dass Menschen für ihr Tun und Lassen verantwortlich gemacht werden können.

Mehr dazu finden Sie in den Büchern von Julian Nida-Rümelin, zum Beispiel in „Über menschliche Freiheit" (Reclam 2005) sowie „Verantwortung" (Reclam 2011).

Die Gelassenheit der Verwegenen
Warum neue Ideen Mut brauchen

Auch Wissenschaftler sind kreativ, wenn auch manchmal ganz anders, als man sich das vorstellt. Dies zeigt die Geschichte eines Professors, der mit kreativen Mitteln gegen seine Studenten im Squash gewann. Ein Akt, der Verwegenheit und Gelassenheit erfordert.

Es war ein ungleiches Spiel, das sich den nicht wenigen Zuschauern bot, die sich vor dem Squashcourt im damaligen Bavaria Squash-Center in München versammelt hatten. Ein 20-jähriger durchtrainierter Student und sein mehr als doppelt so alter Professor traten gegeneinander an. Der Ausgang schien schon von vorneherein festzustehen. Squash ist ein schnelles Spiel, und es ist unbestreitbar, dass die Reaktionszeiten eines 20-Jährigen denen eines 40-Jährigen überlegen sind. Für den Studenten stand zudem ein interessanter Anreiz auf dem Spiel. Wenn er es schaffte zu gewinnen, würde ihm eine medizinische Examensarbeit erlassen. Der Professor hatte dem Anschein nach nichts weiter zu gewinnen oder zu verlieren – außer vielleicht seinen Ruf: Seit Jahren hatte es kein Student geschafft, ihn zu besiegen.

Das Aufschlagrecht wurde ausgelost, der Student begann. Er stellte einen Fuß in das Aufschlagviereck des Spielfeldes und wollte gerade den Ball hochwerfen, um ihn aus der Luft zu schlagen, da sagte der Professor etwas zu ihm. Der Student legte wieder ab, entgegnete etwas, holte tief Luft und begann dann zu schlagen. Doch der Aufschlag missglückte, der Punktgewinn ging an den Professor. Die Zuschauer raunten.

Im Laufe des Spiels machte der Student seine Eingangsschlappe wieder wett. Er reagierte schnell, drückte dem Spiel zusehends seinen Stempel auf. Als er sich – mittlerweile wieder siegesgewiss – sein Handtuch holte, um sich den Schweiß von der Stirn zu wischen, zog der Professor seine Jacke an, so als ob ihn fröstelte. Wer einmal Squash gespielt hat, der weiß, dass es ein sehr schweißtreibender Sport ist, bei dem man schnell hohe Körpertemperaturen erreicht. Der Student war verunsichert, die nächsten Punkte gingen an den älteren der beiden Spieler.

Für die Zuschauer war das Spiel hochspannend. Der Professor war zwar fit, aber der Student eindeutig schneller. Ihm unterliefen aber immer wieder unerklärliche Patzer. Beim Squash geht es darum, zuerst elf Punkte zu erreichen, und zwar mit mindestens zwei Punkten Vorsprung. Doch bis zum Stand von elf zu zehn für den Professor konnte sich keiner der Kontrahenten absetzen. Der Student war mit dem Aufschlag an der Reihe. Plötzlich begann der Professor zu humpeln und sich wie ein gebrechlicher alter Mann aufzuführen. Der Student wurde aggressiv, er schlug mit voller Wucht auf, und der Ball kam in seinem eigenen Spielfeld wieder auf. Ungültig! Spiel, Satz und Sieg.

Was hatte sich zugetragen? Zunächst war der Student siegesgewiss, sich der Vorteile seiner Jugend bewusst gewesen. Doch während des Spiels setzte eine schleichende Verunsicherung ein. Gleich zu Beginn des Spiels stellt ihm sein Professor die Frage, ob er beim Aufschlag eigentlich ein- oder ausatme, woraufhin der Student so sehr auf seinen Atem achtete, dass sein Aufschlag danebenging. Auch schaute der vergleichsweise alte Mann seinem Gegner permanent auf einen Fuß. Der machte sich plötzlich Gedanken, ob etwas mit seinem Schuhwerk nicht stimme, und war abgelenkt, kam aus dem Konzept. Den vorläufigen Rest gab dem Student, dass der Professor zwischendrin seine Jacke anzog, als ob ihn das schweißtreibende Spiel völlig kaltlassen würde.

Weitere Tricks des Professors: den jugendlichen Spieler in Sicherheit wiegen, im Vorfeld den Altersunterschied betonen. Denn wer siegesgewiss ist, macht Fehler. Am wichtigsten war jedoch das Herausstellen seiner Gebrechen. Denn wer sich gegen einen deutlich älteren Gegner nicht durchsetzen kann und dann noch ostentativ mit dessen Alter konfrontiert wird, der wird sauer und verliert die Konzentration.

Der Professor der Geschichte lehrte medizinische Psychologie. Es handelte sich, Sie ahnen es, um den Autor selbst. Damals ließ ich meine Studenten alle psychologischen Tests selbst durchführen, die sie später mit ihren Patienten machen würden: solche zur Messung einer Depression, zur Feststellung des IQ und der Persönlichkeitsmerkmale. Die Tests hatten ein äußerst verblüffen-

Die Gelassenheit der Verwegenen

des Resultat: Ein Drittel meiner Studenten war im klinischen Sinne depressiv. Sie brauchten im Grunde ärztliche Hilfe. Eine Erklärung mag der Kulturschock gewesen sein, den sie durch den Übertritt von Schule zur Uni erlebten. In der Schulzeit waren sie herausragend gewesen, gehörten zu den Besten der Klasse. Und nun, da sie mit ihrem guten Abi-Durchschnitt ein Studium mit einem anspruchsvollen Numerus Clausus belegen konnten, gingen sie plötzlich in der Masse unter.

Sport ist das beste antidepressive Mittel überhaupt, das hat gerade erst wieder eine Vier-Jahres-Studie aus Dallas gezeigt, die im Journal of Clinical Psychiatry erschienen ist. Sport hilft gegen schwere Depressionen genauso effektiv wie eine medikamentöse Behandlung. Viele Leute bevorzugen Sport als Therapie, vor allem weil Bewegung nachweislich Gesundheit und Wohlbefinden fördert. Mit Urs Zondler, dem damaligen Betreiber des Bavarian Squash-Center, habe ich deshalb einen Rabatt für meine Studenten ausgehandelt, für nur vier Mark konnten sie einen ganzen Vormittag trainieren und den Hörsaal schwänzen.

Ich selbst hatte fünf Jahre zuvor mit Squash begonnen, und um auch meine Studenten zu aktivieren, versprach ich ihnen das schon erwähnte erlassene Examen – rechtlich nicht ganz unbedenklich, ich gebe es zu. Zufällig führte ich zu dieser Zeit Messungen von Reaktionszeiten durch. So stellten wir damals etwa fest, dass akustische Signale 30 bis 40 Millisekunden schneller im Bewusstsein ankommen als optische Signale. Der Grund hierfür liegt in den unterschiedlichen Verarbeitungsmechanismen von optischen und akustischen Signalen. Und trotzdem verwischt dieser Unterschied im Gehirn. Warum? Die Grenze der zeitlichen Auflösung im Gehirn liegt bei 30 bis 40 Millisekunden. Alles, was innerhalb dieser Zeit an Signalen eintrifft, wird deshalb als gleichzeitig erkannt. Die Ungenauigkeit ist ein großer Vorteil für die Übersichtlichkeit. Denn so kann das Gehirn Verbindungen zwischen den vermeintlich gleichzeitig eintreffenden Informationen herstellen. Ansonsten würde es in Einzelinformationen ertrinken.

Im Rahmen dieser Reaktionszeitmessung haben wir unter anderem Squashspieler untersucht, auch die weltbesten. Einer davon war der Australier Geoff Hunt, der damalige Weltmeister, der, so besagten es unsere Testergebnisse, im Millisekundenbereich deutlich langsamer reagierte als der Pakistani Jahangir Khan, auch einer der Weltbesten. Aber auch wenn Geoff Hunt nicht der Schnellste war, so war er doch der Präziseste. Er konnte im Labor mit einer Varianz von zwei Millisekunden auf akustische Reize reagieren – so lange dauert gerade mal das Aktionspotenzial einer Nervenzelle. Hunt spielte präzise wie eine Maschine, ein fast übermenschliches Phänomen. Präzision ist im Squash mindestens genauso wichtig wie Schnelligkeit. Und da auch ich die angeborene Fähigkeit zum präzisen Spiel besitze und diese mit dem Alter nicht verloren geht, sah ich hier einen Vorteil gegenüber den schnelleren Studenten. Ich wechselte zunächst einmal klassisch von hohen und kurzen Bällen, um das Spiel zu verlangsamen. Hierauf aufbauend überlegte ich mir ein paar Tricks aus der Psychologie, um meine Gegner zu verwirren und zu verunsichern, sie zu Leichtsinn und aggressiver Spielweise zu verführen. Heute ist diese Art von psychologischem „Matchplan", wie es Thomas Tuchel, der Trainer des Bundesligisten FSV Mainz 05, ausdrückt, eher normal. Damals habe ich es als kreativ empfunden, meine armen Studenten mit Tricks zu besiegen, die mir als Psychologe vertraut waren, ihnen aber nicht.

Mir war nach den Labortests zudem klar, dass man beim Squash nicht nur nach dem Ball schauen, sondern auch nach ihm hören muss. Wie schon angemerkt, verarbeitet das Gehirn akustische Reize schneller als optische. Also gewinnt man einen Vorteil, wenn man sich auch auf die Töne konzentriert. Von denen kommen beim Ballwechsel einige zustande: der Aufschlagston am Schläger und der Aufprallton an der Stirnwand. Daraus lässt sich, zusammen mit den optischen Signalen, die Flugbahn des Balles berechnen und ein winziger zeitlicher Vorteil herausschlagen. Der ist wichtig, um rechtzeitig dort zu sein, wo der Ball aufkommen wird.

Doch alle Überlegungen zu psychologischen Tricks und schneller verarbeiteten akustischen Signalen hätten kein erfolgreich bestrittenes Spiel herbeiführen können, wenn ich mich nicht getraut hätte. Ohne den Mut und die Gelassenheit, sich den Jüngeren zu stellen und die sportliche Niederlage einzukalkulieren, hätte sich die Kreativität in der Spielgestaltung nicht ausgezahlt. Ohne den Mut, sie umzusetzen, ist die Idee leider nichts wert ist. Was aber ist eigentlich „Mut"? Es ist die Fähigkeit, in einer gefährlichen, riskanten oder auch nur herausfordernden Situation seine Angst oder seinen inneren Widerstand zu überwinden. Auch die grundsätzliche Bereitschaft, angesichts von zu erwartenden Nachteilen das zu tun, was man für richtig hält, wird als mutig bezeichnet. Hormonell gesehen erfordert mutiges Handeln einen Anstieg des Testosteron- und ein Sinken des Cortisolspiegels. Doch Mut ist nicht einfach nur ein Drauflosstürmen, sondern setzt Risikobewusstsein voraus. Man wägt die Risiken und die Vorteile gegeneinander ab und antizipiert den erfolgreichen Ausgang. Der wird dann mit einem Dopaminausstoß eingeleitet, was sich als ein Gefühl der Belohnung und der Befreiung bemerkbar macht. Deswegen ist es auch wenig erfolgversprechend, wenn man im stillen Kämmerlein kreative Ideen ausbrütet und sich damit nicht nach draußen traut. Eine kreative Leistung hat auch etwas von einer Selbstoffenbarung, dazu gehört Mut. Man zeigt etwas, das in einem schlummert, es wird nicht nur die Leistung bewertet, sondern immer auch die Persönlichkeit. Mut und Kreativität bilden eine wichtige partnerschaftliche Koalition, um größere und kleinere Ziele zu verfolgen.

Mut hat zum Beispiel Christa Maar aufgebracht, als sie sich traute, öffentlich über Darmkrebs zu sprechen, als das Thema noch streng tabuisiert war, womit sie bereits vielen Menschen das Leben gerettet hat. Mut war auch die Eigenschaft, die bei Maria Reinisch herausstach, als sie sich mit uns über Kreativität unterhielt. Sie wagte sich an die Spitze des Marketings in einem von Männern dominierten Weltkonzern, um dort nicht nur kreativ zu sein, sondern Entscheidungen auch mutig umzusetzen.

Ich musste mich auf die Herausforderung vollständig einlassen
Ein Gespräch mit Christa Maar

Es ist ein ungeschriebenes Gesetz, dass manche Dinge verschwiegen werden. Als ein solches Tabu galt der Darmkrebs. Man sprach nicht darüber, ließ sich nicht untersuchen und verpasste so seine Heilungschancen. Doch Dr. Christa Maar überschritt einfach die Grenzen des sogenannten Anstands und startete vor elf Jahren eine Aufklärungskampagne, denn sie hatte einen persönlichen Auftrag. Und der war wichtiger als die Scham, erzählte sie Ernst Pöppel in einem Gespräch beim Besuch ihres Stammitalieners „Trattoria Alba" in München-Bogenhausen.

Pöppel: Vor etwa zwanzig Jahren hast du die „Akademie zum dritten Jahrtausend" gegründet, ein interdisziplinäres Forum für Forscher und Denker, um Visionen für die Zukunft zu entwickeln. Seitdem kennen wir uns. Die Zusammenarbeit änderte sich aber schlagartig, als dein Sohn Felix mit gerade einmal 31 Jahren Darmkrebs bekam, woran er dann trotz aller ärztlichen Bemühungen gestorben ist. Daraufhin wurde die Felix Burda Stiftung gegründet, unter anderem mit dem Ziel, die Menschen über die Notwendigkeit einer angemessenen Vorsorge zu informieren. Wie schafft man das eigentlich, gegen gesellschaftliche Widerstände eine solche Aufklärung durchzuführen?

Christa Maar: Es gab zu Beginn wirklich unglaubliche Widerstände. Allein das Wort in den Mund zu nehmen war unmöglich. Wenn zum Beispiel die Oma daran gestorben war, sprach man lieber von Leberkrebs, obwohl es Lebermetastasen eines Darmkrebses waren. Von Dickdarmkrebs zu sprechen, empfanden die meisten Menschen als peinlich. Und das schadete natürlich der Bereitschaft zur Vorsorge, abgesehen davon, dass viele bis dahin weder etwas über Darmkrebs noch über die Möglichkeit der Vorsorge wussten. Auch viele Ärzte zweifelten daran, dass uns gelingen würde, was sie dreißig Jahre lang nicht geschafft hatten: das Thema in die Öffentlichkeit zu bringen.

Pöppel: Wenn man in einen so stark tabuisierten Bereich eindringen möchte, verlangt das doch den kreativen Einsatz der ganzen Person?

Maar: Ich musste mich auf die Herausforderung vollständig einlassen, also auch eine neue „Innenperspektive" entwickeln und mir beispielsweise die Rolle zu eigen machen, dass man mich künftig immer mit Darmkrebs in Verbindung bringen würde. Und darüber hinaus musste ich natürlich Risiken und Chancen des Unternehmens abschätzen und eine geschäftsmäßige „Außenperspektive" einnehmen.

Pöppel: Und dabei geht es ja auch um Beharrlichkeit.

Maar: Natürlich. Kreativität bedeutet nicht nur, etwas zu entwickeln, sondern es auch durchzuboxen. Ohne diesen Willen, die Widerstände von außen zu überwinden, bleibt alles Gedankenspielerei. Ich habe früher Filme gemacht und hatte zunächst keine Ahnung, wie das geht. Ich hatte keinerlei Ausbildung dafür. Aber wenn ich ein Ziel habe, habe ich auch die Überzeugung: „Ich schaff das!" Und so war das auch mit der Felix Burda Stiftung. Als wir sie gegründet haben, war mir das Ziel klar, aber nicht, wie man es erreicht. Und das ist für mich ein ganz wesentliches Merkmal von Kreativität: Sie verlangt, etwas zu tun, ohne explizit zu wissen, was man genau macht und wie man es am besten machen sollte. Es ist ein Lernprozess, learning by doing.

Pöppel: Kreativität ist für dich ohne Handlung und Umsetzung undenkbar.

Maar: Ja, die kreativsten und brauchbarsten Einfälle entstehen meist erst als Reaktion auf die Herausforderung, wenn man gezwungen wird, etwas zu tun. Bei dieser Methode kommt man mit seinen Fähigkeiten natürlich auch manchmal an seine Grenzen. Aber da hilft dann die angeborene Neugier und die Bereitschaft, immer etwas Neues zu lernen.

Pöppel: Kreativität ist also nichts für Feiglinge?

Maar: Absolut nicht, Mut ist für mich eine ganz entscheidende Eigenschaft im Zusammenhang mit Kreativität.

Oft muss ich meine Intuition in eine Excel-Tabelle pressen
Ein Gespräch mit Maria Reinisch

Maria Reinisch ist Chefin der Kommunikationsabteilung von Siemens in Deutschland. Frauen in Führungspositionen sind heute noch in der Minderzahl – etwa wenn man bedenkt, dass die großen Unternehmen es bis zum Jahr 2012 gerade einmal auf einen Frauenanteil von 3,7 Prozent in den Vorständen geschafft haben. Sich hier zu behaupten, erfordert auch Kreativität, erzählt Maria Reinisch mit einem Augenzwinkern.

Wagner: Wie fühlt man sich in leitender Position unter Männern?

Reinisch: Die Konstellation ist für mich zunächst gar nicht so ungewohnt, ich bin mit drei Brüdern groß geworden und habe durch sie viele männliche Facetten kennengelernt. So war ich richtig gut im Fußballspielen, das hat den Jungs imponiert. Aber das täuscht nicht darüber hinweg, dass man sich in so einer Position schon durchsetzen und behaupten muss. Eine große Herausforderung ist aus meiner Sicht tatsächlich die – man mag schmunzeln – Kommunikation zwischen den Geschlechtern. Mein persönliches Rezept dafür lautet, Ausdrucksweise und Umgangsformen der Männer wie eine Fremdsprache zu lernen und anzuwenden.

Wagner: Wie können wir uns das vorstellen?

Reinisch: Ich bin von Natur aus emotional und intuitiv, was der nüchternsachlichen Betrachtungsweise so mancher männlichen Kollegen widerspricht. Will ich überzeugen, muss ich deswegen Fakten und Zahlen heranziehen und meiner Intuition beispielsweise in Form einer Excel-Tabelle Ausdruck verleihen. Dann funktioniert es. Mit Sprachkenntnis, Klarheit, Wertschätzung und Humor wird man zu einem guten Dolmetscher zwischen den Welten.

Wagner: In mir entsteht das amüsante Bild, wie du, eine zierliche Frau, als Dompteurin inmitten von Löwen stehst. Du hast sie geschickt im Griff, aber dennoch herrscht eine ständige unterschwellige Unruhe.

Reinisch: So weit würde ich nicht gehen, dass man Männer zähmen muss, sondern ich sehe mich vielmehr als Dirigentin. Ich muss in meinem Bereich darauf achten, dass die Töne gemeinsam richtig zum Klingen kommen. Mit all den kreativen Kompetenzen, die mir zur Verfügung stehen.

Pöppel: Liebe Maria, du bist unermüdlich unterwegs. Du bist im weltweiten Marketing zu Hause, entwickelst und spielst Kabarettprogramme, lehrst junge Masterstudenten, trittst auf Kongressen als Sprecherin auf – gleichzeitig bist du eine hohe Führungskraft bei Siemens und Mutter von zwei Kindern. Bislang bin ich davon ausgegangen, dass es ein Grundbedürfnis von Menschen ist, mithilfe von Kreativität zur Mitte zu finden. Doch bei dir habe ich den Eindruck, du sprintest vor allem kreativ an deine Grenzen.

Reinisch: Mich interessiert viel, und ich bin immer mit Leidenschaft dabei. Mein Vater hat immer gesagt, du musst alle Fähigkeiten, die Gott dir geschenkt hat, auch nutzen. Sie sind eine Verpflichtung. Eine Verpflichtung, die das Leben natürlich vielfältig macht und kreativ Neues entstehen lässt. Aber auch Anstrengung erfordert.

Pöppel: Dein Vater Leonard Reinisch hat von 1973 bis 1989 das Nachtstudio des Bayerischen Rundfunks geleitet. Das klingt doch sehr solide?

Reinisch: Na ja, viele der intellektuellen und geistigen Vordenker und Würdenträger Deutschlands waren in regem Kontakt mit meinem Vater. Der war ein sehr kluger und ein aktiver Gastgeber und lud die Menschen gerne zu uns nach Hause ein. So kam es, dass ich dem heutigen Papst Kaffee gekocht habe – damals war er noch Kardinal von München und Freising. Als kleines Kind sieht man die Menschen natürlich mit anderen Augen. Damals fand ich diese Gespräche ziemlich langweilig.

Pöppel: Das ist interessant, die großen Persönlichkeiten mit Kinderaugen gesehen.

Reinisch: Ja, in der Rückschau ist es schon spannend. Doch damals waren für uns die Großen der Zeitgeschichte, die bei uns ein und aus gingen, eher lästig – wir wollten draußen Hockey spielen. Aber es gab auch einprägsame Szenen: Als mein Vater einmal ein Fest gab, stand ein bekannter Literaturkritiker vor der Haustür. Uneingeladen! Ich sollte ihm sagen, dass er nicht zu den Gästen gehört. Aber der schob mich beiseite und drängte sich in unser Haus, bis ihn dann mein Vater – noch in Unterhosen – verjagte.

Pöppel: Auch solche Kindheitserlebnisse sind prägend.

Reinisch: Ich weiß nicht, ob es daher kommt, aber ich habe wenig Angst, mich den Normen zu widersetzen. Das ist wichtig für die Kreativität. Ich trage zum Beispiel gerne bunte Kleidung. Das fällt in der Ingenieurswelt ziemlich auf. Bei einer Vertriebstagung habe ich einmal etwas ganz Verwegenes gemacht: Ich bin in Lack und Leder auf die Bühne gegangen! Dann habe ich über die Sängerin Madonna gesprochen, über ihr Erfolgsrezept, wie es ihr über Jahrzehnte hinweg gelungen ist, Märkte zu verstehen und Trends zu setzen. Madonna ist mutig. Ich war es auch – mit meinem Outfit und einem fundierten Vortrag. Die Botschaft an die Vertriebler war entsprechend – man muss seine Kunden verstehen und darauf aufbauend auch Neues wagen. Viele erinnerten sich noch nach Jahren an meinen Auftritt – an die Form und an die wesentlichen Punkte. Seitdem verwende ich viel Kreativität auf die Form meiner Vorträge.

Pöppel: Du bist eine Führungskraft. Dürfen deine Mitarbeiter auch ihre Grenzen ausloten, um kreativ zu sein?

Reinisch: Damit Menschen kreativ sein können, brauchen sie Wertschätzung und Freiraum. Ich versuche eine Atmosphäre zu schaffen, in der man sich wohlfühlt und lachen kann. Wo man probieren darf, auch mal etwas Dummes sagen kann, ohne sich eine Blöße zu geben. Keiner wird in eine vorgesetzte Form gezwängt. Denn wer nur eine Rollenerwartung erfüllt, kann sich ja nur in einer Mikrokreativität austoben und wird nicht über sich hinauswachsen.

Pöppel: Hast du einen Mittelpunkt, an dem du innerlich zu Hause bist?

Reinisch: Wenn ich leidenschaftlich kreativ bin und über meine Grenzen hinauswachse, sehe, wie etwas Neues entsteht, dann bin ich lebendig und spüre meine Mitte, insofern bestätige ich deine Idee. Allerdings kann ich dort nie lange bleiben. Ich brauche die Bewegung und muss immer weiter. Ich befinde mich quasi im Durchlauf der Mittigkeit. Das ist meine Stärke, macht mich aber auch angreifbar, auch das ist mir bewusst.

Die Qual der Liebe
Warum Mordgelüste zur Kreativität verführen können

Angst, Furcht, Ekel und Eifersucht gelten als negative Gefühle. Doch sie sind gleichzeitig Indikatoren dafür, dass ein inneres Gleichgewicht gestört ist. Negative Gefühle sind daher notwendig für die eigene Existenz, denn sie setzen den Motor der Kreativität in Gang, um den schlechten Zustand wieder zu verbessern. Dazu kann im Extremfall sogar ein Mord dienen, wie das folgende Beispiel zeigt.

„Hamburg. In der Nacht vom 30. zum 31. Oktober 1947 jagte ein Auto durch die Stadt. Drei schwer angetrunkene Männer saßen darin: Peter Nikolitsch, Peter Steinhauer und Robert Amelung. In der Bebelallee hielt der Wagen. Der ahnungslose Nikolitsch wurde hier von Steinhauer und Amelung mit einem Gummihammer zusammengeschlagen, auf den Hintersitz geworfen, und als er sich dann noch verzweifelt wehrte, mit einem Taschentuch erstickt und zugleich erwürgt. Dann wurde der regungslose Nikolitsch mit schon vorher in der Isestraße gesammelten Ziegelsteinen beschwert und in die Alster geworfen." So weit der Verlauf eines Mordes, nachzulesen im Hamburger Abendblatt vom 2. Februar 1949. Die Geschichte endete am 11. Mai 1949 um 14.30 Uhr, und zwar mit der Guillotine im Hof des Untersuchungsgefängnisses Hamburg-Stadt: „Die Hinrichtung wurde durch den Scharfrichter Hehr aus Hannover, der dieses Amt bereits seit 40 Jahren ausübt, vollzogen. Hehr, ein Mann von über 70 Jahren, wurde durch drei Gehilfen unterstützt." Nur zwölf Tage später, am 23. Mai 1949, wurde mit der Verkündung des Grundgesetzes die Todesstrafe in Westdeutschland abgeschafft. Damit war Peter Steinhauer der letzte Mensch, der aufgrund der Anordnung eines westdeutschen Gerichts hingerichtet worden ist.

Teil 2   Bedingungen der Kreativität

Die Geschichte des Mordes an Peter Nikolitsch ist eine von Liebe und Eifersucht. Sie gibt uns auch Aufschluss über die Rolle von Gefühlen als Motor für die Kreativität. Es ist oft ein Ansporn für Kreativität, sein inneres Gleichgewicht wiederherstellen zu müssen. Und Steinhauer war ganz und gar nicht in seiner inneren Mitte. Er hatte mit Eifersucht und Angst zu kämpfen, zwei Gefühlen, die das Leben eines Menschen seinem Griff zu entwinden drohen. Damit zeigt diese Geschichte, dass Kreativität nicht immer nur etwas Gutes ist, sondern dass es auch „negative Kreativität" gibt.

Steinhauer war vor dem Krieg Direktor einer namhaften Reifenfirma in Hamburg gewesen und in zweiter Ehe mit einer jungen bildhübschen Frau verheiratet, einer Krankenschwester. Diese Frau liebte und vergötterte er. Er wollte ihr alles Menschenmögliche bieten. Für sie baute er ein Wochenendhäuschen in Timmerhorn zu einem kleinen Anwesen aus. An der Eingangstür ein Schild mit der Aufschrift „Unser Paradies". Hinter dem Haus ein Ziergarten, hohe Tannen, Fischteich und Hühnerstall. Auch ein süßer Hund namens Seppl bevölkerte das „Paradies". Für das Trümmerjahr 1947 ein geradezu wahnsinniger Luxus. Bei der Hochzeit hatte sich Steinhauer ebenfalls nicht lumpen lassen, wie dem Hamburger Abendblatt vom 2. Februar 1949 zu entnehmen ist: „35 000 Reichsmark kostete die Hochzeitsfeier Steinhauers auf einem Hamburger Hotelschiff."

Wie war er zu diesem Geld gekommen? Offenbar hatte er Schwarzgeschäfte mit Autoreifen laufen gehabt, zusammen mit Robert Amelung, seinem ehemaligen Schmiedegesellen. Schwarzgeschäfte aber waren bei hoher Strafe verboten. Der jugoslawische Journalist Nikolitsch kam Steinhauer nun gleich zweimal in die Quere. Zunächst drohte er, ihn wegen seiner Schiebereien anzuzeigen. Dann, noch schlimmer, mischte er sich offenbar auch noch in sein Privatleben ein: „Steinhauer war eifersüchtig auf Nikolitsch, der seiner Frau zweimal zu nahe getreten war", berichtete das Hamburger Abendblatt vom 11. Dezember 1948. Was das genau hieß, weiß man nicht, nur so viel: Nikolitsch war jung und als Frauenheld bekannt. Er galt als gutmütig, heiter und liebenswert, wenn er nüchtern war, aber als unberechenbar, brutal und streitsüchtig im betrunkenen Zustand. Steinhauers junge Gattin ließ es sich gerne gefallen, dass sie von Nikolitsch charmant umgarnt und angeflirtet wurde. Vielleicht bekam es Steinhauer mit der Angst zu tun, dass sich der betrunkene Nikolitsch eines Tages einfach das nehmen würde, wonach ihm gelüstete. Vielleicht hatte Steinhauer auch Angst, dass seine Frau nicht einmal nein sagen würde, denn aufgrund ihres Altersunterschieds war er misstrauisch und voller Angst, sie zu verlieren. Alles zusammengenommen eine gute Basis, damit aus dem Herzen eine Mördergrube wird.

Im Allgemeinen kann man sagen, dass sich angenehme Gefühle meist von alleine wieder relativeren, wenn man sie nicht aktiv am Leben erhält, während schlimme, unangenehme Gefühle meist aktiv beseitigt werden müssen, indem man die auslösende Situation kreativ verändert. Dies ist auch das Prinzip der Traumatherapie: Indem man über die Situation in einer vertrauten, sicheren Umgebung noch einmal spricht, werden die quälenden Bilder mit der Gegenwart verknüpft, in der man mit seinen Ängsten nicht mehr alleine ist. Das Erlebte wird sozusagen in einen neuen Rahmen gesetzt. Steinhauer wählte allerdings eine besonders radikale Form, um seine unangenehmen Gefühle kreativ zu beseitigen.

Aus heiterem Himmel wurden ihm 75 000 Reichsmark und kurz darauf – nach der Währungsreform von 1947 – noch einmal 200 DM geboten, wenn er Nikolitsch aus dem Weg räumte. Der Journalist hatte sich auch in einer anderen Frauengeschichte Feinde gemacht. Offenbar galt Steinhauer auch nicht gerade als zimperlich. Ein Mord war ihm bis dahin allerdings noch nicht anzuhängen gewesen. Doch jetzt, da es auch noch bezahlt würde, wenn er seinen Nebenbuhler aus dem Weg räumte, begann er, zusammen mit Amelung den mörderischen Plan zu entwerfen: Sie wollten zunächst gemeinsam mit Nikolitsch durch Bars und Bordelle ziehen, um dann in einem günstigen Moment den Auftrag auszuführen. Wenn man sie sehen würde, wie sie mit dem Journalisten freundschaftlich beim Bier zusammensitzen, würde sie niemand mit dem Tode Nikolitschs in Verbindung bringen, so dachten sie. Eine naive Vorstellung. Ein weiterer wichtiger Bestandteil ihres Plans: Die in der Alster versenkte Leiche durfte nicht aufgefunden werden.

Was die beiden nicht bedacht hatten: Etwa ab dem siebten Tag zersetzt sich der Körper, und es bilden sich Fäulnisgase. Die können einer Wasserleiche so viel Auftrieb geben, dass sie zurück an die Oberfläche steigt. Abgesehen davon war der Plan nicht ganz dumm und entbehrte nicht einer gewissen Kreativität, die eben nicht nur für Gutes eingesetzt werden kann. Und vor allem zeigt die Geschichte, dass extreme Gefühle auf Dauer nicht zu ertragen sind, weshalb man sich etwas einfallen lässt, um wieder in einen normalen, „mittleren" Spannungszustand zu gelangen. Die Kreativität als Werkzeug, um die Homöostase zu erlangen – dafür ist diese Geschichte ein Musterbeispiel.

Gefühle werden oft als „positiv" oder „negativ" gekennzeichnet. Aus Sicht der Natur gibt es diese Wertmaßstäbe nicht. Vielmehr sind Gefühle einfach nur Indikatoren dafür, dass ein Gleichgewicht gestört ist. Angst, Furcht, Ekel und auch Eifersucht, obwohl Letztere nicht zu den Hauptgefühlen gehört, sind unangenehm; sie sind ein Anzeichen dafür, dass etwas an einer Situation verändert werden muss. Die sogenannten negativen Gefühle sind also notwendig für die eigene Existenz. Freude hingegen und auch kurzzeitige Momente des Glücks sind angenehme Gefühle. Damit bringen sie Anreize, die Situationen, in denen sie sich einstellen, häufiger herbeizuführen. Auch Liebesgefühle machen kreativ. Denken Sie nur daran, welche Anstrengungen und Mühen Liebende auf sich nehmen, nur um Gelegenheiten zu schaffen, in die Nähe des anderen zu kommen und dessen Aufmerksamkeit zu erregen.

Gefühle geben einen Rahmen vor, damit einem etwas bewusst wird und auf das Vorherige bezogen werden kann. Denn Gefühle haben länger Bestand als die Momentaufnahmen der Wahrnehmung. Gefühle sind chemische Leistungen des Gehirns, und die Körperchemie baut sich nicht so schnell ab. Es dauert nicht lange, etwas sehr Unerfreuliches gesagt zu bekommen, doch man muss sehr lange daran arbeiten, dass die erzeugten Wogen des Ärgers oder der Enttäuschung wieder abflauen. Das gilt umgekehrt genauso: In nur einer Sekunde hat die geliebte Person die drei magischen Worte ausgesprochen, aber Sie können sich Monate danach noch darüber freuen.

Genauso ging es Steinhauer. Seine Eifersucht hielt bedeutend länger an als die beobachtete Annäherung von Nikolitsch an seine Ehefrau. Seine Angst vor Erpressung oder einer Anzeige wegen seiner Schwarzgeschäfte war auch dann lebendig, wenn er nichts von Nikolitsch sah oder hörte. Die Emotionen sind es, die eine Kontinuität über die kognitiven Drei-Sekunden-Fenster hinaus herstellen. Alle anderen subjektiven Phänomene wie Erinnerungen, Absichten oder Wahrnehmungen haben kürzere Zeitkonstanten als die im Hintergrund ablaufenden emotionalen Bewertungen. Von einem Augenblick auf den nächsten kann sich ändern, was man gerade sieht, hört, erinnert, doch die Emotionen bieten den passenden zeitlichen Klebstoff, um Sinneseindrücke und Informationen über die Zeit hinweg aufrechtzuerhalten. Und dann fällt einem alles Mögliche ein, um das Ziel zu erreichen – in diesem Fall ein „seelisches Gleichgewicht". So betrachtet sind Verbrecher oftmals unglaublich kreativ.

Warum wissen wir, die Autoren, eigentlich so genau über diesen Fall Bescheid? Einer von uns, Ernst Pöppel, kannte Peter Steinhauer persönlich – und diesen Eindruck möchte ich Ihnen nicht vorenthalten. Meine Familie, Vertriebene aus Pommern, fand nämlich nach der Hinrichtung eine neue Heimat im „Paradies". Steinhauers Witwe meinte, in dem Haus nicht wohnen zu können, was ich gut verstehen kann. Und auch sonst wollte niemand aus dem kleinen Dorf Timmerhorn in dieses Haus einziehen, denn Steinhauer hatte immer als freundlicher Herr gegolten und seine Hinrichtung hatte viele schockiert. Ich erinnere mich gut daran, wie er jeden Abend mit Seppl auf dem Bauernhof Milch holte, wo wir zuvor gewohnt hatten. Auch im Rückblick kann ich mir diesen Mann, der immer ein nettes Wort für uns übrig hatte, nicht als Mörder vorstellen. Was mich aber als Schreckensbild verfolgt, das ist die Guillotine: Ich kann die Vorstellung nicht hinter mir lassen, dass er seinen Kopf verlor, dass der Kopf vom restlichen Körper getrennt auf den Boden fiel. Der Leichnam wurde dann verbrannt und in einer Urne im Garten des „Paradieses" vergraben. Und was einen weiteren bleibenden Eindruck hinterließ: Peter Steinhauer hatte vor seiner Hinrichtung in einer Bibel gelesen und sie mit vielen Anmerkungen versehen. Diese Bibel habe ich dann ebenfalls studiert, vor allem seine Anmerkungen. Insbesondere erinnere ich mich an eine Stelle. Dort war von der Verdammnis die Rede, und Steinhauer hatte zwei Worte am Rande notiert: „Wie ich!" Was für ein Dokument, in dem jemand auf den Tod wartend sein Leben in einen anderen Kontext stellt und Rechenschaft vor sich selbst ablegt.

Es ist nicht ausgeschlossen, dass diese Erfahrung, in der die ganze Widersprüchlichkeit unseres irdischen Seins deutlich wird – der im Alltag freundliche Herr als Mörder –, eine gewisse theoretische Sensitivität für das Unerwartete in mir hervorgerufen hat, die für die wissenschaftliche Arbeit sehr nützlich ist. Und diese Erfahrung hat dazu geführt, dass ich mich mit der folgenden Frage befasst habe: Warum gibt es überhaupt das fünfte Gebot, dass man also nicht töten soll? Offenbar doch deshalb, weil etwas gebändigt werden muss, das wohl in jedem Menschen steckt. Vielleicht gilt: „Jeder Mensch ist ein Mörder"? Oder gibt es wirklich jemanden, der noch nie den Wunsch hatte, dass eine bestimmte Person vom Erdboden verschwinden möge?

Was heißt das für uns, die wir ja nun nicht alle unbedingt zu Verbrechern werden wollen, nur um in einer ausgewogenen Gefühlslage zu leben, zumal man nach einem Mord mit einem neuen inneren Ungleichgewicht zu kämpfen hat? Zunächst einmal sollten wir unsere Gefühle sensibel beobachten. Nicht wahrhaben zu wollen, dass man ängstlich, zornig, ungeduldig ist, oder immer ausgeglichen sein zu wollen, sind Ansprüche, die gegen die Natur laufen. Gefühlen immer nachzugeben ist allerdings auch nicht die richtige Konsequenz. Negative Gefühle sind als das anzusehen, was sie sind: Sie sind Anzeichen dafür, dass Sie etwas an Ihrer Lebenssituation ändern sollten.

Schreiben ist ein Rauschzustand
Ein Gespräch mit Henryk M. Broder

Das Carlton Hotel München, Fürstenstraße Ecke Theresienstraße. Ein Traditionshotel. In der Lobby, wo Henryk Broder schon wartet, herrschen die Farben Weiß und Rot vor – genau wie auf dem Cover seines neuen Buches: „Vergesst Auschwitz!" Am Abend gab es eine Lesung im Literaturhaus München, die einige Zuhörer empört verlassen haben. „Gestern war es gut", meint Broder. „Wenn viele Zuhörer einen dicken Hals bekommen, gehe ich ruhig ins Bett." Ist Aggression eine Triebkraft für das Schreiben?

Wagner: Herr Broder, welche Umstände regen Sie zu Kreativität an?

Broder: Sie rauben mir mit dieser Frage meine emotionale Unschuld! Ich habe mir über die Mechanismen der Kreativität bislang keine Gedanken gemacht. Jedenfalls schreibe ich zunächst einmal so, dass ich es selber gerne lese. Manchmal lese ich alte Geschichten von mir und bin immer noch begeistert. Ich hatte schon in der Jugend sensationell gute Erkenntnisse, die ich heute allerdings, mit meiner gewonnenen Erfahrung, anders formulieren würde.

Wagner: Hat Kreativität viel mit Emotionen zu tun?

Broder: Kreativität ist ein Prozess des Staunens. Ich schreibe, wenn ich mich über etwas maßlos wundere oder ziemlich wütend bin. Zum Beispiel: Das Museum Auschwitz-Birkenau hat an das Holocaust Memorial Museum in Washington eine KZ-Baracke ausgeliehen. Jetzt verlangt Polen die Baracke von den USA zurück. Wenn man so was hört, könnte man meinen, die Welt geht unter. Wie können erwachsene Menschen so dumm sein? Man baut eine zweite Baracke und alle sind glücklich.

Wagner: Was machen Sie dann nach dem Staunen?

Broder: Ich bin wie ein Schwamm, verinnerliche alle Informationen zu dem Thema, sodass ich zwei Tage später felsenfest davon überzeugt bin, sie wären von mir. Die Informationen bleiben Erinnerungsstücke ohne Notizen. Ich setze sie aus dem Gedächtnis zusammen. Meist beginne ich mit etwas Anekdotischem, das mir in Erinnerung geblieben ist, zum Beispiel die Focus-Schlagzeile „Israel droht mit Selbstverteidigung". Ich staunte damals, wie die Weigerung Israels, sich aus der Geschichte zu verpissen, dem Land zum Vorwurf gemacht wird. Vor 30 Jahren noch hätte ich vorher wochenlang exzerpiert, dann das ganze Zimmer mit Karteikarten ausgelegt. Jetzt schreibe ich aus dem Gedächtnis an jedem Ort.

Wagner: Gibt es eine kreative Phase?

Broder: Für ein Buch habe ich zwei Schichten pro Tag à sieben Stunden gearbeitet. Es ist eine sehr intensive Zeit, ein Rauschzustand. Dieser Rausch ist nur durch Sex zu toppen. Und wenn ein Text morgens fertig sein soll, dann richte ich mich am Abend zuvor innerlich darauf ein, stehe um sieben Uhr auf, und um halb neun hat die Redaktion dann ihren Text, den sie um neun Uhr online stellen will.

Wagner: Ein ganz schöner Nervenkitzel.

Broder: Ja, wie Bungee-Jumping. Allerdings bin ich ein Partialidiot. Ich kann nur schreiben. Ich habe mal einen Film über alte Artisten gemacht. Ein Jongleur war dabei, der hatte nur gelernt, mit Bällen jonglieren. Aber das konnte er perfekt. Eine größere Verdichtung des Lebens kann man sich nicht vorstellen.

Wagner: Haben Sie Vorbilder für Ihre Kreativität?

Broder: Ich habe nur Abitur und Führerschein. Also haben mich Vorbilder geprägt. Zunächst einmal Hanns Dieter Hüsch. Ich war 14, er saß am Flügel in der Aula der Universität und erzählte seine Geschichten, zum Beispiel, was er im Bus am Niederrhein erlebt hat. Diese Beobachtungsgabe war grandios, das hat mein Leben bestimmt! Später lerne ich Hüsch persönlich kennen und habe einen Film über ihn gemacht.

Wagner: Und Oswalt Kolle, über den wir beide uns kennengelernt haben?

Broder: Da hatte ich etwas zum Thema Sexualität geschrieben, mit dem ich mich überfordert fühlte. Habe mir Oswalts Adresse besorgt, er wohnte im vornehmen Breukelen. Er schrieb, ich solle kommen. Er, der berühmte Oswalt Kolle, hat mein Anliegen ernst genommen, das hat mich beeindruckt. Ich fuhr dann also mit meinem Opel Kadett eine superpompöse Auffahrt hoch, es sah merkwürdig aus. Das ist auch ein Bild, das ich gespeichert habe. Eine Erfahrung, die mir später jede Angst vor der Blamage genommen hat.

Wagner: Man braucht Angstfreiheit auch, um kreativ zu sein. Gibt es bei Ihnen noch andere Voraussetzungen für kreatives Handeln? Brauchen Sie Ziele?

Broder: Nicht das Ziel jedenfalls, die Welt zu verbessern. Das sollen UNICEF-Botschafter machen. Aber für eine gute Pointe würde ich alles tun. Ich schreibe nur für mich. Allerdings: Wenn es keine Leser gäbe und wenn die sich nicht aufregen würden, dann würde meine Eitelkeit doch sehr leiden.

Die Gnade des Vergessens
Warum Vergessen zur Kreativität gehört

Jeder versucht, sich vor dem Vergessen zu schützen. Dabei ist dies eine der bestgelungenen Funktionen des Gehirns. Doch will man kreativ sein und ausgewogen leben, kommt man um das Vergessen nicht herum. Ansonsten erginge es einem wie den Savants, die in gemerkten Einzelheiten förmlich ersticken.

Sie schauen eine Stadt einmal vom Hubschrauber aus an und können sie dann in wochenlanger Fleißarbeit nachzeichnen, mit allen Details. Sie verschlingen Telefonbücher wie andere Leute einen Roman von Stephen King und wissen hinterher alles. Sie können den Wochentag jedes x-beliebigen Datums in der Vergangenheit und in der Zukunft berechnen, in Sekundenschnelle. All das sind Fähigkeiten von Savants, Inselbegabten. Der Brite Stephen Wiltshire ist einer davon. Gebäude, Städte, Landschaften – nichts ist vor ihm sicher, alles wird gezeichnet. Der 1974 geborene Wiltshire hat ein außergewöhnliches Talent dazu, detailgetreu die komplexesten visuellen Eindrücke nachzuzeichnen. Berühmt geworden sind seine Stadtbilder, etwa von Tokio, Rom, Hongkong, Frankfurt, Madrid, Dubai, Jerusalem, London und New York, gezeichnet auf gigantischen Leinwänden. Während eines einzigen Hubschrauber-Rundflugs speichert sein Gehirn die Einzelheiten, die er dann mit fließenden Bewegungen wie im Rausch in einem großformatigen Panoramabild nachzeichnet. Er vergisst keine einzige. Aber ist er deshalb wirklich kreativ, wie es der australische Kreativ-Guru Allan Snyder behauptet?

Und wie ist es mit Kim Peek, einem US-Amerikaner aus Salt Lake City? Er war das Vorbild für den hochbegabten Raymond Babbitt in dem Film „Rain Man". Sein enormes Erinnerungsvermögen fiel mit etwa zwölf Jahren auf, als

Teil 2 Bedingungen der Kreativität

er das Weihnachtsevangelium, kurz zuvor einmal gehört, Wort für Wort genau wiedergab. Im Laufe seines Lebens lernte er 12 000 Bücher auswendig. Seine Lesemethode war eine ganz spezielle, die normalerweise nicht funktioniert: Er las mit dem rechten Auge die rechte Seite eines Buches und mit dem linken Auge die linke Seite. Üblicherweise können Menschen immer nur einen Bewusstseinsinhalt gleichzeitig einnehmen. Sie können sich also immer nur auf eine Sache ganz konzentrieren und anderes bestenfalls automatisiert nebenher erledigen. Kim Peeks Gehirn hatte allerdings eine Besonderheit: Die Verbindungen zwischen den Großhirnhälften (Corpus callosum) waren schwach ausgeprägt. Wohl deswegen war es in so hohem Maße multitaskingfähig.

Aber das erklärt noch nicht alle seine Begabungen. So benötigte er nur acht Sekunden, um zwei Buchseiten mit seiner Methode zu lesen. Geschichtsdaten, die Telefonvorwahlen der USA, Straßennetze aller Staaten hatte er auf diese Weise eingespeichert. Auch an alle Melodien, die er einmal gehört hatte, erinnerte sich „Kim-Puter". Daneben beherrschte er das Kalenderrechnen: Ohne es im Kalender nachzuschlagen, wusste er bei jedem Datum innerhalb von Sekunden, auf welchen Wochentag es fiel.

In den vorangegangenen Kapiteln haben wir unter anderem dargestellt, dass kreative Prozesse von unserem Wissen ausgehen und unsere Wissensinhalte neu kombinieren. Aber war Kim Peek kreativ? Weil er sich alles merkte und nichts vergaß, konnte er sich kaum für eine Handlung entscheiden. Alle Möglichkeiten mussten zuvor durchdacht werden. So war er nicht einmal fähig, sich ein Spiegelei zu braten, geschweige denn, alleine zu leben. Um kreativ zu sein, muss man sich aber entscheiden können, muss man handlungsfähig sein.

Bis zum Alter von zehn Jahren war der 1969 geborene Orlando Serrell aus Virginia ein ganz normaler Junge. Dann aber wurde er von einem Baseball an der linken Schläfe getroffen und verlor das Bewusstsein. Als er kurze Zeit danach wieder aufwachte, schien zunächst alles wie immer zu sein. Doch ein Jahr später fiel dem Jungen auf, dass er sich an jede Einzelheit seit dem Tag des Unfalls erinnern konnte. Und diese Fähigkeit hält bis heute an. Zu jedem x-beliebigen Datum kann er den Wochentag, das Wetter, die Ereignisse nennen, auch was er davor und danach getan hat, sogar Einzelheiten der Kleidung von allen Personen, die ihm begegnet sind. In allen nachprüfbaren Fakten hat sich Serrell noch nie geirrt. Er weiß es einfach, ohne darüber nachzudenken. Und trotzdem ist aus ihm kein begnadeter Wissenschafter geworden, sondern ein Hausmeister bei einer Supermarktkette.

Die Gnade des Vergessens

Was wir uns einprägen, ist normalerweise einer Vergessenskurve unterworfen. Zunächst ist das Wissen noch frisch und gegenwärtig. Nach einiger Zeit verblasst die Erinnerung jedoch. Unwichtige Ereignisse oder nicht wiederholte Fakten werden vergessen. Wie flach oder steil die Vergessenskurve ist, hängt unter anderem vom Lernstoff ab und davon, ob sich Anknüpfungspunkte im Gehirn befinden. Ein weiterer Faktor ist, wie trainiert das Gehirn des jeweiligen Individuums im Lernen ist.

Anders ist es mit dem „kreativen Vergessen", das kein Nachteil, sondern eine sinnvolle Eigenschaft unseres Gehirns ist. Wir vergessen kreativ, um uns vor Informationsmüll zu schützen. Dieser Vorgang ist zum Denken notwendig. Sigmund Freud bezeichnete Denken als Probehandeln. Alle Informationen, die bei der Probehandlung nicht zum Ziel führen, müssen nicht weiter bedacht und können verworfen werden.

Wir werden permanent von unglaublich vielen Informationen überschwemmt. Die allermeisten davon gelangen nicht in unser Bewusstsein. Die Auswahl dessen, was in unser Bewusstsein kommt und was nicht, wird vom antizipierten Ziel bestimmt. Dabei muss einem das Ziel selbst noch gar nicht oder nur teilweise bewusst sein. Auch das Auswählen und Verwerfen von Informationen ist kein bewusster Vorgang. Doch man hat zumeist eine Ahnung von dem, worauf man zusteuern möchte, welche die Auswahl der Informationen bestimmt. Das geht etwa Schriftstellern so, wenn sie einen längeren Text oder einen Roman schreiben. In einem schwer zu definierenden Zustand zwischen Bewusstsein und Unbewusstsein, bei dem man aber ganz bei der Sache ist, formiert sich das Ziel, bahnen sich Wege, werden Informationen verwertet. Deswegen ist es in dieser Phase auch besonders destruktiv, wenn man sich nicht konzentrieren kann und dauernd abgelenkt wird. Mathematikern mag es ähnlich gehen, wenn sie dabei sind, eine Beweisführung aufzustellen. Auch Naturwissenschaftler ahnen oft die Lösung für ein Problem, auch wenn sie noch nicht wissen, wie sie zu erreichen ist.

Das kreative Vergessen und das Suchen nach der schon geahnten Lösung sind zwei Prozesse, die sich gegenseitig bedingen. Man könnte dafür am besten das Dürersche Bild von den beiden Händen verwenden, die sich gegenseitig zeichnen. Aber auch Einfälle sind einer Gesetzmäßigkeit unterworfen. Wenn man gerade träge ist oder depressiv, ist der Geist zu wenig aktiviert und es fällt einem nichts ein. Wenn man etwa in einer Prüfungssituation Angst hat und dadurch überaktiviert ist, wird die Leistungsfähigkeit stark vermindert –

es fällt einem nichts mehr ein. Auch in Gesprächssituationen, in denen man unbedingt etwas erreichen will, lassen die Einfälle oft auf sich warten. Denn mit großer Zielorientierung wird jeder Einfall sofort daraufhin überprüft, ob er brauchbar ist, und man verschließt die Augen vor dem zufällig eintretenden Einfall. Selbst wenn er ins Bewusstsein gebracht wurde, ist zudem nicht jeder Einfall es wert, aufgegriffen und weiterverarbeitet zu werden. Auch das Weglassen ist kreativ. Darüber unterhalten wir uns bei einem Treffen mit dem Dichter Hans Magnus Enzensberger.

Auch das Weglassen ist eine kreative Tätigkeit
Ein Gespräch mit Hans Magnus Enzensberger

Ernst Pöppel ist mit Hans Magnus Enzensberger seit vielen Jahren befreundet, während Beatrice Wagner ihm bislang nur immer wieder auf Papier begegnet ist. „Verteidigung der Wölfe gegen die Lämmer" (1957) ist ihre früheste Erinnerung an diesen Dichter, in ihrer Erinnerung untrennbar verbunden mit Ingeborg Bachmanns „Anrufung des Großen Bären" (1956), wahrscheinlich wegen der Tiermetaphern. Unzählig viele Gedichte und Essays, Romane, Kinderbücher, Biografien hat Enzensberger seitdem geschrieben, er interessiert sich außerdem für Mathematik, hat einen Verlag und eine Buchreihe gegründet. Sein Schaffensdrang lässt ihn sogar unter Pseudonymen weiterschreiben. „Unter einem Frauennamen kann ich Bücher aus einer anderen Perspektive schreiben als unter meinem eigenen", sagt er. So freuen wir uns aus unterschiedlichen Gründen auf diese Begegnung. Beatrice Wagner, weil sie brennend neugierig auf den Schöpfer all dieser Werke ist, und Ernst Pöppel vor allem auch aus freundschaftlichen Gefühlen. Und beide sind wir auf ein anregendes Gespräch gespannt.

Wagner: Herr Enzensberger, Sie sind kreativ. Aber was ist das eigentlich?

Enzensberger: Niemand weiß genau, was das bedeutet. Das ist genauso ein heikles Wort, kernprägnant und randunscharf, wie „Intelligenz". Ich habe mich mit Fragen der IQ-Messung beschäftigt. Die Quantifizierung des IQ ist schwierig. Wir sind einfach nicht intelligent genug, um zu wissen, was Intelligenz ist. Als weitere Falle kommt die Subjektivität hinzu. Intelligenztests messen das, was der Tester darunter versteht. Ein Indio aus dem Amazonas wird dabei ebenso schlecht abschneiden wie umgekehrt ein Psychologe, wenn er sich im Regenwald einer Prüfung seiner Fähigkeiten unterzieht.

Pöppel: Der Bezugsrahmen für die Intelligenz genauso wie der für die Kreativität ist ein biologischer. Innerhalb des Rahmens bestimmen Mutation und

Selektion, in welchen Bereichen sich Intelligenz und Kreativität entfalten. Es sind also retrospektive Betrachtungen der Natur. Wir können im Nachhinein sagen, ob etwas besonders intelligent oder besonders kreativ war.

Enzensberger: Die Evolution hat eine enorme Mannigfaltigkeit hervorgebracht und immer neue Problemlösungen entwickelt. Schlupfwespen, damit habe ich mich neulich erst beschäftigt, sind äußerst artenreich. Einige von ihnen sind nicht nur einfache Parasiten, sondern sogar Metaparasiten, sie pfropfen sich auf andere Schlupfwespen auf. Aber die Evolution hat einen langen Atem. Nur unsere Spezies ist ungeduldig. Deshalb haben wir die Wissenschaft erfunden. Ich bin kein Forscher, sondern eher ein Wissenschaftsparasit. Ich mache mir das zunutze, was andere entdecken.

Wagner: Und wenn Sie das gerade mal nicht tun, wie würden Sie Ihren Beruf bezeichnen?

Enzensberger (holt ein Buch hervor): Hier ist ein herrliches Produkt der Bundesanstalt für Arbeit von 1990. Nach dem Ermessen dieser Anstalt würde man mich als Dichter bezeichnen. Dabei stehen folgende Varianten zur Auswahl: „Dichter, schnell-", „Dichter, Stegreif-", „Dichter, Text-", und „Dichter, siehe Abdichter", aber Letzteres trifft auf mich nicht zu. Die Bürokratie kennt rund 24.000 Berufsbezeichnungen. Diese Artenvielfalt ist enorm. Darüber könnte man einmal ein Gedicht schreiben.

Wagner: Über unser Vokabular.

Enzensberger: Ja. Denken Sie nur an das reiche Wortfeld, das wir benötigen, um uns über die Dummheit zu verständigen. Zwischen dem Tölpel, dem Schwachsinnigen, dem Trottel liegen Welten! Ganz zu schweigen von der heiligen Einfalt. Dass sich all die Wörter gebildet haben, ist allein schon ein Beweis für unsere Kreativität. Sie ist etwas Alltägliches. Die Vorstellung, dass es sich um etwas Erhabenes handelt, sollte man sich abschminken.

Pöppel: Das Wort Kreativität ist nur in unserem Kulturkreis mit etwas Positivem behaftet. In China hingegen gilt Kreativität als negativ, als Kennzeichen eines Querulanten.

Enzensberger: Auch der Westen ist erst seit dem 18. Jahrhundert von der fixen Idee besessen, der Kreative müsse originell sein. Davor galt: Kunst kommt von Können. Kunst wurde wie ein Handwerk gelernt. Heute bilden sich Künstler etwas darauf ein, etwas hervorzubringen, was noch niemand vor ihnen gemacht hat. Das könnte allerdings auch daran liegen, dass es sich um einen blödsinnigen Einfall handelt.

Pöppel: Etwas Neues zu kombinieren ist ein einfaches Verfahren. Wir haben viele verschiedene Module im Gehirn. Wenn alles mit allem kombiniert wird, haben wir mehr Neues, als wir verkraften können. Die kreative Leistung des Gehirns resultiert also nicht nur aus der Erinnerung, sondern aus der informatorischen Müllbeseitigung.

Enzensberger: Auch das Weglassen ist eine kreative Tätigkeit. Das lehrt schon der Umgang mit dem Internet. Wer keinen Filter hat, ist schon verloren, ebenso wie einer, der nichts vergessen kann. Wie funktioniert überhaupt das Vergessen im Gehirn? Das ist doch ein höchst merkwürdiger Vorgang.

Pöppel: Es gibt wie Theorien hierzu, dass das Gelernte entweder verblasst oder dass es überlagert wird.

Enzensberger: Ich schreibe gern dünne Bücher. Das finde ich höflicher, auch wenn es schwerfällt, das meiste wegzulassen. Du, Ernst, musst als Wissenschaftler natürlich dicke Bücher schreiben, das gehört zu deinem Nimbus. Viele Schriftsteller allerdings haben nur zwei bis drei Gedanken und breiten diese auf 300 Seiten aus. Ich gehe umgekehrt vor. Im Moment arbeite ich an einem Buch mit dem Titel „Panoptikum", es enthält 20 Zehn-Minuten-Essays. Die Aufgabe lautet, über möglichst große Themen möglichst kleine Texte zu schreiben.

Wagner: Wie kommen Sie auf Ihre Ideen?

Enzensberger: Ich schreibe ungern nur an einem Werk gleichzeitig. Man muss mehr als eine Karte im Ärmel haben. Im Moment plane ich zusammen mit einem Maler ein Buch, in dem Text und Bild gleichberechtigt nebeneinander stehen. Jan Peter Tripp ist ein großer Könner. Er hat auch den

Titel „Blauwärts" erfunden. Von mir stammen die Gedichte, von ihm die Bilder. Es geht nicht um Illustrationen, sondern es entsteht etwas Drittes. Ein Text heißt zum Beispiel „Medusa". (Holt ein Tafelwerk aus dem 19. Jahrhundert mit Chromolithografien hervor.) Mit sieben Platten gedruckt, dazu noch handkoloriert. Fabelhaft! Das leistet keine Farbfotografie.

Wagner: Thomas Mann war dafür bekannt, dass er sich wie ein Beamter morgens an den Schreibtisch setzte und jeden Tag regelmäßig an seinen Büchern arbeitete. Wie arbeiten Sie?

Enzensberger: Wer „Joseph und seine Brüder" schreiben will, braucht einen beamtenförmigen Tagesablauf, sonst wird er nie fertig. Meine Werke entstehen anders. Ich habe keine Angst vor dem Zufall. Ich schätze ihn. (Holt ein dünnes japanisches Heftchen mit handschriftlichen Notizen hervor.) Nur ich kann lesen, was ich hinkritzle. Theorien und Regeln kommen vorher oder hinterher, aber beim Raptus der Arbeit kann ich sie nicht brauchen. Die Ausarbeitung folgt später. Zwischen den ersten Sätzen und dem fertigen Text können Jahrzehnte liegen. Mein Buch „Hammerstein oder der Eigensinn" handelt von einem deutschen General, der im Februar 1933, als ihm Hitler seine Pläne für den Zweiten Weltkrieg ankündigte, seinen Abschied nahm. Es war der einzige General, der so gehandelt hat. Davon erfuhr ich zum ersten Mal 1953. 40 Jahre später traf ich zufällig eine Person, die mehr darüber wusste. Dann habe ich angefangen, wie ein Historiker zu arbeiten und in den Archiven in Moskau, Berlin, Hannover und anderswo zu recherchieren.

Wagner: Herausgekommen ist aber keine wissenschaftliche Biografie.

Enzensberger: Aber auch kein Roman. Ich halte mich ungern an vorgefertigte Genres. Man muss für jedes neue Projekt eine eigene Form entwickeln. Ich habe den Ehrgeiz, dass meine Fakten stimmen, aber ohne Phantasie bleibt das Ganze steril. Ich habe deshalb auf eine Form zurückgegriffen: auf das Totengespräch. Wenn man sich mit einem Verstorbenen unterhält, so ist ohne weitere Erklärung offensichtlich, dass es sich um eine Fiktion handelt. Den akademischen Historikern ist so etwas nicht erlaubt. Viele waren pikiert, andere haben mich um meine Freiheit beneidet.

Pöppel: Was genau ist ein Roman? Was ist Kunst? Wenn bei mir jemand über das Bewusstsein arbeiten will, darf er ein Jahr lang dieses Wort nicht verwenden. Solche Begriffe sind oft leer, Menschen gebrauchen sie, um nicht über den Inhalt nachdenken zu müssen.

Enzensberger: Das gilt auch für die Kreativität. In Wahrheit ist sie schlüpfrig und glibbrig wie ein Aal, man muss sie packen und festhalten, dazu braucht es nicht nur Geduld, sondern auch Energie. Die Originalität wird überschätzt. Jeder schreibt an einem jahrtausendealten Text weiter. Aber die Tradition ist kein fester Anker. Jeder muss sie sich gewissermaßen selbst herstellen, nach Maßgabe seiner Bedürfnisse. Auch da geht es um einen Filtrierprozess. Was ich nicht produktiv machen kann, muss ich weglassen. Das ist „learning by doing". Der Papierkorb ist ebenso unentbehrlich wie der Stift oder der Rechner. Ich habe auch schon Arbeiten weggeworfen, von denen bereits 200 Seiten vorlagen, weil ich merkte, dass etwas an der Struktur der Erzählung nicht stimmte. Aber schließlich hat jeder Mensch mehr Ideen im Kopf, als er ausführen kann. In dieser Hinsicht bin ich also Optimist.

Die Lust am Unmöglichen
Warum es sinnvoll ist, gegen seine Gewohnheiten und Bequemlichkeiten denken

Nicht bequem sein. Das Unmögliche wagen. Pioniergeist zeigen. Das sind die Grundlagen, damit wir unser volles Potenzial an Kreativität ausschöpfen können, erklärt uns der Psychiater und Ballonfahrer Dr. Bertrand Piccard aus Lausanne in der Schweiz. Er hat gerade wieder etwas Neues gewagt, und es ist abermals etwas, von dem die Menschen sagen, es wäre unmöglich: Nachdem er die Welt mit einem Ballon bereits umrundet hat, will er diese Strecke nun in einem Non-Stop-Flug mit einem Ultraleichtflugzeug zurücklegen, ohne dabei auf Kerosin oder einen anderen fossilen Treibstoff zurückzugreifen – nur mithilfe von Solarenergie. Wann Piccard besonders kreativ ist und welche Tipps er speziell für die Leser dieses Buches hat, verrät er am Ende des Kapitels.

Als das Ultraleichtflugzeug Solar Impulse am 5. Juni 2012 in Marokko landete, hatte es den sicher langsamsten Interkontinentalflug der Neuzeit hinter sich. Gut 17 Stunden brauchte der Pilot André Borschberg, um mit dem Flugzeug zunächst vom Militärflughafen Payerne in der Schweiz nach Madrid zu gelangen. Und noch einmal 19 Stunden in dem engen Einpersonen-Cockpit brauchte Bertrand Piccard für die Strecke Madrid–Rabat (Marokko). Kein Wunder bei einer Geschwindigkeit von gerade einmal 50 Kilometern in der Stunde. Und doch strahlten die beiden Männer an ihren Zielorten: So also sieht das Glück aus.

Denn die Flüge waren eine Pionierleistung: Das Flugzeug hatte sich nur mit Solarenergie in der Luft gehalten, auch nachts. Während Antoine de Saint-Exupéry in seinem Roman „Nachtflug" noch beschrieben hatte, wie die Piloten mit dem Nachtsichtproblem zu kämpfen hatten (im Erscheinungsjahr 1930 war das Fliegen bei Nacht eine Pionierleistung), bestand bei Bertrand Piccards Projekt die größte Herausforderung in der kontinuierlichen Energieversorgung: „Wenn einem Auto die Energie ausgeht, bleibt es stehen. Wenn ein Flugzeug keine Energie mehr hat, stürzt es ab." Doch dieser Testflug glückte. Piccard und Borschberg überquerten die Pyrenäen in einer Flughöhe von 7000 Metern und das Mittelmeer. Damit war eine weitere Probe für die geplante Non-Stop-Weltumrundung im Jahr 2014 bestanden. „Danach wird es keine Ausrede mehr dafür geben, auf der Erde nicht auf fossile Energieträger für Autos, Waschmaschinen oder Heizungssysteme zu verzichten", erklärt „Captain" Piccard.

Seine innere Mission besteht nämlich nicht darin, einen Weltrekord aufzustellen, sondern gegen den Klimawandel zu kämpfen. „Doch das klingt nach Problemen und nach Kosten. Beides mögen Menschen nicht so gerne", und deswegen möchte Piccard mit dem Flugzeug Solar Impulse ein positives und attraktives Bild von erneuerbaren Energien zeichnen. Zudem will er den Menschen ein Vorbild sein, damit sie die richtige Einstellung bekommen, um wirklich kreative Lösungen für die immer stärker drängenden Umweltprobleme zu finden: „Wir haben uns in einer Bequemlichkeits- und Sicherheitszone eingerichtet. Viel zu schnell sagen wir, etwas wäre unmöglich, und wagen nichts. Doch in uns steckt mehr, als wir ahnen. Sobald wir akzeptieren, dass Unsicherheit und Ungewissheit zum Leben gehören, fangen wir an, unser gesamtes Potenzial zu aktivieren und die Lösungen in uns selbst zu finden."

Nicht bequem zu sein, das Unmögliche zu wagen und Pioniergeist zu zeigen, das sind die Grundlagen, um unser volles Potenzial an Kreativität zu aktivieren und es von höchstens 50 Prozent im normalen Leben auf 100 Prozent in Ausnahmesituationen zu katapultieren. Dies haben vor Bertrand auch schon sein Großvater Auguste und sein Vater Jacques entdeckt.

Auguste Piccard hatte in den 1930er-Jahren die verwegene Idee, mit einem Heißluftballon bis in die Stratosphäre hinaufzusteigen. Er war Professor für

Physik, befreundet mit Albert Einstein und Marie Curie, und er kannte die herrschende Lehrmeinung genau: Über 5000 Metern Höhe gäbe es nicht genügend Sauerstoff, um zu atmen, und zu wenig Luftdruck, um zu überleben. Die Stratosphäre aber ist eine Schicht der Erdatmosphäre, die zwischen 15 und 50 Kilometer über dem Meeresspiegel liegt, demnach galt es als unmöglich, sie lebendig zu erreichen. Wirklich? Augustes Lösung bestand darin, eine Druckkabine zu erfinden und damit aufzusteigen, erst auf 15 785 Meter, dann auf 16 201 und schließlich auf 23 000. Damals ein Weltrekord, der den Flugverkehr bis heute beeinflusst, denn jedes Langstreckenflugzeug macht das vermeintlich Unmögliche wahr und sucht seine Flugbahn in der Stratosphäre. Mit Professor Bienlein übrigens (im Original Professor Calculus) zeichnete Hergé in der Comicserie „Tim und Struppi" ein Denkmal für Auguste Piccard und dessen Pioniergeist.

Der trieb Piccard immer weiter, und nachdem die Höhen erreicht waren, versuchte er es noch in den Tiefen. Dafür entwickelte er das legendäre Bathyskaph (das griechische Wort »bathos« bedeutet »tief«, »skaphos« heißt »Schiff«): ein Tiefseeboot mit einer druckfesten Tauchkugel, mit dem man tiefer als je zuvor und dann auch noch selbstständig auf dem Meeresgrund navigieren konnte. Im Bathyskaph ließ sich Auguste Piccard 3150 Meter ins Tyrrhenische Meer hinab, für das Jahr 1953 ein Rekord, der die vorherigen Leistungen verdreifachte. Schnell aber wurde auch dieser Rekord von Augustes Sohn übertroffen. Zusammen mit dem Forscher Don Walsh tauchte Jacques Piccard am 23. Januar 1960 auf den erst 1951 von den Forschern des Schiffs Challenger II entdeckten tiefsten Punkt der Erde (Challenger Deep). Und welch eine Überraschung erwartete sie dort: Am Meeresgrund, in 10 740 Metern Tiefe, wo niemand mehr Leben vermutet hatte, bewegte sich ein Plattfisch, einer Scholle sehr ähnlich. Über 17 Jahre waren die Boote vom Typ Bathyskaph anschließend sehr erfolgreich im Einsatz.

Für Bertrand Piccard waren diese Leistungen nicht immer leicht zu verarbeiten, auch wenn er „Kapitän Nemo", wie er seinen Vater manchmal insgeheim nannte, sehr bewunderte: „Man stellte mich vor: Das ist Bertrand, sein Großvater war als Erster in der Stratosphäre, der Vater als Erster in der tiefsten Tiefsee." – „Und wo warst du?", bekam er dann manchmal zu hören. Doch Bertrand studiert zunächst Medizin, spezialisierte sich auf Psychiatrie und Hypnose und verwarf jeden Gedanken an eine Welteroberung. Bis schließlich doch ein Juniorwettbewerb der Chrysler Challenge lockte, an einer Ballonfahrt von den USA nach Spanien teilzunehmen. Bertrand konnte nicht widerstehen, flog 5000 Kilometer in fünf Tagen und fand Gefallen daran.

Heute denkt jeder sofort an die Weltumrundung mit dem Heißluftballon Breitling Orbiter 3 im Jahr 1999, wenn er den Namen Bertrand Piccard hört. Es war der längste Flug der Luftfahrtgeschichte, sowohl hinsichtlich der Dauer als auch in Bezug auf die Entfernung. Und es war eine Schulung in Sachen Kreativität: „Es war ein Traum, in der Natur zu sein, mit dem Wind durch die Welt zu fahren. Zusammen mit Brian Jones lebte ich 20 Tage in der Luft. Wir waren in einer total fremden Situation. Das hat uns dazu gezwungen, neue Mechanismen zu entwickeln, um mit unserer Situation zurechtzukommen", erzählt Piccard. Nur so war es möglich, die Enge auszuhalten, die Unbequemlichkeit, die eingeschränkten Bewegungs- und Schlafmöglichkeiten, die karge Kost, die mangelnde Hygiene, die Gefahren, die Abhängigkeit vom Wetter und vieles mehr. Das ist alles nicht ohne Weiteres möglich, doch das Potenzial der eigenen Möglichkeiten potenziert sich mit dem Übergang von der Bequemlichkeit zur Herausforderung: „Um zu neuen Ufern aufzubrechen, muss man zuvor Ballast abwerfen. Wir müssen unsere Gewissheiten aufgeben, dann schaffen wir Platz für Kreativität und neue Lösungen", so Piccard.

Aber fast hätte es auch beim dritten Anlauf nicht geklappt, als Erster die Erde mit dem Ballon zu umrunden. Denn als Piccard und Jones an ihrem Ziel in der ägyptischen Wüste ankamen, waren noch genau 40 Kilo Flüssigpropangas als Treibstoff vorhanden – gestartet waren sie mit 3,7 Tonnen. Wären die Winde über dem Atlantik nur ein kleines bisschen schwächer gewesen, hätte eine Notwasserlandung und nicht ein Weltrekord die Schlagzeilen der Presse dominiert, und das war der Moment, in dem ein Gedanke in Bertrand Piccard keimte: „Es einmal völlig losgelöst von fossilen Energieträgern zu versuchen. Eine Erdumrundung nur mithilfe von Solarenergie zu schaffen. Eine wahrhaft moderne Pionierleistung zu vollbringen, nämlich etwas für die Zukunft unseres Planeten zu tun."

Heute, im Jahr 2012, nach dem Interkontinentalflug von der Schweiz nach Marokko, ist das Ziel einer solargetriebenen Erdumrundung ein ganzes Stück realistischer geworden. Auf die Frage, wie es ihm nun geht, nachdem ein wichtiges Etappenziel geschafft ist, meint Piccard: „Für mich ist es keineswegs verrückt, ein solargetriebenes Flugzeug zu fliegen. Verrückt ist, dass wir auf der Erde in jeder Stunde eine Million Tonnen Erdöl verbrennen. Das ist doch Wahnsinn. Dagegen müssen wir etwas tun."

Die Lust am Unmöglichen

Ein Flug mit der Solar Impulse unterscheidet sich sehr vom Flug mit dem Ballon Breitling Orbiter 3: Der Pilot ist in eine enge Kabine eingezwängt, kann sich kaum bewegen, trägt eine Sauerstoffmaske und ist per Telemetrie hinsichtlich aller relevanten Variablen mit dem Bodenpersonal verbunden: von Geschwindigkeit, Höhe und Luftwiderstand bis hin zur Sauerstoffsättigung im eigenen Blut. Kein Vergleich zum vormaligen Gefühl von Freiheit. Vielleicht ist das Solarflugzeug aber auch einfach fehlersensibler als ein Ballon. Die Marge zwischen Falsch und Richtig ist sehr eng. Kleine Unaufmerksamkeiten können sofort einen Absturz des Flugzeugs zur Folge haben.

Viele Kritiker haben vermerkt, es sei recht unrealistisch, dass sich aus der Solar Impulse einmal ein solargetriebenes Passagierflugzeug entwickle. Aber wer weiß? Hat nicht jede Innovation einmal klein angefangen? Wie war das noch mit den Gebrüdern Wright, denen 1903 der erste Flug in einem motorisierten Flugzeug gelang? „Niemals wird je ein Flugzeug den Atlantik überqueren", menetekelten die Stimmen damals. Und dann hat es Charles Lindbergh 24 Jahre später, im Jahr 1927, doch geschafft. Warum also könnte mit einen solargetriebenen Einpersonen-Ultraleichtflugzeug nicht doch irgendwann eine völlig neue Ära der Solarfliegerei beginnen?

Kommen wir wieder zurück zum Thema Kreativität und fragen wir hierfür einmal den Psychiater, der Bertrand Piccard schließlich auch ist. Er hat tatsächlich ein Resümee aus seinen Abenteuern gezogen und schlägt uns eine Übung vor: „Eine Art und Weise, kreativ zu sein, besteht darin, einmal genau und ehrlich zu beobachten, was wir tief im Innern glauben – und dann das Gegenteil davon anzunehmen. Diese Übung macht den Geist frei. Wenn ich überzeugt davon bin, dass es richtig ist, etwas in einer bestimmten Weise zu tun, dann frage ich mich anschließend, was passieren würde, wenn ich das Gegenteil machte. Dabei kann es sich um ein anderes Kochrezept handeln, um eine andere politische Meinung oder eine religiöse Überzeugung. Wenn diese Übung zu schwer ist, dann sprechen Sie mit einer Person, die eine andere Meinung vertritt, und hören Sie ihr mit der inneren Einstellung, dass sie vielleicht recht hat, genau zu. Mit dieser Übung katapultiert man sich sozusagen auch in die Stratosphäre, man gelangt in einen Bereich, den man zuvor für unmöglich hielt. Und wer weiß? Vielleicht finden Sie sogar Gefallen an der Einstellung der anderen Person. Auf jeden Fall aber trainieren Sie so, Ihre eigenen festgezurrten Meinungen zu hinterfragen, Gewissheiten abzuwerfen und offen zu werden für das wahrhaft Kreative."

Wir wählen aus, was die Republik beschäftigt
Ein Gespräch mit Kai Diekmann

Sein schlechter Ruf scheint ihn nicht zu beeindrucken. Kritik münzt er zu seinem Vorteil um und macht daraus eine Werbekampagne: „Es heißt: Bild Dir Deine Meinung. Manchmal wäre mir mehr Bildung und etwas weniger Meinung lieber" (Johannes B. Kerner), oder: „Ich finde es schon erstaunlich, wie die BILD ohne jegliches Taktgefühl täglich einen Hit landen kann" (Sängerin Sarah Connor). Sogar wenn Franz Beckenbauer abrät, wird es auf Plakate gedruckt: „Vergesst, was sie schreiben. Geht's raus und spielt's Fußball."

„Wir wollen anderen auf die Füße treten", sagte Kai Diekmann kürzlich in einem Interview mit der österreichischen Zeitung Die Presse. Wer der Mann eigentlich ist, der so erfolgreich ist und so abgebrüht wirkt, versucht Ernst Pöppel in einem Gespräch herauszufinden.

Pöppel: Herr Diekmann, Sie schwimmen mit Ihrer Kampagne ziemlich gegen den Strom und machen sich viele Feinde. Trotzdem führen Sie ein erfolgreiches Blatt. Wie kommt das eigentlich?

Diekmann: Jeden Tag treten wir zig Millionen Lesern potenziell auf die Füße – und das auch noch mit Absicht. BILD will die aufregendste Zeitung Deutschlands sein. Und wer das sein will, muss aufregen. BILD will polarisieren, provozieren und emotionalisieren. Das ist ein ganz wesentlicher Kern unserer Marke. Aber dann gilt auch: Je mehr Aufmerksamkeit Sie erregen, desto mehr Kritik ziehen Sie auf sich. Da geht es uns wie anderen starken Marken: Je erfolgreicher Sie sind, desto umstrittener sind Sie auch. Oder anders ausgedrückt: Leidenschaftliche Fans rufen auch immer leidenschaftliche Gegner auf den Plan. Erfolg hängt eben nicht davon ab, überall beliebt zu sein. Und Journalismus ist kein Beliebtheitswettbewerb.

Pöppel: Ist das „Widerborstige" nicht auch ein bisschen Teil Ihres Naturells?

Diekmann: Ich mag es, gegen den Strich zu bürsten, und ich finde es auch viel spannender, Dinge mitunter anders zu sehen und anders zu machen. Aus Querdenken wächst Kreativität. Mainstream und Konformität haben mich noch nie wirklich interessiert. Deshalb lief ich als Jugendlicher auch mit einem „Pro-Franz-Josef-Strauß-Sticker" herum. Das war damals, 1980, alles andere als normal, und mir hat es Spaß gemacht.

Pöppel: Zur Kreativität reicht es aber nicht aus, immer nur dagegen zu sein. Man muss auch etwas aufbauen.

Diekmann: Natürlich! Und das ist auch ein ganz entscheidender Teil von BILD. Wir sind ständig auf der Suche nach neuen Ideen und Überraschungen für unsere Leser. Ein paar Beispiele: Vor zwei Jahren war BILD die erste Zeitung, die einen Tag komplett in 3D erschienen ist, im vergangenen Jahr brachten wir die größte BILD aller Zeiten heraus und kamen damit sogar ins „Guinness Buch der Rekorde" und zum Jahrestag von 9/11 haben wir die Redaktion nach New York verlegt und eine monothematische Ausgabe gestaltet. Und die jüngste Idee zum 60. Geburtstag der Zeitung in diesem Jahr war es, eine Sonderausgabe an fast alle 40 Millionen Haushalte in Deutschland zu verteilen. In Zeiten der Informationsflut und des Medienwandels reicht es uns schon lange nicht mehr aus, *nur* noch Zeitung zu sein. Wir haben eine journalistische multimediale Medienmarke geschaffen, die mit immer neuen Ideen überrascht und erfolgreich ist. Ich mag kein Mittelmaß, ich möchte immer nach den Sternen greifen.

Pöppel: Der Eigentümer des Café Einstein Unter den Linden, Gerald Uhlig-Romero, erzählte mir, dass die ersten Gäste morgens, meist Politiker, immer sofort nach der BILD verlangen. Sie wollen wissen, was das Volk denkt, und das erfahren sie so am besten. BILD ist offenbar ein Leitmedium. Ist es das, was Sie bestärkt?

Diekmann: BILD muss man lesen, wenn man mitreden will. BILD muss man lesen, wenn man wissen will, wie Deutschland tickt, was das Land bewegt. BILD versteht sich als Thermometer, das nicht nur die reale, sondern auch die gefühlte Temperatur im Land misst. Wir schreiben nicht nur das, was ist, sondern auch, wie es von den Menschen empfunden wird. Das

Bonner Institut Medien Tenor formuliert das so: BILD bestimmt die Problemwahrnehmung der Deutschen. Oder wie die Süddeutsche Zeitung schreibt: BILD ist der „Seismograph der deutschen Befindlichkeit". Sich diesen Respekt erarbeitet zu haben, ist ein schönes und bestärkendes Ergebnis für unsere Redaktion.

Pöppel: Was war die verrückteste Entscheidung, die Sie je für BILD treffen mussten?

Diekmann: Wahrscheinlich war die Entscheidung, fast 100 000 Euro auszugeben, um Lotto-Scheine für unsere Leser zu kaufen, als der Lotto-Jackpot die Rekordhöhe von 43 Millionen Euro erreichte, eine der außergewöhnlichsten Entscheidungen in meiner Zeit als BILD-Chefredakteur. Als ich dann den Anruf bekam, dass einer unserer Lotto-Scheine den Jackpot geknackt hat, war die Freude, dass sich dieser Einsatz gelohnt hat, natürlich überwältigend. Und meine Redaktion hielt mich sicherlich für komplett verrückt, als ich im Sommer 2007 den Umzug von BILD von Hamburg nach Berlin ankündigte. Ich bin davon überzeugt, dass der größte Teil der Redaktion heute froh darüber ist und die Entscheidung im Nachhinein als richtig und wichtig betrachtet.

Pöppel: Über das Nichtkonforme haben auch wir uns kennengelernt. Ich hatte einen Aufsatz veröffentlicht, in dem ich schrieb, dass Lesen eine unnatürliche Tätigkeit des Gehirns sei. In Ihrem Blog griffen Sie meine Überlegungen auf, und so sind wir in Berührung miteinander gekommen. Jetzt unterhalten wir uns regelmäßig. So ist eine Verbindung zwischen zwei Menschen aus unterschiedlichen Bereichen entstanden. Ich sehe das symbolisch: Eine Zeitung übermittelt nicht nur Informationen, sondern bildet auch sozialen Klebstoff. Sie greifen die Themen auf, über die geredet wird.

Diekmann: Absolut! BILD schafft eines der wenigen wirklichen Gemeinschaftserlebnisse in unserer Gesellschaft, seit sich die Medienlandschaft und vor allem das Fernsehen in den letzten Jahren immer mehr fragmentiert hat. Heute lesen täglich lesen mehr als zwölf Millionen Menschen unsere Zeitung. Die Massen bewegen wir, weil wir die Themen der Straße aufgreifen. Und dabei suchen wir immer einen möglichst neuen und kreativen

Ansatz der Vermittlung. Dabei das richtige Verhältnis zwischen Information und Unterhaltung zu bestimmen, ist eine der größten Herausforderung unserer Arbeit. Dazu braucht man Einfühlungsvermögen und auch Mut, denn alles, was wir tun, kann immer eine große Auswirkung haben. Manchmal bedeutet das auch, über ein Thema bewusst *nicht* zu schreiben.

Pöppel: Sie sind seit elf Jahren jetzt Chefredakteur der BILD. Was haben Sie in dieser Zeit noch über Kreativität erfahren?

Diekmann: Kreativ zu sein heißt, sich keinem Zwang ausgeliefert zu fühlen. Kreativität braucht zwar immer ein Ziel – aber auf dem Weg zu diesem Ziel auch einen größtmöglichen Freiraum. Vor allem aber braucht Kreativität Leidenschaft.

Das Gute des Bösen
Warum Ethik und Biologie zusammengehören

Eine moralisch richtige Handlung empfinden wir als schön. Etwas moralisch Verwerfliches als hässlich. Mit konkreten Vorstellungen von Gut und Böse hat das meist wenig zu tun – sondern mit Hirnarealen. „Gut" bedeutet im Verständnis der Neurowissenschaften, dass es eine Übereinstimmung unseres impliziten und unseres bildhaften Wissens gibt, unserer abstrakten Vorstellung und konkreter Tatsachen. „Richtigkeit" ist der bessere Ausdruck für eine solche Übereinstimmung. Manchmal jedoch weichen subjektive Richtigkeit und gesellschaftlicher Konsens voneinander ab, wie die Geschichte der kürzesten Regentschaft aller Zeiten zeigt – Assoziationen zu heutigen Ereignissen seien erlaubt.

Es war einmal eine wunderschöne junge Frau, die allen Männern den Kopf verdrehte – und ihnen übrigens früher gerne gegen Bezahlung ihre Begleitung angeboten hatte. Und es war einmal ein stattlicher junger Mann, den die Schwiegermamas des Landes liebend gerne für ihre Töchter erwählt hätten. Allerdings eilte ihm auch der Ruf voraus, dass er zwar eine vielversprechende Zukunft habe, aber ein Langweiler sei. Und außerdem hatte er nur Augen für die wunderschöne Prinzessin. Der war es zum Glück herzlich egal, wie unterhaltsam ihr Märchenprinz war, denn schillernd genug war sie selbst. Und so nahm er sie zur Frau – oder sie ihn zum Mann. Sie bauten sich ein kleines Heim und bekamen zwei wunderschöne Kinder. Aber damit war die Geschichte noch nicht zu Ende.

Denn es begab sich, dass der alte König des Landes für alle Menschen völlig überraschend in den Ruhestand ging. Bislang dachte man, dass es das gar nicht gäbe, ein König kann doch nicht einfach aus heiterem Himmel seine

Krone niederlegen und aus seinem Schloss ausziehen. Doch genau das geschah. Und nun war der Königssitz verwaist. Niemand genoss mehr den schönen Blick aus dem Schloss auf den Schlosspark. Viele Anwärter wollten den Platz des alten Königs einnehmen, so auch unser junger Mann. Und er besiegte die Nebenbuhler, denn er hatte viele Unterstützer, die sich ihrerseits Vorteile von ihm versprachen. Zwar hatte er wenig Charisma und keine Botschaft, die er an seine Untergebenen weitergeben konnte, aber das machte nichts, sondern war sogar gut. Denn seine Unterstützer dachten bei sich: Wir bringen den auf den Thron, der uns nicht nervt. Und wer keine Position vertritt, der sagt auch nichts, wofür wir ihn später guillotinieren müssen.

Die beiden machten ihre Sache gut. Die junge Königin war immer elegant gekleidet und trug ihre Haare schön, sodass sie eine Modeikone für die weiblichen Untertanen wurde. Und der junge König legte sogar seine vormals privat geäußerten Überzeugungen ab. Während er früher hinter den Kulissen über fremde Religionen in diesem Lande geschimpft hatte, redete er nun stets so, dass er niemandem auf die Füße trat. Damals waren die Untertanen nicht sehr verwöhnt mit ihren Herrschern und unterhielten sich länger über deren Haare, Krawatten und Brillen als über ihre politischen Beweggründe. So hätte die Geschichte gut enden können. Aber leider gab es in diesem Königreich auch andere mächtige Männer. Einer von ihnen trug keine Krone, sondern eine Hornbrille, und seine Streitkräfte kämpften weder mit Pistole noch mit Schwert, sondern mit der Feder. Mit dieser konnte er die Meinungen des Volkes beeinflussen, weswegen er auch als „Herr der Buchstaben" bezeichnet wurde, manchmal allerdings auch einfach als „Kein Ding", weil er gern online korrespondierte, wo seinen Initialen diese Bedeutung beigemessen wurde. Er wohnte in keinem Schloss, aber in einem Hochhaus, von dem aus der Blick ins Umland auch sehr gut war, vielleicht sogar noch besser und übersichtlicher als der vom Schloss des Königs.

Zunächst waren der junge König und der Herr der Buchstaben gute Freunde. Kein Ding verkündete nur Gutes über den jungen König. Und der junge König lobte Kein Ding bei jeder Gelegenheit. Doch irgendwann begann dieser die Macht des Königs anzuzweifeln. Er recherchierte – so nannte man das damals, wenn intime Geheimnisse, private Angelegenheiten und schmutzige Machenschaften einer Person ausspioniert wurden – und fand heraus: Die weiße Weste des Königs war nicht ganz so strahlend weiß wie vermutet. Sie war zwar auch nicht schwarz, aber doch etwas beschmutzt. Der

Das Gute des Bösen

König hatte sich hier und da Vorteile zugeschanzt, die ihm nicht zustanden. Und die wollte KD nun mit der Macht seines Buchstabenheeres bekannt machen.

Der junge König bekam davon Wind und – so nähern wir uns dem Thema dieses Kapitels – machte moralische Fehler. Während er sich nämlich auf dem Weg zu einem befreundeten Emir befand, hinterließ er Kein Ding eine Nachricht, in der er ihm drohte, auf dass Kein Ding die Flecken auf seiner weißen Weste nicht publik mache. Doch die Drohung bewirkte genau das Gegenteil. Der Herr der Buchstaben ließ sich nicht einschüchtern und machte eine Geschichte darüber publik, dass der König sehr günstig Geld von einem Freund geliehen bekommen hatte – und dass dieser Freund hoffte, all die anderen Freunde des Königs kennenzulernen, zum Beispiel den Emir, um später vielleicht sogar mit ihnen Geschäfte zu machen. Nun unterhielten sich monatelang alle Untertanen nur noch darüber, dass der junge König doch nicht so untadelig sei, wie sie gedacht hatten. Darüber geriet dieser in Aufregung und machte weitere Fehler: Er revidierte früher getätigte Aussagen und verstrickte sich dabei in Widersprüche. Über Monate hinweg war sein Land daraufhin mit einem Detektivspiel beschäftigt: Hatte er die ganze Wahrheit gesagt? Konnte jemand König bleiben, der als moralisches Vorbild nicht mehr taugte? Dabei kamen immer mehr kleinere Vorkommnisse ans Tageslicht, bei denen sich der König Vorteile dank seiner Position verschafft zu haben schien. Das Volk und das Heer der Buchstaben waren irgendwann richtig verärgert, weil sie sich belogen fühlten. Der moralische Druck auf den König wurde stärker. Und obwohl er bis zum Schluss behauptete, sich stets korrekt verhalten zu haben, dankte er schließlich ab. Und so endet die Geschichte von der kürzesten Königsherrschaft aller Zeiten in diesem Land.

Die Handlungen des jungen Königs stellen sich dem König selbst und der Mehrheit seiner Untertanen offenbar vollkommen unterschiedlich dar. Der König mag gedacht haben, er könne Geschenke und Gefälligkeiten annehmen, wenn sie ihm freiwillig angeboten werden. Die „normalen Menschen" aus unserer Geschichte finden das unmoralisch, denn sie müssen schließlich Kreditzinsen ebenso wie Reisen und Ehrenplätze selbst bezahlen. Sie vermuten, die Geschenke könnten der Beeinflussung, wenn nicht gar der Bestechung gedient haben. Zumindest finden sie es ungerecht, dass jemand nur aufgrund seiner Position so viele Geschenke bekommt – und sie finden es nicht richtig, sie anzunehmen.

Was ist hier passiert? Der König ist mit einem Mal durch Karriere und Aufstieg in einen völlig neuen Kontext katapultiert worden, dessen Spielregeln er noch nicht versteht und von dessen Wertemaßstäben er sich keine Vorstellung gemacht hat. Genauer: Im Kontext einer (klein-)bürgerlichen Sozialisierung glaubt man, dass „die da oben" sich alles leisten können, sich alles nehmen können, dass für sie andere Regeln gelten, und so wird es auch in den Medien kolportiert. Wer nun selbst aufsteigt, ohne gefestigte eigene Wertvorstellungen zu besitzen, glaubt, dass dies für ihn ebenso gelte. Die alten Werte aus der eigenen Sozialisierung werden über Bord geworfen, von den neuen gibt es nur ein rudimentäres Wissen, so etwa vom aufklärerischen Ideal, der König sei der erste Diener seines Volkes. Insofern ist ein solcher Aufsteiger in einer schwierigen Situation.

Was Menschen als richtig empfinden, beruht auf Werten. Was aber ist ein Wert? Zunächst einmal eine positive Bedeutung, die jemandem oder einer Sache zukommt. Werte sind uns jedoch nicht in Form von in Stein gemeißelten Geboten dargeboten worden, sie haben einen anderen Ursprung: Aus Sicht der Naturwissenschaften müssen Werte in unseren existenziellen Bedürfnissen begründet sein. Sie haben sich herausgebildet, weil sie uns einen Vorteil bringen – mehr dazu im nachfolgenden Interview mit dem Neuroethiker James Giordano. Wie die neurowissenschaftliche Forschung zeigt, ermöglichen überhaupt erst die Handlungsdimensionen „Erzeugung von Lust" und „Vermeidung von Schmerz" ein Wertgefühl. Sie sind somit die Grundpfeiler jedes Wertesystems. Dies ist natürlich überhaupt kein neuer Gedanke, sondern wurde bereits in der Antike erkannt, etwa von Aristoteles. Die Pole, auf denen Werthaftigkeit beruht, finden sich auch bei Konfuzius, an dem sich die heutige chinesische Kultur noch immer orientiert: Nur aus einer Mitte heraus lässt sich beurteilen, was in einer positiven oder negativen Richtung abweicht. Die Mitte ist die Bedingung eines wirkungsvollen Systems, um etwas zu beurteilen, also zu messen. Sie ist ein Referenzpunkt, den man sich bewusst machen sollte.

Allerdings muss das Erkennen einer Abweichung trainiert werden. Auch wenn wir neurologisch basiert die Veranlagung haben, Werte zu erkennen, gilt es doch im Einzelnen, diese auf konkrete Situationen anzuwenden. Da wir aber in einem gesellschaftlichen System leben, in dem es vor allem auf das Funktionieren ankommt, geht darüber die Ausbildung der eigenen Werte nicht selten zugrunde. Man entwickelt keine Sensitivität, vernachlässigt seine

„Theory of Mind", und die Fähigkeit, sich in andere hineinzuversetzen, liegt brach. Deswegen scheitern viele, die sozial aufsteigen. So wie unser König, der nicht dazu in der Lage ist, seine Werte mit der neuen Situation zusammenzubringen, sondern sie über Bord wirft und so anfällig wird für Versuchungen von allerlei Art.

Sobald wir uns mit unserem Wertesystem von den natürlichen Bedürfnissen entfernen, leben wir in einer nicht nachhaltigen Gesellschaft, die nicht überlebensfähig ist. Ein Beispiel hierfür ist das Reich der Azteken, in dem jungen Männern das Herz herausgerissen wurde, um die Götter zu einer Regenspende zu bewegen. Oder auch das China zur Zeit der Kulturrevolution Maos, Deutschland im Dritten Reich oder die Sowjetunion unter Stalin. Immer wenn Ideen „überwertig" werden und dann von oben diktiert, gehen sie an den Bedürfnissen der Menschen vorbei.

Dass das moralische Verständnis des Königs aus unserer Geschichte gegen das mehrheitliche Moralverständnis in der Bevölkerung schließlich den Kürzeren zieht, ist ein guter Beweis dafür, dass die Menschen dieses Landes keinen überwertigen oder von oben diktierten moralischen Ideen ausgeliefert sind. Aber es zeigt auch, dass die Natur offenbar verschiedene Werte zulässt. Wir wollen uns zunächst einmal mit dem großen Rätsel befassen, wie wir überhaupt erkennen, dass eine Einsicht oder ein moralischer Wert richtig ist, bevor wir uns der Frage zuwenden, inwieweit Moral und Richtigkeit etwas mit Balance und Kreativität zu tun haben.

Das Konzept der Richtigkeit setzt zunächst voraus, dass es etwas gibt, auf das man sich beziehen kann. Das heißt, wenn man einen Sachverhalt beurteilt, sollte sich dieser etwa zu Beginn eines Gesprächs in der gleichen Weise darstellen wie in der Mitte und am Ende des Gesprächs. Will ich beispielsweise beurteilen, ob das Abkupfern ganzer Passagen beim Erstellen einer Doktorarbeit moralisch oder unmoralisch ist, muss ich von Anfang bis Ende von der gleichen Arbeit und der gleichen Tat und der gleichen Person sprechen. Dieser Anspruch geht auf den Philosophen Aristoteles zurück, der dafür den Satz der Identität formulierte. Demzufolge gilt eine für A gültige Feststellung für jedes A. Das Kunststück des Gehirns besteht darin, die Identität von etwas über die Zeit hinweg zu bewahren und festzuhalten. Aber das gelingt nicht immer.

Aufgeheizte Beziehungsgespräche beispielsweise zeichnen sich dadurch aus, dass sich Bezugsgrößen immer wieder ändern. Am Anfang steht ein konkreter

Sachverhalt im Vordergrund des Gesprächs, etwa dass der Partner zu selten einkaufen geht. Dann wird das Problem plötzlich auf eine allgemeine, aber etwas verschobene Ebene gehoben und einem Partner vorgeworfen, er würde sich nicht für die Beziehung engagieren. Dann geht es wieder um frühere Verletzungen, und zwischendurch werden weitere Nebenbaustellen eröffnet. Das Problem A, über das man sich unterhalten wollte, ist am Ende des Gesprächs zu Problem B geworden. Man redet aneinander vorbei – und der Partner wird völlig verrückt, weil er nicht mehr weiß, worüber man spricht.

Zu den Symptomen der Schizophrenie, der paradigmatischen Form der Psychose, gehören formale Denkstörungen, die den Denkablauf beeinträchtigen. Dabei fehlt eine straffe Ausrichtung auf eine Zielrichtung, und das Denken hat für Außenstehende keinen logischen, verständlichen und nachvollziehbaren Zusammenhang mehr. Eine solche Denkzerfahrenheit ist die extreme Ausgestaltung davon, dass es nicht gelingt, die Identität von etwas über die Zeit hinweg zu bewahren und festzuhalten.

Damit eine Realität aber von mehreren Menschen geteilt werden kann, benötigen diese einen gemeinsamen Bezugspunkt. Darauf basiert unsere Erwartung, dass im Aussehen eines Menschen, in den Gefühlen, die jemand anderes uns entgegenbringt, in seinen Einstellungen Kontinuität herrscht. Wenn sich jemand in einer bestimmten Weise zeigt, erwarten wir, dass er dies auch weiterhin so tun wird. Dies entspricht der Ökonomie des menschlichen Gehirns.

Hat man hingegen keinen gemeinsamen Bezugspunkt mehr, kann man nicht mehr sinnvoll miteinander sprechen – oft auch, was die unterschiedlichen Vorstellungen von Moral angeht. Wenn der König unserer Geschichte in einer Welt zu Hause ist, in der Geschenke gegen politische Vergünstigungen getauscht werden und dies völlig normal ist, wird er nicht mehr von seinen Untertanen verstanden, die ihre Hotelübernachtungen, Urlaubsreisen oder Upgrades in eine bessere Flugklasse aus eigener Tasche zahlen müssen. Sie schreiben ihm zu, unmoralisch zu handeln.

Wie aber erkennen wir, dass eine Handlung unmoralisch ist? Hierzu fanden an der Ludwig-Maximilians-Universität in München Studien statt, in denen mit bildgebenden Verfahren untersucht wurde, wie sich moralische Urteile im Gehirn abbilden. Das technologische Verfahren der funktionalen Magnetresonanztomografie (fMRT) sieht jedoch vor, dass eine Untersuchung immer mit einer anderen verglichen werden muss. Nur im Vergleich kann eine fMRT ein Ergebnis hervorbringen. Als vergleichende Untersuchung wählten die Forscher

Fragen aus dem Bereich der Ästhetik. Es wurden also die Reaktionen des Gehirns auf moralische Fragen (etwa „Ist eine Person grausam, wenn sie aggressive Gedanken gegenüber dem eigenen Kind hat?") mit denen auf ästhetische Fragen („Ist die Gedichtszeile ‚Wer reitet so spät durch Nacht und Wind' aus dem ‚Erlkönig' schön?") verglichen.

Das Ergebnis der fMRT-Untersuchungen: Ästhetische und moralische Urteile aktiveren im Gehirn jeweils das gleiche raumzeitliche Muster. Die leitenden Wissenschaftler Evgeny Gutyrchik und Mihai Avram konnten zeigen, dass der wesentliche Unterschied in der Quantität der Aktivierung besagter Areale liegt. Bei moralischen Urteilen sind manche der Hirnregionen etwas intensiver aktiv als bei ästhetischen Urteilen. Zusätzlich werden bei moralischen Urteilen noch ein paar weitere Hirnregionen zugeschaltet. Offenbar ist bei moralischen Fragen die Außenperspektive ausgeprägter, und man denkt stärker über das Problem nach als bei ästhetischen Fragen, die sich unmittelbar in einem emotionalen Bezug äußern. Doch es ändert nichts daran, dass die beteiligten Hirnregionen dieselben sind.

Wie wir aus eigener Erfahrung wissen, sind ästhetische Urteile meist nicht wohlüberlegt. Häufig findet man etwas einfach schön oder nicht schön. Kant beschreibt solche Phänomene in der „Kritik der Urteilskraft" als nicht reflektierte Urteile. Man muss nicht darüber nachdenken, wird einfach in die Entscheidung hineingezogen und ist von ihr betroffen. Ein Sonnenuntergang in den Alpen: einfach schön. Ein altes toskanisches Dorf im Morgenlicht: einfach schön. Ebenso: ein Strauß wilder Blumen, die bunten Fenster einer gotischen Kathedrale, der Anblick eines geliebten Menschen. Und genauso, wie wir in solchen Fällen untrüglich wissen, ob uns etwas gefällt, wissen wir in moralischen Fragen, ob etwas richtig oder falsch ist. Und weil dieselben Hirnregionen angesprochen werden, empfinden wir eine moralisch richtige Handlung als schön, etwas moralisch Verwerfliches als hässlich. Dass dieselben Hirnareale angesprochen werden, erklärt auch, warum wir bei beiden Formen des Urteilens so schnell und aus dem Bauch heraus wissen, ob wir etwas als richtig oder als falsch, schön oder hässlich empfinden. Die Gründe dafür suchen wir meist erst hinterher.

Ein quantitativer Unterschied in bestimmten Arealen führt aber zu einem qualitativen Unterschied, wie die Studie zeigte. Die entscheidende Frage lautet nun: Wie weiß das Gehirn, dass hier ein ästhetisches und dort ein moralisches Urteil gefordert ist? Und damit kommen wir auf kurzem Wege wieder zurück zu unserem König. Wir leben alle in bestimmten Kontexten oder auch „Rahmen": Vorstellungen darüber, was Zuneigung, Zugehörigkeit, Leistung, Moral, Ästhetik, Nahrungsaufnahme usw. sind oder wie sie üblicherweise ablaufen. Jeder Mensch ist in etwa zehn dieser Kontexte oder Rahmen verhaftet, allerdings nicht immer in denselben. Offenbar erkennt das Gehirn aber dank der eigenen Lebensgeschichte schnell, welcher Kontext gerade relevant ist. Unser König war aus seinem moralischen Rahmen herausgerissen. Und deshalb war ihm gar nicht bewusst, dass er sich in einem moralischen Kontext befand. Bestimmte Merkmale des Geistes wurden nicht „angeschaltet".

Eine gemeinsame Kultur in einer Gesellschaft zeichnet sich auch dadurch aus, dass viele Kontexte geteilt werden. Es ist zum Beispiel für Westeuropäer schwierig, in einer Kultur zu leben, in der sie nicht ihre individuellen Wünsche und Ziele verfolgen können. In einigen asiatischen Kulturen nimmt sich das Individuum weniger wichtig, maßgeblicher sind hier die Ziele der Gemeinschaft. Einem Chinesen fällt es daher oftmals schwer, seine Einzelleistung herauszustellen.

Gemeinsame Kontexte zu schaffen ist auch die Herausforderung eines gemeinsamen Bildungssystems. Damit man miteinander kommunizieren kann, braucht man die gleiche Sensitivität für verschiedene Kontexte, sprich: die gleichen Wertesysteme. Die Wertesysteme der Menschen in einer Gesellschaft müssen nicht identisch sein, aber sie sollten sich immerhin so weit ähneln, dass eine Verständigung darüber möglich ist.

In dieser Geschichte geht es allerdings nicht nur um Moral und Werte, sondern auch um Kreativität und die innere Balance. Diese Aspekte spielen in dem Moment eine Rolle, in dem der junge König erkennt, dass er in den Augen anderer Schuld auf sich geladen hat, und zurücktritt. Er ist zwar noch seinen vormaligen Äußerungen verpflichtet und sagt, er habe sich stets korrekt verhalten. Doch offenbar plagte ihn eine „Strafsehnsucht". Dieser gibt er nach, er verzichtet auf Amt, Schloss und Würden und zieht sich in das kleine unbedeutende Dorf zurück, aus dem er gekommen war. Dies ist ein Versuch, das innere Gleichgewicht wiederzufinden.

Wohl jeder hat so etwas schon einmal gemacht: Man hat auf Kosten des Kollegen eine neue Karrierestufe erklommen, und um sein schlechtes Gewissen zu besänftigen, nimmt man sich vor, künftig jeden Sonntag die Eltern mit einem ausführlichen Telefonanruf zu beglücken. Oder man fühlt sich mitschuldig an einem Verkehrsunfall und geht deshalb auf den Jakobsweg. Wer sich mit Schuld beladen hat, möchte Buße tun. Das ist auch eine Pointe des Christentums, beschrieben vom Apostel Paulus im Römerbrief Kapitel 7, Vers 19: „Denn ich tue nicht, was ich will, Gutes, sondern was ich nicht will, Böses, das führe ich aus." Anders gesagt: Ich kenne das Gute und tue es nicht. Damit lädt man Schuld auf sich. Stabilität wird der christlichen Religion zufolge dadurch gewährleistet, dass man für seine Schuld Buße tut und so wieder zu einer Mitte kommt.

Neurobiologisch gesehen wird das Schuldgefühl hormonell verursacht. Möglicherweise geht es wie eine depressive Verstimmung mit einem gestörten Serotonin-Haushalt einher. Das beste Gegenmittel ist eine Aktivierung des Belohnungssystems im Gehirn, der „reward circuits". Damit findet man wieder in seine innere Balance zurück und kann das unangenehme Schuldgefühl abbauen. Der Weg dahin wird durch die Kreativität aufgezeigt. Man muss kreativ etwas finden, das einen wieder zur Mitte zurückbringt.

Schuldgefühle zu haben ist also normal. Ebenso, sich innere Entlastung zu suchen. Unser Tipp: Eine entlastende Handlung funktioniert dann am besten, wenn man sie selbst bewusst auswählt und durchführt, ohne dass man sich etwas vormacht. Auch ist eine von außen vorgegebene Buße weniger erfolgversprechend. Möglichkeiten zu entlastenden Handlungen gibt es viele. Sie bestehen meist darin, dass man unangenehme oder anstrengende Tätigkeiten erledigt oder angenehme Tätigkeiten meidet.

Der biologische Effekt wirkt nur kurzfristig. Man gelangt ins Gleichgewicht zurück – und ist wieder offen für den nächsten Fehltritt oder die nächste Sünde. Von einer Bußhandlung ist keine lebenslange Verhaltensänderung zu erwarten. Doch immerhin erzeugt sie Selbsttransparenz. Man entwickelt Sensitivität für sich selbst und merkt beim nächsten Mal eher, dass man auf den schiefen Weg gerät. Die kreative Leistung dabei: Ich gehe den Weg, der mir genehm ist.

Mehr zum neurologischen Ursprung von Gut und Böse weiß der Neuroethiker James Giordano aus Virginia zu berichten.

Die Neuroethik muss die Verantwortung übernehmen
Ein Gespräch mit James Giordano

Unsere Vorstellungen von Ethik und Moral sind kreativ veränderbar, wie die vorherige Geschichte gezeigt hat. Ist es auch denkbar, dass wir eine ganz neue Ethik entwickeln? Wie entstand eigentlich unser Wissen von dem, was gut und was böse ist? Für diese Fragen ist James Giordano aus dem US-Staat Virginia genau der Richtige. Er ist Neurowissenschaftler, Neurotechniker und Neuroethiker an den Universitäten in Washington, DC, in New Mexico und München, und außerdem Direktor des Center for Neurotechnology Studies am Potomac Institute for Policy Studies in Virginia. Die Neuroethik ist eine neue Forschungsrichtung, die sich unter anderem damit beschäftigt, die Gründe für unsere moralischen Werte und Normen zu suchen. Als sich Giordano aufgrund seiner Fulbright-Gastprofessur am Humanwissenschaftlichen Zentrum der LMU in München aufhielt, äußerte er eine sehr interessante Einsicht: Wir müssen uns kreativ um eine neue Ethik bemühen.

Wagner: Am Potomac Institute for Policy Studies beschäftigen Sie sich mit Terrorismusprävention. Ist der Mensch eigentlich von Natur aus schlecht und moralisch verkommen?

Giordano: Eigentlich weder noch, denn der Mensch funktioniert vor allem ökologisch, es gibt Wechselbeziehungen zwischen den Lebewesen und ihrer Umwelt. So macht der Mensch das, was für ihn am besten ist, und das kann sowohl etwas Gutes als auch etwas Schlechtes sein, wenn wir solche Kategorien überhaupt verwenden wollen.

Wagner: Wie erklären Sie sich das?

Giordano: Der Mechanismus, mit dem wir uns etwas bewusst machen oder mit dem wir denken, fühlen und mit Menschen interagieren, liegt immer in neurologischen Funktionen begründet. Diese regulieren unser Körpersystem und stellen gleichzeitig die Beziehungen zu unserer Umwelt her. Aufgrund dieser Wechselwirkungen zwischen Innen- und Außenwelt haben wir im Laufe der Evolution Bewertungsmaßstäbe entwickelt. Was ist gesund und was ungesund? Was ist harmlos und was gefährlich? Was ist richtig und was falsch? Ich behaupte nun: Die prototypischen Verhaltensweisen, die sich in der Umwelt als sinnvoll erwiesen haben, finden sich im Phänotyp wieder, in der Menge aller genetischen Merkmale eines Organismus.

Wagner: Wir sind demnach für die Umwelt optimiert, aber nicht in den Kategorien gut oder böse, sondern in den Kategorien sinnvoll oder nicht sinnvoll. Aber sind wir wirklich so sehr ein Gemeinschaftswesen? Ich empfinde uns eher als Ellenbogenwesen. Survival of the fittest. Ohne Rücksicht.

Giordano: Sie beschreiben jetzt aber die Moral der Wölfe. Tiere besitzen natürlich auch ein Wissen darüber, was für sie richtig und was falsch ist, auch wenn ihnen die sprachlichen Ausdrucksmöglichkeiten fehlen. Aber wir sind doch gar nicht so rücksichtslos, wir haben doch Staaten, Gemeinden, Gruppen und Familien, in die wir uns eingliedern. Survival of the fittest, das ist für uns Menschen nicht mehr richtig. Es gilt eher: Survival of the smartest. Denn wir können nicht so gut klettern wie Affen. Nicht so schnell rennen wie Leoparden. Wir haben nicht so viel Muskelkraft, können nicht so gut tauchen und überhaupt nicht fliegen. Also müssen wir kreativ zusammenarbeiten, das ist unsere Natur. Unsere Talente sind unterschiedlich verteilt, doch zusammen können wir viel entwickeln. Deswegen agieren wir auch im Sinne der Gemeinschaft.

Wagner: In der vorangegangen Geschichte haben wir beschrieben, wie sich ein Mensch unrechtmäßig Vorteile verschafft. Dann redet er seine moralisch schlechten Handlungen vor sich selbst auch noch schön. Das ist ein kreativer Verdrängungsmechanismus. Was sagt die Neuroethik dazu?

Giordano: Sich Vorteile zu suchen, gehört zu unserer Natur. Wenn wir dies auch noch aggressiv machen, kann es zu Kämpfen kommen. Deswegen müssen wir ein System haben, um das Zusammenleben zu reglementieren.

Moral ist also auch das Resultat einer Wechselwirkung mit den anderen. Aber das Beispiel zeigt deutlich, dass wir mit unserer herkömmlichen Ethik an Grenzen stoßen.

Wagner: Wir stoßen in vielen Bereichen an unsere Grenzen. Wir vergeuden die Ressourcen der Erde, zerstören die Natur, üben Gewalt gegen Mensch und Tier aus. Kann die Neuroethik helfen, solche Probleme zu lösen?

Giordano: Wir haben uns im Laufe der Geschichte verändert, und wir können uns auch in Zukunft verändern. Bislang haben wir unsere Moral langsam und eher unbeeinflusst an die Umwelt angepasst. Ich erinnere nur an den Prozess der Zivilisation. Im Laufe von Jahrhunderten haben sich neue Verhaltensweisen eingeprägt, die aber nicht mehr wegzudenken sind. Und nun schauen Sie sich an, was sich alleine in den letzten 20 Jahren alles getan hat. Durch Internet, Smartphones und Google hat sich unsere Lebensweise verändert. Wir sind weltweit permanent miteinander in Verbindung. Das gab es noch nie. Während wir früher die Kunst des Wartens lernen mussten, könnten wir uns nun sekündlich rückversichern. Die Schnelllebigkeit überfordert die Menschen auch. Gleichzeitig haben wir erstmals in der Geschichte die Möglichkeit, gezielt auf unser Gehirn einzuwirken, mit Neuro- und Nanotechnologie.

Wagner: Halten Sie das für die Lösung?

Giordano: Nein, aber es wird passieren. Und deswegen können wir nicht mehr warten, bis wir eine neue Moral von selbst verinnerlicht haben. Wir brauchen jetzt eine neue Ethik, also neue Regelsysteme, welche die Moral umsetzen. Die Entwicklung müssen wir selbst in die Hand nehmen.

Wagner: Sind hier nicht eher die Kirchen gefordert?

Giordano: Wir brauchen eine progressivere Ethik als die der Kirchen. Außerdem gibt es keine allgemeine Weltreligion, und jede Religionsgemeinschaft hat die Tendenz, ihre eigene Ethik durchzusetzen. Das führt zu Kampf und ist keine universale Grundlage. Deswegen muss die Neuroethik die Verantwortung übernehmen. Sie muss unsere biologischen, psychologischen und sozialen Bedürfnisse genau erforschen und daraus ein neues Ethiksystem entwickeln. Für mich geht das nur, wenn wir auch einen Blick auf das Kosmopolitische werfen, also nicht nur den Menschen in den Mittelpunkt der Betrachtungen stellen, sondern den Menschen inmitten der Natur und des Kosmos. Daran arbeite ich: die bisherige kreative Entwicklung von Moral durch die Natur zu beobachten und nun – ebenfalls kreativ – für die modernen Zeiten zu optimieren.

Das Geschenk der Wiederholung
Warum Kreativität einen festen Rahmen braucht

Bislang haben wir Kreativität unter verschiedenen Aspekten betrachtet, die alle etwas mit der Erschaffung von Neuem zu tun hatten, damit, wie man die Potenziale, neue Wege zu beschreiten, in sich entdeckt und schließlich mutig entfaltet. Unsere letzte Geschichte widmen wir der Kontinuität, dargestellt an einer Regensburger Familie, die traditionell in jeder Generation mindestens einen Arzt hervorbringt. Kontinuität ist zunächst einmal nur das Gegenteil von Kreativität. Doch sie ist wichtig, um ein Gleichgewicht und eine Ausgeglichenheit herzustellen und ist somit der notwendige Zwilling von Kreativität.

Wahrscheinlich stammt Wolfgang Pförringer, Professor für Orthopädische Chirurgie, aus einer der ältesten Arztfamilien Deutschlands. Verbürgt ist dies zumindest bis ins Jahr 1769, als der Urahne Johann Martin Pförringer als Bader und Wundarzt in Regensburg tätig gewesen war und später sogar Napoleon I. behandelt hatte.

„Es war im Jahr 1809 während des fünften Kolonialkrieges", erzählt Wolfgang Pförringer. „Napoleon hatte vor den Toren von Regensburg einen Schuss in den Unterschenkel bekommen. Der französische Feldscher vermochte die Kugel nicht zu entfernen, weshalb man den Wundarzt Johann Martin Pförringer hinzuzog, der als geschickter Chirurg bekannt war. Damit war er der einzige Arzt, den Napoleon je wegen einer Kriegsverletzung hatte aufsuchen müssen. Als Pförringer von dessen Tross gefragt wurde, was man ihm schuldig sei, antwortete er: ‚Behandelt hab ich den Kaiser der Franzosen, Geld nehme ich von einem Franzmann nicht.' Mit dieser Antwort hatte mein Urahn mit seinem Leben gespielt. Doch Napoleon, der sehr gut Deutsch verstand, war offenbar von dieser Geradlinigkeit und dem auch ungewöhnlichen Bürgerstolz beeindruckt und antwortete: ‚Voilà, un homme!' In die später übersandte Goldmünze war in Napoleons Handschrift ‚Merci' eingraviert worden."

Seitdem gab es in jeder Generation mindestens einen Mediziner in der Familie, oft sogar mehrere, sehr häufig waren es Brüder. „Wenn mein Sohn sein Studium beendet hat, ist es entgegen aller Vererbungslehre die achte Generation in Folge", sagt Wolfgang Pförringer. Unterdrückt so viel Kontinuität nicht auch die Kreativität?

Zunächst einmal ist Kontinuität tatsächlich das Gegenteil von Kreativität. Wenn über Generationen hinweg die Erwählung eines bestimmten Berufes weitergegeben wird, ist dies eher der Familientradition geschuldet, in die man sich fügt, als eine kreative Entscheidung. Das Gegensatzpaar Kontinuität und Kreativität gibt es auch im neuronalen Bereich. Kontinuität wird durch Konzentration erzeugt: Konzentration ist die Anstrengung, das, was in einem Moment repräsentiert ist, aufrechtzuerhalten und dafür zu sorgen, dass es nicht von etwas anderem abgelöst wird. Damit vermeidet man kreative Gedankenflucht. Manche Menschen springen von einem Einfall zum anderen. Diese mögen alle für sich genommen sehr kreativ sein, aber es fehlt die Kontinuität, die sie zusammenführt.

In diesem Mechanismus drückt sich das Ökonomieprinzip des Gehirns aus, denn normalerweise ist es nicht notwendig, in jedem Augenblick die Welt neu zu entdecken, so schnell ändert sie sich nicht. Wenn ich jetzt aus dem Fenster blicke, einen Baum sehe, ein Haus, im Hintergrund die Alpenkette und einen blauen Himmel, dann kann ich davon ausgehen, dass im nächsten Moment die Aussicht noch dieselbe ist und sich bestenfalls marginal und vorhersehbar verändert. Das Gehirn geht von der Kontinuität und Homogenität allen Geschehens aus, daran hat es sich in der Evolution angepasst. Das Ökonomieprinzip bewirkt aber auch, dass das Gehirn in seiner Informationsverarbeitung überfordert sein kann, wenn Unerwartetes auftritt oder ein Urteil in

Das Geschenk der Wiederholung

einem nicht etablierten Bezugssystem zu fällen ist. Also ist das mächtige Ökonomiegesetz des Wahrnehmens und Denkens der stärkste Feind der Kreativität, denn um kreativ zu sein, muss man aus einem gewohnten Rahmen heraustreten.

Aber schauen wir uns die Familiengeschichte der Pförringers weiter an, die genauso wie der Ärzteberuf von Generation zu Generation weitergegeben wird.

„Mein Großvater Sigmund Pförringer hat in Würzburg studiert, wo Wilhelm Conrad Röntgen damals den Lehrstuhl für Physik innehatte. Und so hatte mein Großvater Ende des 19. Jahrhunderts als erster Arzt einen Röntgenapparat in seiner Praxis – damals noch Universalapparat genannt. Er wurde später Chefarzt eines Versorgungskrankenhauses in Regensburg, dem Haus Ostheim, das in den Kriegsjahren für die Frontverwundeten zuständig war. Fürstin Margarete von Thurn und Taxis war seine erste OP-Schwester, da die adeligen Damen im Ersten Weltkrieg sich sozialen Aufgaben widmeten, um ihre Verbundenheit mit dem Volk und den Soldaten zum Ausdruck zu bringen." Wie überrascht war Wolfgang Pförringer, als Anfang des 21. Jahrhunderts seine heutige Lebensgefährtin, Dr. Barbara Stier, ebenfalls Ärztin, ihm erzählte, dass sie eben dieses Haus, das heute als Wohnhaus dient, von ihrem Vater geschenkt bekommen hatte.

Aber nicht nur Haus Ostheim schlägt eine Brücke in die Vergangenheit, sondern auch das Haus Weißgerbergraben, das 1769 erbaut wurde und seitdem in Familienbesitz ist. Alle Vorfahren Pförringers praktizierten dort.

Es gibt manche Familien, in denen die heutige Generation kaum mehr etwas von der Vergangenheit der Eltern und der weiteren Vorfahren weiß. Bei Familie Pförringer ist nun genau das Gegenteil der Fall. Wenn Pförringer erzählt, sprudelt eine Geschichte nach der anderen aus ihm heraus. Man merkt, dass die Vergangenheit lebendig gehalten wird und vielleicht deswegen dafür gesorgt hat, dass der Ärzteberuf seit Generationen gelebt wird. Dies zeigt auch die Geschichte, wie der Vater von Wolfgang Pförringer mehrmals knapp überlebte, um dann endlich Arzt werden zu dürfen.

Wolfgang Pförringer legt ein Foto von ihm vor sich auf den Tisch: „Das ist mein Vater, der erst nach dem Krieg Medizin studierte. Von 1935 bis 1945 war er Berufssoldat und Wehrmachtsoffizier. Im Rahmen des Krieges war er mit seinem Bataillon in Russland mit einer Situation konfrontiert, bei der es zu einem Stau auf der sogenannten Rollbahn kam. Das war ein Synonym für russische Autobahnen, allerdings aus Sand und Sumpf! Bei der Untersuchung des Staus musste er feststellen, dass die SS damit beschäftigt war, einen alten Mann in einem Bach zu ertränken, da er Jude war. Mein Vater wollte dies sofort unterbinden, woraufhin ihn ein SS-Mann mit gezogener Pistole bedrohte. Da machte ihn mein Vater darauf aufmerksam, dass hinter ihm ein gesamtes Bataillon stehe und der SS-Mann keine Sekunde überleben würde, sollte er schießen. Mein Vater war sich sehr sicher, dass die Soldaten hinter ihm, dem Frontoffizier, standen, und nicht hinter dem SS-Mann.

Am nächsten Tag wurde er aus Russland ausgeflogen, und das in einer Zeit, in der Flugzeuge und Kerosin bei Gott rar waren. In Berlin stellte man ihn vor ein Gericht und verurteilte ihn zum Tode. Seine Truppe machte General Hasso von Manteuffel auf diese verzweifelte Lage aufmerksam, dieser intervenierte bei Adolf Hitler, und so gelang es ihm, die Erschießung zu verhindern, und zwar ausschließlich mit der Begründung, dass man dann in diesem Frontabschnitt mit Unruhen und Schwächung der eigenen Reihen rechnen müsste. Dies sei dadurch bedingt, dass die Truppe nur noch ihren Frontkommandeuren gehorche, und nicht mehr Berlin.

Als der Krieg vorbei war, nahm mein Vater ein Medizinstudium an der Münchner Universität auf. Doch bereits wenige Wochen danach wurde er von der Uni relegiert, und zwar mit der Begründung, dass alle Generalstabsoffiziere Kriegsverbrecher seien. Dies löste bei ihm nachvollziehbarerweise eine Bitterkeit aus, die in dieser Angelegenheit bis zu seinem Tode anhielt. Die Geschichte ist trotzdem gut ausgegangen, mein Vater konnte seinen Berufswunsch weiterverfolgen und ist einer der großartigsten Ärzte geworden, die ich in meinem jetzt 40-jährigen Berufsleben je kennengelernt habe."

Die Tradition des Arztberufes, das alte Haus des ersten Baders, bis heute im Familienbesitz, die alten, noch immer lebendigen Geschichten, die Weitergabe des Selbstanspruches, mutig zu sein – dies alles kann man mit dem Begriff „Kontinuität" zusammenfassen. Auch Kontinuität – und nicht nur Kreativität – ist also eine wichtige Voraussetzung für ein erfolgreiches Leben. Wäre man immer nur kreativ, müssten wir das Rad andauernd neu erfinden. Deswegen gilt es, auch die Kontinuität zu achten. Die Weiterentwicklung etwa vom Bader bis zum heutigen hochspezialisierten Chirurgen ist ein solches Beispiel für die notwendige Verflechtung von Kontinuität und Kreativität. Oder die Weiterentwicklung des ersten Universalröntgenapparates bis zu den modernen bildgebenden Verfahren in der Medizin.

Kontinuität als Voraussetzung von Kreativität zu betrachten, ist in der westlichen Welt sicher eher unüblich. Ganz anders ist es aber in anderen Kulturen, insbesondere in asiatischen Ländern. Dies zeigen nun Studenten der Kognitionspsychologie von der Peking University und die chinesischen Professorin Yan Bao, eine nach unserem Verständnis sehr kreative Wissenschaftlerin, die von sich behauptet: „I'm not a creative person." Anschließend kommt Abdulla Al Karam zu Wort, der das Bildungssystem in Dubai entwickelt und sich dabei stets von Neuem fragen muss, wie sich Tradition und Moderne in Einklang bringen lassen.

China: Man soll nicht der Erste sein, sondern der schnellste Zweite
Ein Gespräch mit Yan Bao und ihren Studenten

Acht Uhr morgens an der Peking University. Psychologieprofessorin Yan Bao hat mich, Ernst Pöppel, als Gast geladen, um eine Vorlesung über Kreativität zu halten, auf Englisch, denn Chinesisch kann ich nicht. Als Gegenleistung bitte ich die Studenten, mit mir zu teilen, was ihre Vorstellung von Kreativität ist. Alle sprechen ausgezeichnet Englisch; das Durchschnittsalter liegt bei 20 Jahren. Von den zehn Millionen Schülern, die jedes Jahr in China ihr Abschlussexamen machen, wollen alle an die Peking University, die beste Universität des Landes, doch nur einer von zehntausend schafft es. Zhiyuan Wang, der Physik studiert, sagt: „Es ist das Paradies." Das bezieht sich nicht nur auf die akademische Umgebung, sondern auch auf den Campus der Universität, weltweit einer der schönsten von denen, die ich kenne: ein Teil des alten Sommerpalasts mit einem See in der Mitte.

Pöppel: Zhiyuan, was fällt dir zum Thema Kreativität ein?

Zhiyuan Wang: Es macht keinen Sinn, nur von Kreativität zu sprechen, ohne von Wissen zu sprechen. Wissen und Kreativität gehören zusammen. Und wenn man einen kreativen Einfall hatte, dann ist es notwendig, nach logischen Regeln zu prüfen, ob der Einfall überhaupt richtig war. Ohne diese logische Überprüfung muss man seiner Kreativität misstrauen. Man muss viel gelernt haben, um überhaupt kreativ sein zu können. Das ist eine notwendige Bedingung. Und dann kann man auch in der Welt, in der ganzen Welt, erfolgreich sein. Und das soll man anstreben. Man muss immer erfolgreich sein wollen.

Pöppel: Das ist für mich eine ungewöhnliche Verbindung, bei Kreativität gleich an Erfolg zu denken. Vielleicht liegt das daran, dass ich aus einem anderen Kulturkreis komme.

Das Geschenk der Wiederholung

TaoXi Yang: Ich glaube, Kreativität bedeutet, einer neuen Idee freien Ausdruck zu geben; man muss vom leidenschaftlichen Verlangen nach dem Neuen getrieben sein. Kreativität ist die Verbindung von Freiheit und Inspiration. Was man an kreativen Gedanken erfasst hat, muss aber auf andere Menschen bezogen sein, und das Neue auszudrücken erfordert Mut.

Pöppel: Du beziehst von vornherein Kreativität auf andere Menschen. Ist es möglich, dass man durch seine Kreativität die Stabilität einer Gesellschaft durcheinanderbringt?

Yuan Fang (mischt sich ein): Nein, das ist nicht möglich. Es ist immer ein sozialer Rahmen vorgegeben, in dem sich Kreativität entfalten kann. Außerhalb dieses Rahmens gibt es keine Kreativität. In China wird kreatives Denken nicht unbedingt ermutigt; man ist immer ein Teil des Systems, der Gesellschaft. Man muss immer im Rahmen bleiben, den „mittleren Weg" finden. In der Wirtschaft oder der Wissenschaft soll man nicht der Erste sein, sondern der schnellste Zweite. Die Tradition in China unterstützt nicht, „anders" zu sein. Die Lehrer bringen einem bei, wie die andern zu sein.

Pöppel: Ich danke euch, dass ihr so offen mit mir sprecht; das hat sich in den letzten Jahren stark verändert. Vor zehn Jahren hätte keiner von euch so frei gesprochen. Ich war 1981 das erste Mal in Peking, kurz nach dem Ende der Kulturrevolution, und Peking war auch äußerlich eine andere Stadt, alle hatten etwa die gleichen einfarbigen Anzüge an.

Chuanqi Li (antwortet zunächst auf Deutsch und wiederholt dann auf Chinesisch): Kreativität bezieht sich darauf, ein Problem auf eine neue Weise zu lösen. Und hierfür ist eine Entgrenzung notwendig.

Pöppel: Meinst du wirklich Entgrenzung? Wenige in Deutschland würden dieses Wort verwenden.

Chuanqi Li: Ja, Entgrenzung ist notwendig. Normalerweise reagieren wir völlig automatisch bei der Lösung von Problemen, und dieser Automatismus ist häufig durch das soziale Umfeld bestimmt. Um aber aus dem automatischen Zirkel herauszuspringen, braucht man Mut. So wie es Immanuel Kant in seinem Text „Was ist Aufklärung?" gesagt hat: „Habe Mut, dich deines eigenen Verstandes zu bedienen."

Pöppel: Chuanqi Li, ich bin beeindruckt! Ich weiß nicht, ob es auch in Deutschland passieren könnte, dass ein chinesischer Professor durch Zufall in eine Psychologie-Vorlesung gerät und dann von einer deutschen Studentin damit überrascht wird, dass sie in perfektem Chinesisch aus dem „Lun-yu" von Konfuzius zitiert.

Die Vorlesung ist zu Ende, und ich gehe mit Professor Yan Bao in ihr Büro, um mit ihr über ihre Kreativität zu sprechen. Mich interessiert vor allem, warum sie von sich sagt, kein kreativer Mensch zu sein.

Pöppel: Yan, du hast mich ziemlich verblüfft durch deine Behauptung, denn ich habe den Eindruck, dass du als Wissenschaftlerin sehr kreativ bist. Vielleicht legst du einen Maßstab an dich selbst an, den ich aus westlicher Perspektive nicht verstehen kann. Was hast du bisher beruflich gemacht und wie bist du zur Erforschung der menschlichen Aufmerksamkeit gekommen?

Yan Bao: Ich habe mich zunächst mit pädagogischer Psychologie befasst und darüber ein Buch geschrieben, als ich noch recht jung war, knapp 30. Das war vor allem für Leute gedacht, die nicht die Universität besuchen konnten und sich alles selber beibringen mussten, so wie ich. Ich war auch unzufrieden damit, wie in der Grundschule Mathematik unterrichtet wurde, und ich habe deshalb eine neue Lernstrategie entwickelt; ich habe immer versucht, das Denken zu lehren, doch wurde mein System im Schulunterricht nicht übernommen, vielleicht weil die Lehrer hierfür nicht hinreichend ausgebildet waren. Vielleicht war mein System auch zu abstrakt: Ich glaube, dass man bei der Lösung von Problemen manchmal vom Teil zum Ganzen, manchmal vom Ganzen zum Teil gehen muss, und diesen Unterschied muss man verstehen; bei der Addition oder der Multiplikation geht man vom Teil zum Ganzen; bei der Subtraktion oder Division vom Ganzen zum Teil. Die Schüler, die meine Methode anwandten, machten die besten Examen. Vielleicht mochten das die anderen Lehrer auch nicht.

Das Geschenk der Wiederholung

Pöppel: Mir ist nicht klar, wie jemand sagen kann, er sei nicht kreativ, der in jungen Jahren ein wichtiges Buch geschrieben hat, in dem innovative Strategien des Lernens und neue Denkformen entwickelt werden. Was war der Grund dafür, dass du die pädagogische Psychologie verlassen hast?

Yan Bao: Das waren auch äußere Gründe. Ich kam an die Peking University und wäre auf diesem Gebiet ganz allein gewesen. Ich hatte kein eigenes Labor und damit keine Zukunft. Doch wichtiger war vielleicht, dass ich mehr an theoretischen Fragen interessiert war und bin. In die Kognitionswissenschaften wurde ich auch durch einen Preis für das beste Examen auf dem Gebiet der Kognitionswissenschaften hineingezogen; ich habe immer gut und schnell gelernt.

Pöppel: Wie bist du auf das Gebiet gekommen, auf dem du jetzt arbeitest und in dem du eine wichtige Entdeckung gemacht hast, dass es nämlich zwei Aufmerksamkeitssysteme gibt?

Yan Bao: Das weißt du nicht? Im Jahr 2002 saßen wir in einem italienischen Restaurant in München, und du hast mich gefragt, ob unsere Aufmerksamkeit auf Dinge irgendwo im Gesichtsfeld immer vom gleichen neuronalen Prozess gesteuert wird. Das war eigentlich eine absurde Frage, denn wieso sollte es verschiedene Mechanismen geben? Doch dann habe ich das genauer untersucht, und es wurde tatsächlich deutlich, dass es mindestens zwei solcher Systeme gibt. Und nun stellt sich natürlich die Frage, ob es nur zwei Systeme sind. Diesem Problem will ich in einem Labor in Moskau nachgehen; die haben dort exzellente technische Möglichkeiten.

Pöppel: In deiner Arbeit zeigt sich, dass du das Selbstverständliche in Frage stellst, wozu großer Mut und natürlich Kreativität gehören, und dass man so plötzlich zu unerwarteten Einsichten kommen kann. Du hast aber noch ein weiteres Interessengebiet, nämlich die Kunst. Wie bist du da hineingeraten?

Yan Bao: Im Jahre 2009 fand der 8. „Sino-German Workshop on Cognitive Neuroscience and Psychology" statt, zu dem alle gebeten worden waren, einmal über etwas Neues zu sprechen, nämlich darüber, ob man aus der Hirnforschung und Psychologie etwas für ein besseres Verstehen der Künste lernen kann. Da ich mich wissenschaftlich auch mit Fragen der geometrischen Perspektive befassen muss, kam ich auf die Idee, einmal genauer westliche und asiatische Kunst am Beispiel von Landschaftsbildern zu untersuchen. Es ist sofort erkennbar, dass im asiatischen Kulturraum die Zentralperspektive, wie sie etwa von Leonardo da Vinci formuliert wurde, eine viel geringere Rolle spielt. In einem asiatischen Bild können verschiedene Perspektiven einer Landschaft übereinander- und nebeneinandergestellt werden. Das hat wichtige Konsequenzen für die Perspektive, die der Betrachter einnimmt: In der westlichen Kunst hat der Betrachter eine Außenperspektive; in chinesischen und auch japanischen Landschaftsbildern wird der Betrachter ein Teil des Ganzen, und er muss die verschiedenen Perspektiven auf einer höheren konzeptionellen Ebene vereinen. Seit mir dieses Prinzip der erforderlichen Integration verschiedener Blickrichtungen und auch verschiedener Zeitpunkte in einem Bild deutlich geworden ist, betrachte ich die Welt mit größerer Offenheit. Es hat mich auch persönlich bereichert.

Mein Gespräch mit der chinesischen Wissenschaftlerin Yan Bao, die von sich sagt, dass sie nicht kreativ sei, macht eines besonders deutlich: Die Maßstäbe, die wir an uns selbst anlegen und mit denen wir andere messen, unterliegen offenbar ganz wesentlich kulturellen Randbedingungen. Wenn einer von sich behauptet, er sei kreativ, oder wenn eine von sich sagt, sie sei nicht kreativ, dann muss man schon sehr genau hinschauen, um zu sehen, was sich hinter dieser Selbstbewertung tatsächlich verbirgt.

Das Geschenk der Wiederholung

Dubai: Die größte Gefahr des Erfolgs ist der Erfolg selbst
Ein Gespräch mit Abdulla Al Karam

Die chinesische Kultur ist 5000 Jahre alt, zumindest aber 2500 Jahre, wenn man sie mit Konfuzius beginnen lassen will. Über die Zeiten hinweg haben die Traditionen gesellschaftliche und kulturelle Rahmen geschaffen, in denen sich jeder (oder fast jeder) aufgehoben fühlt, wenn es auch immer wieder Unterbrechungen in der langen Geschichte des Landes der Mitte gegeben hat. Auch in persönlichen Gesprächen wird immer wieder das historisch verwurzelte Prinzip der Ausgewogenheit, des Gleichmaßes oder der Harmonie betont.

Doch wie verhält es sich eigentlich in einem Land, in dem eine solche Kontinuität nicht mehr möglich ist, in dem durch soziale Entwicklungen und finanzielle Möglichkeiten alles auf den Kopf gestellt, der Rahmen des Bisherigen gesprengt wird? Wo liegen in solchen Gesellschaften, in denen Traditionen verloren gehen, die kreativen Herausforderungen für die politische Klasse? Ein positives Beispiel mag Singapur sein, wo der erste Premierminister Lee Kuan Yew es erreicht hat, in einem neuen staatlichen Gebilde mit Menschen vieler verschiedener Kulturen eine nationale Identität zu schaffen. Von ihm wird auch kolportiert, dass er gesagt habe, es sei gleichgültig, welches politische System ein Land habe, solange es eine gute Regierung gebe. Die Frage der nationalen Identität stellt sich auch in den Vereinigten Arabischen Emiraten, und hier vor allem in Dubai. Wie kann ein Land eine eigene Identität entwickeln, wenn weit über die Hälfte der Einwohner keine Araber sind, sondern aus über hundert verschiedenen Nationen kommen?

Eine „emiratische Identität" zu schaffen ist ein Ziel, das sich Scheich Muhammad bin Rashid Al Maktum, der konstitutionelle Monarch von Dubai, gesetzt hat. Eine wesentliche Verantwortung hierfür trägt Dr. Abdulla Al Karam, der Direktor der „Knowledge and Human Development Authorities" (KHDA), der seinen Doktortitel in Informatik in den USA erworben hat.

Pöppel: Abdulla, deine Aufgabe besteht darin, eine emiratische Identität und einen Gleichklang zwischen den über hundert Nationen herzustellen. Wie machst du das?

Al Karam: Nach unserer Erkenntnis sind Bildung und Erziehung die einzige Möglichkeit, dieses Ziel des Gemeinsamen zu erreichen. Eine besondere Herausforderung für die schulische Bildung ist, dass wir zwei Systeme haben, nämlich eines für die arabischen Kinder und eines für die „expatriates", also für die große Zahl der Ausländer. Doch wir wollen für beide Systeme die Qualität in der Erziehung sichern, beginnend in den Kindergärten, dann in den Schulen, genauso auch in den Universitäten und der Berufsausbildung. Wir müssen auf „education" setzen, sonst zerfällt unser Staat.

Pöppel: Welche Bildungsmaßstäbe werden denn von dir herausgestellt?

Al Karam: Wir möchten uns zunächst auf unsere Traditionen besinnen. Wir sind ein Wüstenstaat, unsere alten Geschichten wurden in den Beduinenstämmen überliefert, und dort hat sich unsere Identität gebildet. Doch manche ehemaligen Beduinen sind über ihre eigene Geschichte und über ihre Traditionen nicht gut informiert. Hier ist es ein Ziel, unsere Vergangenheit den Menschen wieder so nahe zu bringen, dass sie stolz darauf sind. Außerdem ist es notwendig, die historische Verwurzelung mit den modernen Entwicklungen der Gesellschaft in Einklang zu bringen. Wir dürfen unsere Identität nicht verlieren, und doch müssen wir gleichzeitig aufgeschlossen sein für das Neue.

Pöppel: Welche Traditionen hältst du aufrecht?

Al Karam: Wir kleiden uns traditionell, in Schwarz die Frauen, in Weiß die Männer. Das ist nur ein äußerliches Zeichen, mit dem wir unsere Identität zeigen, aber man sollte es nicht unterschätzen. Die Gastfreundschaft spielt eine wichtige Rolle in unserer Kultur. Und natürlich ist der Islam mit unserem täglichen Leben untrennbar verbunden. Doch am wichtigsten ist für uns die intellektuelle Vergangenheit. Vor 1000 Jahren, in der abbasidischen Zeit des Islam mit seiner ausgeprägten Toleranz, waren Bagdad und Damaskus die intellektuellen Zentren der Welt. Was ihr im Westen über die

Das Geschenk der Wiederholung

Antike wisst, das wisst ihr fast alles dank unserer Überlieferungen. Es waren Denker wie Avicenna, Al Farabi oder Averroës, die sollte jeder bei euch, aber natürlich auch bei uns kennen. Wir versuchen, in unserem Bildungssystem das Wissen aus der Vergangenheit lebendig zu halten. Und gerne würden wir euch daran erinnern, dass sich unsere Kulturkreise sehr viel näher stehen, als manche glauben machen wollen. Die westliche Kultur, wie sie sich in den letzten Jahrhunderten entwickelt hat, wurde ganz entscheidend durch die islamische Kultur geprägt. Auch das ist ein Faktor, der zu unserer traditionell-modernen Identität gehört.

Pöppel: Und gleichzeitig nutzt ihr die neuesten technologischen Entwicklungen.

Al Karam: Das höchste Gebäude der Welt, der Burj Khalifa, steht in Dubai – ein Wunderwerk moderner Technologie, zu dem übrigens viele Deutsche beigetragen haben.

Pöppel: Sich eine neue Identität zu schaffen, in der die Moderne und die Tradition vereint sind, erfordert auch Kreativität. Was sind deine Erfolgsrezepte?

Al Karam: Am Anfang waren wir nur eine sehr kleine Gruppe, alles Araber, Männer und Frauen, mit sehr verschiedenem Bildungshintergrund. Inzwischen sind viele Vertreter anderer Länder hinzugekommen, doch obwohl wir einige Hundert Mitarbeiter sind, ist der Kern weiterhin arabisch. Trotzdem gibt es eine reibungslose Kommunikation zwischen allen, die hier arbeiten. Ein wichtiger Grund hierfür ist, dass wir alle in einem offenen Büro sitzen und jeder zu jedem jederzeit Zugang hat. Ich als Direktor bin in diese Gemeinschaft eingeschlossen und kann jederzeit angesprochen werden. Was mir besonders wichtig erscheint: Wir sind nicht überorganisiert. Viele Entscheidungen werden im persönlichen Gespräch, oft beiläufig, getroffen, also eher informell. Das setzt aber natürlich voraus, dass alle darüber informiert sind. Wir können viele kreative Ressourcen freisetzen, weil wir eine offene Kommunikationsstruktur und eine hohe Diversität von Kompetenzen haben.

Teil 2   Bedingungen der Kreativität

Pöppel: Gibt es auch Widerstände beim Aufbau des neuen Bildungssystems?

Al Karam: Es scheint in der Natur des Menschen zu liegen, sich von anderen abzuschotten. Menschen aus verschiedenen Regionen der Welt bleiben zunächst einmal gerne unter sich. Vielleicht gibt es eine Angst, seine eigene Identität zu verlieren, wenn man sich zu sehr den anderen gegenüber öffnet. Wir halten dies für falsch, und deshalb versuchen wir, solche „Silo-Mentalitäten" zu durchbrechen. Wer hier in Dubai in die Schule geht, muss Arabisch lernen, auch wenn die Familie aus Indien oder Pakistan kommt. Und alle müssen auch über die arabische und islamische Kultur Bescheid wissen. Damit sind jene, die hier zur Schule gegangen sind, natürliche Botschafter für unser Land, wenn sie in ihre Heimatländer zurückkehren. Damit sie gute Botschafter sein können, müssen wir sicherstellen, dass die Qualität unserer Bildungsinstitutionen ausgezeichnet ist. Ob wir langfristig erfolgreich sein werden, das muss sich erst noch zeigen. Die Gefahr, die für uns und auch für mich persönlich besteht, ist, sich vom Erfolg unserer Arbeit blenden zu lassen. Die größte Gefahr des Erfolgs ist der Erfolg selbst. Man beginnt, sich auf dem Erreichten auszuruhen, und man vergisst dann, die Augen offenzuhalten für die schnellen Veränderungen in dieser Welt, die uns jeden Tag von Neuem überraschen.

Die Zeit der Gegenwart
Gesammelte Anregungen zur Kreativität

Kreativität lässt sich nicht erzwingen. Aber in diesem Kapitel finden Sie alle Tipps und Anregungen, die wir im Laufe des Buches bekommen haben.

Das rettende Aha-Erlebnis, der Einfall, stellt sich manchmal ganz unvermutet ein, wenn man gar nicht an das Problem denkt. Oder wahrscheinlich gerade deshalb. Denn im Unbewussten denkt unser Gehirn weiter und beglückt den Menschen dann einfach nur mit dem Endergebnis. So geschah es Archimedes, auf den der Begriff des Heureka-Erlebnisses zurückgeht, vor über 2000 Jahren. Von König Hieron II. von Syrakus hatte der griechische Gelehrte die Aufgabe erhalten, dessen Krone zu untersuchen. War sie aus reinem Gold? Der König kannte seine Leute und vermutete, dass das Gold durch billigeres Material gestreckt worden war. Aber wie sollte er das beweisen?

Es ist nicht überliefert, wie lange Archimedes mit dem Problem beschäftigt war. Doch wir können annehmen, dass er nicht pausenlos vor der Krone saß und nachdachte. Denn die Lösung kam ihm, als er in eine Wanne stieg und dabei Wasser überlief. Die Menge des überlaufenden Wassers steht in direktem Verhältnis zu dem Volumen, das ins Wasser eingetaucht wird. Das ist das archimedische Prinzip, das bis heute alle Schüler lernen müssen. Archimedes aber war so glücklich über seine Entdeckung, dass er nackt durch die Straßen lief und „Heureka!" rief. Nun musste er einfach die Krone und einen Goldbarren mit demselben Gewicht ins Wasser tauchen. Wenn die Menge des verdrängten Wassers gleich groß ist, ist auch das Material das gleiche, schlussfolgerte er. Doch das war nicht Fall. Die Krone verdrängte mehr Wasser als der gleich schwere Goldbarren, also bestand sie nicht aus reinem Gold, sondern enthielt Material mit geringerer Dichte. Der König hatte mit seinem Verdacht Recht gehabt.

Ein Heureka-Erlebnis befreit von Unklarheit und Ungewissheit. Es wird als Belohnung empfunden, was wiederum ein Ansporn dafür ist, neugierig zu sein und etwas wissen zu wollen.

Es ist förderlich für die Kreativität, den Rahmen zu verlassen, in dem man sich gerade befindet, und etwas anderes zu tun. Duschen oder baden zum Beispiel, wobei einem deshalb Ideen kommen können, weil wir nicht von anderen Denkinhalten abgelenkt werden, aber trotzdem aktiv etwas tun. Das Prinzip funktioniert auch mit Gartenarbeit oder Kochen. Während wir etwas anderes tun, geht die implizite Informationsverarbeitung weiter. Was in uns denkt, findet dann seinen Weg.

Diese Anregung geht auch auf den genialen Physiker und Nobelpreisträger Werner Heisenberg zurück, der empfohlen hat, eine geistige Lösung nicht zu erzwingen. Wenn man sich dem Ziel nah glaubt, dann sollte man eine Pause einlegen. Es denkt dann kreativ in einem weiter. Wenn das Schreiben oder ein anderer kreativer Akt überhaupt nicht funktioniert, sollte man abbrechen. Es kostet ansonsten überproportional viel Kraft, etwas zustande zu bringen. Kraftsparender ist es, sich in einem solchen Moment einer anderen Tätigkeit zuzuwenden, zum Beispiel Aufgaben des täglichen Lebens zum Abschluss zu bringen, Korrespondenz zu erledigen, den Abwasch zu machen oder Altglas wegzubringen.

Es ist auch sinnvoll, sich während eines Kreativitätsstaus von seiner Aufgabe vollends zu entfernen und sich etwas zu gönnen. Manche Menschen denken, dass man sich nur belohnen dürfe, wenn man etwas geleistet hat. Mitten im Arbeitsprozess ein Museum zu besuchen oder einen Ausflug ins Grüne zu machen, kommt ihnen nicht richtig vor. Wenn Sie zu diesen Menschen gehören, dann machen Sie sich bewusst, dass Sie sich in manchen Situationen zu einem schönen Erlebnis zwingen müssen, Ihrer Arbeit zuliebe. Denn das hat den Vorteil, dass Sie nicht übermäßig viel Kraft für ein Vorhaben vergeuden, das sowieso nicht gelingt. Zudem erholen Sie sich und sind am nächsten Tag um ein Vielfaches fitter, als wenn Sie weitergearbeitet hätten. Hier kommt das Paretoprinzip zur Anwendung: Ausgeruht erledigen Sie mit 20 Prozent Ihrer Kraft 80 Prozent der Arbeit, während Sie – müde und ausgelaugt – mit 80 Prozent Ihrer Kraft nur 20 Prozent der Arbeit bewältigen. Die uneffizient hineingesteckte Kraft fehlt Ihnen für weitere Einfälle. Zählen Sie also demnächst einen Museumsbesuch, einen Ausflug ins Grüne, einem Konzert zu lauschen zur Arbeitsplanung dazu.

Unser nächster Tipp hängt damit zusammen und ist praktischer Art: Tragen Sie immer einen Notizblock und einen Stift mit sich herum, um Gedanken dann festzuhalten, wenn sie Ihnen kommen, denn anschließend sind sie weg. Oder rufen Sie sich selbst an und sprechen Sie Ihren Gedanken auf Ihren Anrufbeantworter. Es macht übrigens einen Unterschied, ob Sie einen Gedanken in Ihre Tastatur hämmern, auf einem Blatt skizzieren oder mithilfe einer Wandtafel anderen Menschen erklären. Die Kreativität kann gefördert werden, indem Sie Ihre Ausdrucksmöglichkeit verändern.

Hängen Sie in Ihrem Arbeitszimmer persönliche Bilder auf, die eine Bedeutung für Sie haben. Stellen Sie, wenn Sie auf der Suche nach neuen Ideen sind, eine Verbindung zwischen Ihrer Vergangenheit, an die Sie das Bild erinnert, und der heutigen Situation her. Damit verknüpfen Sie unterschiedliche Denkinhalte, die normalerweise nicht zusammenkommen. Aus großer Diversität heraus hat die Natur viel Spielraum, Neues zu schaffen.

Nicht nur der Blick auf Bilder, die Fenster zur Vergangenheit, kann kreativitätsfördernd sein, sondern auch der Blick aus dem Fenster des Zimmers, in dem Sie arbeiten: Draußen entwickelt sich das Leben weiter und gibt Ihnen Denkanstöße. Dabei wirkt der Blick auf eine belebte Straße anregender als der Blick ins Grüne.

Kreativität ist ein aktiver Prozess. Aktivität heißt auch, mit anderen zu sprechen. Der Schriftsteller Heinrich von Kleist hat dies in seinem Aufsatz „Über die allmähliche Verfertigung der Gedanken beim Reden" (1805/06) beschrieben. Er rät, Probleme, die nicht durch eigenständiges Nachdenken zu lösen sind, mit anderen zu besprechen. Der Gesprächspartner muss gar nicht selbst in der Materie stecken. Es kann sogar von Vorteil sein, wenn er nichts von dem Problem versteht, das Sie gerade lösen wollen. Denn dann sind Sie gezwungen, den Sachverhalt strukturiert und verständlich vorzutragen. Das ist der erste Schritt, um selbst zu verstehen. Die bereits vorhandene „dunkle Vorstellung" in Ihrem Kopf wird durch das Gespräch präzisiert, da Sie durch das Reden gezwungen sind, dem Anfang auch ein Ende hinzuzufügen. Und möglicherweise ist das der entscheidende Einfall, auf den Sie gewartet haben.

Informelle Treffen mit sechs bis acht Personen, etwa ein gemeinsames Essen, bilden gute Foren, um gemeinsam einen Gedanken zu entwickeln oder weiterzudenken. Hier lauert allerdings auch eine Falle, nämlich dass man sich wie von selbst vor allem der Person zuwendet, die einem die größte Aufmerksamkeit entgegenbringt. Damit macht man sich jedoch abhängig von der Zustimmung dieser Person. Schüttelt sie dann einmal den Kopf oder schaut plötzlich desinteressiert, bricht der eigene kreative Gedankenfluss ab. Achten Sie deshalb beim Gespräch im Freundeskreis darauf, alle Anwesenden einzubinden. Größere Gesellschaften hingegen befördern kreative Prozesse fast nie. Wenn Sie auf einer Party nur noch minutenweise miteinander sprechen, ist das für eine kreative Kommunikation unzureichend.

Kreativität erfordert auch eine Fokussierung auf das, was Sie erreichen wollen. Ein Buch schreibt sich nicht von selbst. Der Plan eines Architekten will gezeichnet werden. Die Floristin muss die Blumen in die Hand nehmen, um sie kreativ zu einem Strauß zu komponieren. Das alles erfordert Konzentration. Um in der Wissenschaft oder im Schriftstellerischen etwas Neues zu schaffen, sollten Sie sich der Aufgabe zwei, höchstens drei Stunden zuwenden und sich in dieser Zeit maximal konzentrieren. Zwingen Sie sich dazu, sich nicht ablenken zu lassen von E-Mails, Telefonanrufen oder dem dringenden Bedürfnis, eben schnell nachzusehen, was Ihre Freunde auf Facebook gepostet haben. Damit geben Sie einer Aufgabe erst den Raum, in dem sich neue Gedanken entwickeln und reifen können. Wenn Sie zwei bis drei Stunden kreativ arbeiten und sich dabei nicht ablenken lassen, bringen Sie mehr zustande, als wenn Sie sich den ganzen Tag mit mäßiger Aufmerksamkeit einer Sache zuwenden. Den Rest des Tages haben Sie dann frei für Routineaufgaben.

Vermeiden Sie die kreative Gedankenflucht. Manche Menschen springen von einem Einfall zum anderen. Dies mögen alles Kreativitätsinseln sein, aber es fehlt die Kontinuität. Es gehört Selbstdisziplin dazu, eine informatorische Müllbeseitigung vorzunehmen. Das gilt auch dann, wenn ein kreativer Einfall sich nicht bewährt: Trennen Sie sich von ihm, auch wenn Sie schon viel daran gearbeitet haben. „Kill your baby", sagen Journalisten sehr drastisch dazu. Nicht alles, was einem einfällt, hat Bedeutung. Kreativität hingegen ist immer auf eine neue Lösung eines neuen oder alten Problems bezogen.

Der Blick auf das Neue wird stark eingeengt, wenn Sie den potenziellen Rezipienten im Kopf haben. Denn der könnte ja übertrieben kritisch sein, sodass Sie seinen Ansprüchen nicht genügen. Auch ist es nicht hilfreich, sich zu überlegen, wen Sie mit Ihrer kreativen Arbeit alles beeindrucken wollen. Das schafft einen Erwartungsrahmen, der oft mit der Angst verknüpft ist, was Ihnen wohl passieren könnte, wenn das Werk ein Reinfall wird. Angst zerstört kreative Gedanken schon im Ansatz, für Kreativität ist Freiheit notwendig. Es ist aber sehr schwer, sich von seinen Ängsten zu befreien. Die Aufforderung „Hab keine Angst" ist ungefähr so wirkungsvoll wie „Sei doch spontan". Um die Angst während des Schaffensprozesses abzulegen, ist es hilfreich, das Kritische und das Kreative in zwei unterschiedlichen Zeitfenstern zu behandeln: Schreiben Sie erst einmal ein Kapitel fertig und geben Sie es erst dann einem kritischen Freund zum Lesen. So müssen Sie sich im kreativen Zeitfenster nicht mit den kritischen Gedanken belasten, sondern erst, wenn Sie das Kapitel zurückbekommen.

Kreativität ist also Planung. Wir müssen die Regeln kennen und sie anwenden. Das Schaffen neuen Wissens kann aber nicht aus dem Nichts entstehen; das menschliche Gehirn muss eine operative Basis bereitstellen, aus der heraus sich das Neue entfalten kann. Ohne schon vorhandenes Wissen oder Können ist Kreativität ein blinder Prozess, in dem vielleicht „Neues" entsteht, das jedoch keinen Bezug zur Realität hat.

In jedem Augenblick entstehen neue gedankliche Verknüpfungen im Gehirn, doch das meiste davon ist völlig nutzlos; erst eine Überprüfung, und sei dies nur durch Probehandeln, erweist, ob es sich um eine nützliche kreative Leistung gehandelt hat. Um diese Basis herzustellen, aus der heraus Kreativität sich entfalten kann, muss man lernen (oder etwas gelernt haben), und Lernen ist üblicherweise mit Anstrengung verbunden. Diese notwendige Anstrengung erklärt das geflügelte Wort, dass Kreativität zum größeren Teil Transpiration und nur zum geringeren Teil Inspiration sei.

Auch beim Denken verbraucht das Gehirn Energie. Wenn Sie gerade dabei sind, eine Diät zu planen, dann ist das Denken dabei ein hilfreicheres Modul als das „Chillen". Obwohl das Gehirn nur zwei Prozent der Körpermasse ausmacht, gehen 20 Prozent des Energieumsatzes auf sein Konto. Wenn Sie sich regelmäßig stark konzentrieren, wird es noch mehr. Unabhängig davon ist Lernen auch das beste Vorsorgemittel gegen Demenz.

Das Lernen durch Einsicht ist für die Kreativität besonders wichtig. Es gehört zur Natur unseres Geistes, Sachverhalte zu verstehen, also Einsicht über einen zunächst unklaren Sachverhalt zu erlangen. Die Einsicht, das „Aha-Erlebnis", etwas begriffen zu haben, wird als eine Belohnung empfunden, und der Weg zur Einsicht prägt sich (üblicherweise für immer) in unser Wissenssystem ein. Da diese Form des Lernens – etwas zu verstehen – zur Grundausstattung unserer Denkwerkzeuge gehört, sind wir zur Kreativität geboren.

Teil 2   Bedingungen der Kreativität

Physiologische Randbedingungen bestimmen, ob wir das potenzielle Maximum, das Optimum unserer Kreativität ausschöpfen können. Die tagesperiodische Variation aller Funktionen unseres Organismus bedingt, dass wir zu bestimmten Phasen des Tages besonders einfallsreich oder besonders eingeschränkt sind. Nicht jede Tageszeit ist also zur kreativen Arbeit gleichermaßen geeignet. Morgens geht es besser, weil die Gedanken schneller fließen. Wenn man müde ist, kann man sich hingegen nicht zur Kreativität zwingen.

Doch es gibt nicht nur einen genetisch vorgegebenen Tagesrhythmus, wir haben auch eine eingebaute „Jahresuhr", auch wenn diese aufgrund zivilisatorischer Maßnahmen (insbesondere der Einführung des künstlichen Lichts und der gleichbleibenden Ernährung über das Jahr hinweg) in ihrer Wirkung gedämpft wird. Dennoch sind wir nicht zu jeder Jahreszeit in gleicher Weise kreativ, wobei wiederum jeder sein eigenes Präferenzmuster haben mag.

Ein Rahmen wird der Kreativität auch durch die Ernährung gegeben. Aufgrund der Möglichkeiten, die die moderne Gesellschaft bietet, sind wir alle, zumindest nahezu alle, überernährt. Besonders kreativ sind wir aber gerade dann, wenn wir ein wenig hungrig sind.

Kreativität ist zudem davon abhängig, wie die physikalische Umwelt gestaltet ist. Sie hängt von der Raumtemperatur, der Lichtintensität, dem Geräuschpegel, dem Geruch ab. Diese Einflussfaktoren dürfen das Befinden nicht stören. Entscheidend ist die Architektur der Räume, in denen man sich aufhält: Sie sollte die Interaktion mit anderen fördern und berücksichtigen, dass Kreativität findet in einem Radius von etwa 50 Metern stattfindet – und zwar vorzugsweise auf einer Ebene, nicht über mehrere Stockwerke hinweg. Eine gelungene Architektur der Kreativität muss von der Innenperspektive des Menschen ausgehen, der durch sein Denken und Gestalten zu etwas Neuem kommen möchte; allzu häufig wird der Mensch für artifizielle Umgebungen instrumentalisiert, indem man von der Außenperspektive ausgeht und Nutzenaspekte zu berücksichtigen versucht, die nicht dem menschlichen Maß entsprechen.

Da im menschlichen Gehirn alle Funktionen voneinander abhängig sind, spielt es auch eine Rolle, in welcher Weise sich die kreative Leistung äußert. Wenn man den Rahmen des Sprechens wählt, dann ist man in einer anderen Weise kreativ, als wenn man schreibt. Dies liegt auch an der Geschwindigkeit der möglichen Äußerung; man spricht sehr viel schneller, als man schreiben kann (dies gilt zumindest für viele), sodass die Ankopplung des kreativen Gedankens beim Schreiben verzögert ist und dieser sich manchmal sogar wieder verliert. Etwas zu zeichnen öffnet wieder einen anderen expressiven Rahmen. Skizzen können helfen, sich in den Knäueln der Gedankenwelt zurechtzufinden. Etwas zu bauen, sei es als Modell, sei es in spielerischer Absicht, greift seinerseits auf andere kreative Potenziale zurück, und zu spielen, ohne die erklärte Absicht, ein Problem zu lösen, öffnet wiederum einen neuen Zugang.

Soziale Faktoren spielen ebenfalls eine wichtige Rolle. Manchmal ist man dann besonders kreativ, wenn man unter Zeitdruck steht. Offenbar können in einer solchen Situation weitere Ressourcen des Gehirns angezapft werden. Doch dies gilt nicht generell, denn manche Menschen geraten unter Zeitdruck in einen Angstzustand, sodass ihnen ihr Kopf verschlossen bleibt.

Kreativität hat immer einen Sinn. Viele sind deshalb kreativ, weil sie andere zu beeindrucken suchen oder weil sie zu einer erfolgreichen Gruppe gehören wollen. Kreativität erfüllt damit ein Sicherheitsstreben. Andere sind gerade kreativ, um ihre Selbstständigkeit zu bewahren. Betrachtet man die zahlreichen Variablen, die individuelle Kreativität beeinflussen, so folgt daraus, dass jeder seine eigenen Randbedingungen kennen sollte, um seine kreativen Potenziale zu nutzen. Welches sind die Rituale, die man sich selbst geben muss, um kreativ zu sein, welche persönliche Zeitstruktur gilt für einen selbst, um das aus sich herauszuziehen, was in einem verborgen ist?

Wie sollte oder wie könnte ein Ort der Kreativität gestaltet sein? Wir sind von Natur aus ortsverankerte Wesen. Wir brauchen für die Entfaltung unserer Möglichkeiten Sicherheit, und diese Sicherheit wird uns dort gegeben, wo wir uns heimisch fühlen. Da viele einen großen Teil der Zeit in einem Büro zubringen, muss dieser Ort als ein persönlicher Raum empfunden werden, mit dem man sich identifizieren kann. Bezieht jemand einen neuen Arbeitsraum, sind es häufig sehr persönliche Dinge, die zuerst ausgebreitet werden: Ein Revier wird in Besitz genommen. Wenn wir uns einen Raum zu eigen machen, nehmen wir eine egozentrische Perspektive ein, aus der heraus wir die Welt betrachten. Bei der exozentrischen Perspektive wird uns ein Ort wie auf einer Landkarte zugeteilt, mit dem wir uns aber nicht identifizieren können. Hieraus folgt, dass der Verzicht auf individuelle Büros keine angemessene Lösung ist, hat man die Förderung der Kreativität im Auge. In entpersönlichten Bürolandschaften können vielleicht Aufgaben abgearbeitet werden, aber sie sind kein Ort für neue Ideen.

Der Verzicht auf den individuellen Ort lässt an eine weitere Prozesseigenschaft des Gehirns denken, die uns alle kennzeichnet: das Reafferenzprinzip. Wenn immer wir etwas planen, wenn immer wir eine Aufgabe zu lösen haben, dann finden in unserem Gehirn zwei parallel laufende Vorgänge statt. Zum einen wird ein motorisches Programm in Gang gesetzt, die Aufgabe wird in Angriff genommen; zum anderen wird eine Kopie des exekutiven Programms gemacht, und diese Kopie wird laufend mit dem Status verglichen, in dem sich die Aufgabe gerade befindet. Diese neuronalen Prozesse dienen dem Selbst-Monitoring. Wir sind immer darüber informiert, wie weit wir sind. Diese Information ist aber eher ein implizites Wissen als eine explizite Registrierung. Bei manchen Menschen ist dieses Selbst-Monitoring örtlich verankert. In ihrem Büro spüren sie in einer ganz anderen Weise, wie weit sie bei der Lösung eines Problems vorgedrungen sind, als wenn sie sich an einem beliebigen anderen Ort aufhalten. Um kreativ sein zu können, müssen wir spüren können, ob der Ort richtig gewählt ist. Wenn nicht, sollten wir ihn wechseln oder beispielsweise Routineaufgaben nachgehen.

Um einen besseren Einblick in die Funktionsweisen der Kreativität zu erhalten, können wir uns an einigen Prinzipien der Evolution orientieren. Schließlich ist die Evolution des Lebens der kreativste Prozess gewesen, der sich auf der Erde entfaltet hat. Die wichtigsten Prinzipien der Evolution sind Mutation, Variabilität der Merkmale und Selektion. Der zweite Punkt ist besonders wichtig, nämlich die Variabilität: Wenn vieles Verschiedene zusammenkommt, sei es durch Zufall oder gezielt, dann kann leichter etwas Neues entstehen, das sich schließlich im Selektionsprozess durchsetzt. Auch ein Arbeitsplatz sollte deshalb die Möglichkeit bieten, Verschiedenes aufeinandertreffen zu lassen. Welche räumlichen Gestaltungsmerkmale können dabei eine Rolle spielen und wie könnte das Zeitmanagement kreative Arbeit begünstigen?

Kreativitätsstörend ist es, wenn man dauernd beim Denken unterbrochen wird. Besonders in Betrieben und Institutionen lässt sich das aber oft nicht vermeiden. Wie aber wäre es, wenn man überall dort, wo mehrere Menschen zusammenarbeiten, täglich eine Stunde aus dem Kommunikationszwang aussteigen würde? Dies müsste natürlich überall dieselbe Stunde sein; vielleicht jeden Tag zwischen zehn und elf Uhr. Eine Firma oder ein Unternehmen ist dann still und denkt. Entscheidend ist, dass jeder das sichere Gefühl haben muss, nicht gestört zu werden, was nur bei einer allgemeinen Ritualisierung möglich wäre.

Man arbeitet sehr viel effizienter, wenn die Arbeitszeit zeitlich segmentiert wird, wenn also in regelmäßigen Abständen (etwa alle anderthalb Stunden) eine kleine Pause eingelegt wird. Aufgrund der tagesperiodischen Variation der physiologischen und psychologischen Funktionen sollte diese Pause nach dem Mittagessen etwas ausgedehnter sein, auch ein kurzer Schlaf ist dann sehr erholsam. Zur zeitlichen Gestaltung kreativer Arbeit gehört auch die Regelmäßigkeit. Gleitzeitregelungen erlauben eine zeitlich flexible Gestaltung der Arbeitszeit, sodass eine individuelle Ritualisierung mit stabilen Zeiten möglich wird. Diese gibt den Rahmen vor, auf den man sich verlassen kann und der einem auch ein verlässlicheres Monitoring der eigenen Leistung ermöglicht.

Äußerliche Merkmale eines Raumes, welche die Kreativität fördern, sind insbesondere die Fenster: Wir müssen aus einem Raum herausschauen können, nur dann wird eine Verbindung mit der Außenwelt hergestellt und aufrechterhalten. Der Blick durch das Fenster ist nicht nur dazu da, den Geist in die Ferne schweifen zu lassen, sondern vielmehr, um den Geist im eigenen Raum zu verankern und sicherzustellen, wo man in der Welt ist. Dem Blick durch das Fenster entspricht der Blick auf Bilder. Es gibt wohl wenige Büroräume, in denen nicht Bilder an der Wand hängen, und diese Bilder haben zumeist nichts mit dem unmittelbaren Aufgabengebiet zu tun. Wird das Büro individuell ausgestattet, haben die Bilder fast immer einen privaten Bezug und formen damit den Raum in eine persönliche Umwelt. Vor allem aber erhöhen der Blick durch das Fenster und die Bilder an der Wand die Diversität und sind damit wichtige Elemente für neue Bezüge und manchmal ungewöhnliche Einfälle – ganz im Sinne einer „evolutionären Kreativität".

Die Diversität wird auch dadurch erhöht, dass nicht immer alles weggeräumt wird, mit dem man sich gerade befasst. Ein leerer Schreibtisch mag Ausdruck von Ordnung sein, er ist aber manchmal auch Ausdruck mangelnder Flexibilität und einer gewissen Distanz zur eigenen Arbeit: Man will sie aus dem Weg haben. Wenn man die Dinge, mit denen man zu tun hat, vor Augen behält (und meistens hat man mit mehreren Aufgaben gleichzeitig zu tun), kann man die Arbeit nach einer Unterbrechung leichter wieder aufnehmen – wie eine Fährte, die schon gelegt ist und nicht erst wieder neu gesucht werden muss. Auch hier wirkt sich wieder die Ortsgebundenheit des Denkens aus: Bestimmte Vorgänge, Notizen oder Ablagestapel müssen immer an derselben Stelle zu finden sein.

Teil 2   Bedingungen der Kreativität

Kreativität ist vor allem anderen der gelebte Moment. Waren Sie schon einmal auf einem Stehempfang der Schickeria? Da können Sie genau beobachten, dass es zwei Arten von Wesen gibt, welche die Erde bevölkern. Das sind einmal solche, die tatsächlich miteinander sprechen und einander zuhören. Und dann gibt es die anderen, die immerzu den Blick schweifen lassen, während sie kommunizieren. Denn vielleicht betritt ja noch jemand den Raum, der wichtiger ist als der aktuelle Gesprächspartner. Und denjenigen darf man ja auf keinen Fall verpassen.

Diese Leute stehlen einem die Zeit, die gute Laune und hemmen die eigene Kreativität. Denn sie befinden sich nicht in derselben Zeit wie wir. Unsere innere Zeit verläuft im Drei-Sekunden-Rhythmus. So lange dauert unsere Aufmerksamkeitsspanne, die wir als Gegenwart empfinden. Alles Zwischenmenschliche läuft über diesen Rhythmus, denn wir sind dazu in der Lage, uns miteinander auf diesen Rhythmus einzuschwingen. Das heißt neurobiologisch: Das Gehirn ist alle drei Sekunden in hohem Maß dazu bereit, etwas Neues aufzunehmen. Zwei Menschen, die miteinander reden oder etwas Gemeinsames tun, erleben den Beginn und das Ende dieses Drei-Sekunden-Fensters zur gleichen Zeit. So ist die Kommunikation gewährleistet. Wenn man sich miteinander synchronisiert und sich achtsam auf den Gesprächspartner einstellt, findet die Kommunikation automatisch in einer Intensität und Informationstiefe statt, mit der sich Menschen besser verstehen. In der gemeinsamen subjektiven Gegenwart von drei Sekunden findet ein empathischer emotional aufgeladener Bezug zwischen zwei Menschen statt. Ausgehend von diesen gemeinsamen Zeitfenstern können neue Ideen entstehen, es kann sich Kreativität entfalten.

Wenn aber zwei Menschen im Gespräch zeitlich nicht miteinander synchronisiert sind, wirkt dies kreativitätshemmend. Man redet aneinander vorbei. Der eine versteht nicht, weil er abgelenkt ist – etwa weil er mit seinen Gedanken bei den eventuellen Neuankömmlingen einer Party ist. Der andere wiederholt seine Ausführungen und erhält trotzdem eine nicht ganz passende Antwort, die ihm zeigt, dass kein Mitdenken erfolgt. Man wird ärgerlich und kommt schnell an die Grenzen der freien Assoziation.

Die Zahl derjenigen, die nur noch ihre Blicke schweifen lassen, die nicht gewillt oder in der Lage sind, sich im Drei-Sekunden-Rhythmus mit anderen zu synchronisieren, wird immer größer. Da Sie nun über die Bedingungen der Kreativität Bescheid wissen: Leben Sie den Moment und lassen Sie sich nicht die Zeit von Menschen stehlen, die auch im sozialen Bereich Multitasking betreiben. So schaffen Sie die Voraussetzungen für ein kreatives, erfülltes Leben. Wir sind zur Kreativität geboren, um unsere Mitte zu finden. Also verlieren wir unsere Mitte, wenn wir unsere kreativen Möglichkeiten nicht entsprechend unserem Bedürfnis ausleben. In welchem Bereich möchten Sie Ihr kreatives Potenzial entfalten? Sind es die Künste, ist es die Wissenschaft? Möchten Sie sich in der Politik entfalten, in einem Handwerk, in der Erziehung, in der Religion? Glauben Sie, als Unternehmer besonders kreativ zu sein? Entfalten Sie Ihre Kreativität als Ingenieur, bei der Gartenarbeit, beim Kochen? Viele Berufe bieten das Potenzial für kreatives Handeln. Welches der passende inhaltliche Rahmen zur persönlichen kreativen Entfaltung ist, kann jeder nur für sich selbst bestimmen. Manchmal bestimmt der Zufall, in welches Gebiet man gestoßen wird; doch das hieße nicht, auf diesem Gebiet nicht auch kreativ sein zu können.

Das kreative Potenzial des Einzelnen zu unterdrücken ist in zweifacher Weise problematisch: zum einen für die jeweiligen Betroffenen, zudem aber auch für die Gesellschaft insgesamt, für Institutionen und Unternehmen. Dürften Mitarbeiter kreativ ihre Arbeit verrichten, würden sie sich stärker mit dem Unternehmen identifizieren, effektiver arbeiten und auch mehr betriebliche Verbesserungsvorschläge einbringen.

Denn nach der eigenen kreativen Phase kommt es auf die anderen an. Diese müssen die Bedeutung eines Verbesserungsvorschlags, eines künstlerischen Werkes, einer wissenschaftlichen Einsicht oder einer technologischen Neuerung erkennen. Erst dann wird Kreativität zur Innovation und führt zur Wertschöpfung für die Gemeinschaft. Dies ist eine der wichtigsten Herausforderungen sozialer Gemeinschaften: eine Brücke zu bauen zwischen Kreativität und Innovation.

Teil 3
Vier Milliarden Jahre Kreativität

Lebens- und Erlebensprinzipien

Menschen sind zur Kreativität geboren; Kreativität ist ein Teil unserer Natur. Doch wie ist Kreativität überhaupt möglich? Welche Prinzipien stecken dahinter? Um eine Antwort zu erhalten, ist es notwendig, in der Geschichte zurückzugehen, und zwar nicht nur einige Tausend Jahre in der Kulturgeschichte, sondern einige Milliarden Jahre in der biologische Geschichte. Natürlich ist auch die kulturelle Geschichte wichtig, doch unsere biologische Geschichte gibt einen Rahmen vor, innerhalb dessen sich die kulturelle Geschichte überhaupt erst entfalten konnte.

Vor etwa vier Milliarden Jahren wurde das Leben erfunden, zumindest auf der Erde. Ob es woanders Leben gibt, wissen wir nicht. Wenn es so wäre, warum wissen wir nichts davon? Verstecken sich alle vor uns, oder sind wir vielleicht wirklich einmalig? Wenn man sagt, das Leben wurde erfunden, ist dann „erfinden" überhaupt das richtige Wort? Ist das Leben nicht vielleicht „entdeckt" worden, war also immer schon irgendwie vorhanden, nach einem geheimnisvollen Plan, den wir nicht kennen und der nur auf seine Erfüllung wartete, darauf, dass die notwendigen Bedingungen in der Umwelt gegeben wären? Oder wurde Leben aus dem Nichts „geschaffen", auf der Grundlage einer „höheren" Absicht, und wer war dann der Schöpfer? Für Gläubige in manchen Religionen erledigt sich diese Frage von selbst, ist also gar keine Frage. Doch was meint der Naturforscher ohne ein solches zuverlässiges Netz des Glaubens? Wie dieser erste Schritt geschehen konnte, was die treibende Kraft dahinter war, dies bleibt zumindest für mich das größte Rätsel. Wie war es möglich, dass aus leblosen chemischen Bausteinen etwas entstand, das wir „Leben" nennen und das die Grundlage unseres „Er-Lebens" bildet?

Es waren einzellige Organismen, die in die Welt hineintraten und die unerhört erfolgreich waren: Sie schufen die Atmosphäre, die Luft, die wir atmen. Die ersten Lebensformen haben erst die Natur geschaffen, die für uns so selbstverständlich geworden ist. Fragt man sich, wie diese einfachsten Lebewesen aufgebaut waren (und immer noch sind), dann stellt man etwas Bemerkenswertes fest: Von Anbeginn des Lebens sind Organismen durch Funktionen gekennzeichnet, die für alle Lebewesen gelten, also auch für die weiterentwickelten, die mit Gehirnen ausgestattet sind, also auch für uns. Wenn man es genau nimmt, dann sind nur wenige Funktionen im Laufe der Evolution hinzugekommen, auch wenn dies uns vielleicht in unserem Stolz kränkt. Die Prinzipien des Lebens und auch des Erlebens sind mehrere Milliarden Jahre alt.

Auf abstrakter Ebene kann man eine Zelle, einen einzelligen Organismus, als einen umschlossenen Raum betrachten, in dem Zeit gleichsam „eingefroren" ist. Denn was ist eigentlich die Erbsubstanz? Sie besteht aus chemischen Verbindungen, die Zustände von früher für später festhalten, also im übertragenen Sinn „einfrieren". In der Erbsubstanz wird etwas festgelegt und aufbewahrt, was in Zukunft benötigt werden könnte.

Nebenbei bemerkt: Damit beweist Mutter Natur, dass es „Zeit" gibt, denn sie plant für die Zukunft; Überlegungen, dass es die „Zeit" vielleicht gar nicht geben mag, sind also biologisch widerlegt oder sie gehören zu einem Gedankengerüst, das zumindest biologisch irrelevant ist.

Damit dies geschehen kann, damit etwas bewahrt werden kann, muss ein eigener Raum geschaffen werden, der sich heraushebt aus dem sonst überall wirkenden Zerfall. Zellen haben deshalb eine Membran. Sie stellt sicher, dass die chemischen Abläufe innerhalb der Zelle nicht mehr den Gesetzen des zweiten Hauptsatzes der Thermodynamik unterliegen, dass also alles zerfällt und vergeht. Die Membran schafft einen neuen Raum, aber sie schafft kein abgeschlossenes System, denn sie ist in beiden Richtungen für bestimmte Stoffe und vor allem für Information durchlässig. Mit dem Entstehen von Zellen, mit dem Beginn des Lebens auf der Erde, geschieht etwas völlig Neues: Es findet eine Befreiung statt von der Auslieferung an den Zerfall und den Verfall in der Welt; lebende Organismen schützen sich durch ihre Struktur davor, in ein ungeordnetes Gleichgewicht zu zerfließen.

Um ihr Ziel zu erreichen, nämlich ein geordnetes Gleichgewicht zu schaffen, eine Homöostase aufrechtzuerhalten, sind Lebewesen mit Fähigkeiten ausgestattet, die es bereits seit Anbeginn des Lebens gibt. Die Panzeralge Gonyaulax polyedra etwa, ein winziger Organismus, der im Meer zu Hause ist und für das Meeresleuchten verantwortlich ist, hat bereits Wahrnehmungen. Die einzelligen Lebewesen können mit bestimmten chemischen Verbindungen in ihrer Zellmembran verschiedene Wellenlängen im elektromagnetischen Spektrum unterscheiden – sie können also „sehen". Und sie können sich wie viele andere bewegen, um Orte aufzusuchen, die für die Regulation ihrer Lebensprozesse besonders günstig sind. Damit ist ein Grundmotiv des Lebens überhaupt angesprochen, nämlich sich immer dorthin zu bewegen, wo die Lebensbedingungen optimal sind. Ohne zielorientierte Bewegung ist eine solche Ortsverlagerung nicht möglich, doch will man sich bewegen, muss man hierfür mit den notwendigen Strukturen ausgestattet sein, seien es Beine oder – am Anfang der Evolution – die Cilien, die auch wir Menschen noch besitzen: die Spermien, die sich zu dem zu befruchtenden Ei hin bewegen. Um ein Ziel zu erreichen, muss das einzellige Lebewesen, im Grunde aber jedes Lebewesen, vorher den jetzigen Zustand bewerten. Nur wenn klar ist, wo ich bin, kann bestimmt werden, wohin ich will. Und damit sind wir bei einem weiteren Grundprinzip des Lebens, der Bewertung nämlich.

Damit etwas bewertet werden kann, muss eine weitere Operation eingesetzt werden: Es muss ein Vergleich zwischen verschiedenen organismischen Zuständen vorgenommen werden. Um jedoch etwas vergleichen zu können, muss etwas verfügbar sein, das verglichen werden kann. Dieses Etwas sind funktionelle Zustände. Nur wenn ein Zustand bestimmt ist, kann dieser mit einem anderen in Beziehung gesetzt werden, was dann erst den Vergleich ermöglicht. Dieses Herstellen und Nutzen einer Relation gilt jedoch nur für einen bestimmten Zeitraum. Jeder Organismus hat ein für ihn typisches „Zeitfenster", es ist also für einen Einzeller vermutlich anders als für den Menschen. Wie groß dieses Zeitfenster jeweils ist, dies ist eine empirische Frage, mit der sich Forscher zu beschäftigen haben; bei Menschen sind es oft nur wenige Sekunden, die für Vergleiche genutzt werden, um zu einem angemessenen Urteil zu kommen. Solche schnellen Entscheidungen trifft zum Beispiel jeder, der beim Fernsehen durch die Kanäle „zappt" und innerhalb von drei Sekunden weiß, was er *nicht* anschauen will.

Was auch erstaunen mag, ist die Tatsache, dass viele einzellige Lebewesen bereits durch Sozialverhalten gekennzeichnet sind. Abhängig von Bedingungen der Umwelt schließen sie sich zu Verbünden zusammen und lösen diese wieder auf. Sie bilden dabei Muster, die wir mit unserem Blick als ästhetisch empfinden. Allein dies könnte uns beunruhigen, dass die Grundlagen des ästhetischen Sinns vielleicht auch schon ein paar Milliarden Jahre alt sind. Auch dieses spricht für die Einheit der Natur, der wir angehören, und der wir nicht entfliehen können und schon gar nicht sollten.

Somit lässt sich festhalten: Innerhalb eines vorgegebenen Zeitfensters findet ein Vergleich statt, damit eine Bewertung vorgenommen werden kann, die die Grundlage dafür ist, sich dorthin zu bewegen, wo die Bedingungen vermutlich optimal sind, auf jeden Fall aber besser. Um die Bedingungen zu kennen, müssen die Ergebnisse der Wahrnehmung genutzt werden, und zwar im Rahmen einer Kontrollfunktion: Bereits die einfachsten Lebensformen müssen antizipieren können, ob eine Bewegung hin zu einem bestimmten anderen Ort besser wäre, als am aktuellen Ort zu bleiben. Wir können also bei der Analyse von Prinzipien des Lebens nicht davon ausgehen, dass die einfachsten Lebensformen nur reaktive Wesen sind. Zielgerichtetes Bewegen (oder Handeln), Bewerten auf der Grundlage gespeicherter und in einem Gegenwartsfenster aufgenommener Information, Wahrnehmen also, einen Zustand in seiner Identität bestimmen und für eine gewisse Zeit festhalten, dies alles in einem umschlossenen Raum, den man „Zelle" nennen kann, sind Grundoperationen von Organismen, die seit Anbeginn der Zeiten gelten, seit es also überhaupt Leben auf dieser Erde gibt.

Es ist nun bemerkenswert, dass diese Prinzipien, die den Lebenserfolg der einzelligen Organismen garantierten, in der Evolution von Organismen mit Gehirnen noch einmal erfunden wurden. Vor etwa 700 Millionen Jahren schlossen sich einzellige Organismen zu mehrzelligen Verbünden zusammen, und es entstanden mehrzellige Organismen. Damit diese als Ganzes funktionierten, mussten mehrzellige Organismen ein Informationssystem aufbauen. Diese Notwendigkeit für Informationssysteme ist der Grund für die Entwicklung von Nervensystemen oder Gehirnen. Sie sind erforderlich geworden, um einzelne Zellen, die mit CAMs (cell adhesion molecules) gleichsam verklebt wurden, miteinander kommunizieren zu lassen, sodass sich der Organismus als Ganzes bewegen oder handeln kann.

Es begann die unglaubliche und sich immer mehr beschleunigende Entwicklung neuen Lebens, angetrieben vor allem durch die sexuelle Fortpflanzung mehrzelliger Organismen. Diese Entwicklung erfolgte parallel zur weiteren Entfaltung des Lebens bei einzelligen Organismen, die auch heute noch die Welt beherrschen. Lebewesen mit Gehirnen machen, was die Biomasse auf der Erde betrifft, nur einen kleinen Bruchteil aus. Wir sind in der Minderzahl.

Das Erstaunliche ist nun, dass in diesen Organismen mit höherer und vor allem anderer Komplexität dieselben Prozesse der Informationsverarbeitung noch einmal erfunden wurden.

Machen wir den Sprung vom Einzeller zum Menschen, wobei uns das Gedicht „Die Entwicklung der Menschheit" von Erich Kästner zunächst einmal Orientierung geben mag:

> *Einst haben die Kerls auf den Bäumen gehockt,*
> *behaart und mit böser Visage.*
> *Dann hat man sie aus dem Urwald gelockt*
> *und die Welt asphaltiert und aufgestockt,*
> *bis zur dreißigsten Etage.*
>
> *Da saßen sie nun, den Flöhen entflohn,*
> *in zentralgeheizten Räumen.*
> *Da sitzen sie nun am Telefon.*
> *Und es herrscht noch genau derselbe Ton*
> *wie seinerzeit auf den Bäumen.*
>
> *Sie hören weit. Sie sehen fern.*
> *Sie sind mit dem Weltall in Fühlung.*
> *Sie putzen die Zähne. Sie atmen modern.*
> *Die Erde ist ein gebildeter Stern*
> *mit sehr viel Wasserspülung.*
>
> *Sie schießen die Briefschaften durch ein Rohr.*
> *Sie jagen und züchten Mikroben.*
> *Sie versehn die Natur mit allem Komfort.*
> *Sie fliegen steil in den Himmel empor*
> *und bleiben zwei Wochen oben.*

*Was ihre Verdauung übrig läßt,
das verarbeiten sie zu Watte.
Sie spalten Atome. Sie heilen Inzest.
Und sie stellen durch Stiluntersuchungen fest,
daß Cäsar Plattfüße hatte.
So haben sie mit dem Kopf und dem Mund
den Fortschritt der Menschheit geschaffen.
Doch davon mal abgesehen und
bei Lichte betrachtet sind sie im Grund
noch immer die alten Affen.*

Wir tragen das evolutionäre Erbe immer noch mit uns, und wir haben wenig zusätzlich mit auf den Lebensweg bekommen, das uns über andere Lebewesen erhöhen könnte. Wir sehen und hören wie sie; wir haben über unsere Sinnesorgane Zugang zur Welt um uns, genau wie sie. Es haben sich in uns und für uns Bewertungssysteme entwickelt, die wir Gefühle nennen. Wir bilden Kategorien, die miteinander in Beziehung gesetzt werden, damit wir Vergleiche vornehmen können. Vergleichen zu können ist die Grundlage von mentalen Prozessen, des Denkens, überhaupt. Alle diese Operationen dienen wiederum dazu, die Homöostase sicherzustellen, unser inneres Gleichgewicht.

Auch die sogenannten „höheren" Funktionen, die komplexen Denkfunktionen, dienen letzten Endes nur dem Erhalt des homöostatischen Gleichgewichts – auch wenn wir das Denken als Freiheit und die Freude des Denkens erleben und wie die Welt um uns durch das Denken einen Sinn bekommt. Die grundlegenden Operationen des Lebendigen haben sich entwickelt, damit wir unser Gleichgewicht aufrechterhalten können.

Das Entscheidende aber ist: Lebensprinzipien sind Erlebensprinzipien. Für die genannten Operationen und Prinzipien des Lebendigen verwenden wir aus psychologischer Sicht solche Begriffe wie „Wahrnehmung", „Gefühl", „Absicht", „Erinnerung". Mit diesen Begriffen beziehen wir uns auf mentale Sachverhalte, die wir üblicherweise mit Bewusstsein in Verbindung bringen – doch diese Sachverhalte lassen sich auf biologische Prinzipien zurückführen.

Damit wir fühlen, Absichten haben und uns erinnern können, ist eine kontinuierliche Informationsverarbeitung, insbesondere Wahrnehmung, notwendig. Die fortlaufende Aufnahme und Verarbeitung von Information stellt für den Organismus den Bezug zur Welt sicher. Durch ununterbrochene Aufnahme von Information über die Sinneszellen, über die „Antennen", die in die Welt ragen, wird ein Bezug zur Realität sichergestellt; wir sind über sinnliche Informationen an die Welt um uns gekoppelt, die wir dann wahrnehmen und interpretieren. Kontinuierliches Wahrnehmen von Innenzuständen und von Außenereignissen ist schon in die einzelligen Organismen hineinprogrammiert. Jeder lebende Organismus, alles Lebendige, ist derart strukturiert, dass er seinen Innenzustand mit der von außen kommenden Information abgleicht; auch im Schlaf wird dieser Abgleich nur marginal unterbrochen.

Nun geschah etwas Ungewöhnliches in der Evolution, das insbesondere auch den Menschen betrifft: Es wurde die Außenperspektive entdeckt. Es treten Lebewesen in die Welt wie wir Menschen, die bemerken, dass sie etwas bemerken können, denen also etwas bewusst werden kann und die gleichzeitig wissen, dass ihnen etwas bewusst werden kann. Sie entdecken, dass sie sehen können, und damit, dass auch andere sehen oder hören, sich etwas wünschen oder sich an etwas erinnern können. Man kann sich in andere hineinversetzen und sich selbst beobachten. Wenn man aber eine Außenperspektive zu sich selbst einnehmen kann, dann ist es auch möglich, gemeinsam über etwas zu sprechen, gemeinsam etwas zu betrachten, weil beide einen Referenzpunkt außerhalb ihrer selbst einnehmen können. Man kann die eigene Perspektive mit der anderer vergleichen; man kann das Gleiche und das Verschiedene an anderen erkennen.

Dies ist ein großartiger Fortschritt, und doch ist die Fähigkeit, eine Außenperspektive zu sich selbst einnehmen zu können, gleichzeitig die Wurzel allen Übels. Um nur ein Beispiel zu nennen: Wie leicht verlieren wir unsere Spontaneität und unseren empathischen Bezug zu anderen, wenn stets alles reflektiert wird und wir uns andauernd auf die Ebene der Abstraktion begeben. Der Dichter Hans Adler beschreibt das in einem Sonett so:

Wie glücklich sind die Tiere auf der Weide!
Ein Stier sieht eine junge blonde Kuh,
Sie schwenkt kokett den Schweif, er springt hinzu
Und selig durch die Liebe werden beide,

Denn kein Bedenken stört ihr Rendezvous.
Der Mensch jedoch in seinem Liebesleide
Durchforscht betroffen Hirn und Eingeweide
Nach dem Rezept zu dem Gefühlsragout.

Teil 3   Vier Milliarden Jahre Kreativität

Er zwängt sich mühsam durch ein dichtes Netz
Beachtenswerter Gegenargumente,
Philosophiert bis an den Rand des Betts

Und denkt im physiologischen Momente
Noch an den Arzt und an das Strafgesetz
Und an die etwaigen Alimente.

Die Versklavung des Bewusstseins und einige Befreiungsversuche

Wenn man sich in die Außenperspektive begibt und sich gleichsam neben sich stellt, dann entdeckt man, dass einem nicht nur *etwas* bewusst ist, sondern dass einem *immer* etwas bewusst ist, sei es Wahrgenommenes, Erinnertes, Gefühltes, Gewolltes oder auch Bedachtes. Durch das Zusammenkommen der Außenperspektive mit der Tatsache, dass wir ununterbrochen Informationen verarbeiten, entdecken wir mit Schrecken, dass wir „versklavt" sind: Unsere Antennen müssen immer offen sein für die erfolgreiche Regulation der Lebensprozesse; unser Gehirn muss fortwährend Informationen aufnehmen und diese im Hinblick auf das abwägen, was gut und was weniger gut für uns ist. In jedem Augenblick sind wir durch Informationen fremdbestimmt. Wir sind nicht frei und können nicht frei sein, denn diese Versklavung ist Teil des Lebensprogramms, das uns mitgegeben wurde. Versklavung in diesem Sinne ist ein Wesensmerkmal des Lebens und somit auch des Menschseins.

Wenn aber das Bewusstsein notwendigerweise versklavt ist, was ist dann eigentlich das Ich? Kann man überhaupt von einer Autonomie des Selbst sprechen? Im Rahmen der Versklavung, wie sie gerade dargestellt wurde, ist dies nicht möglich. Und das muss kein Problem sein, sofern man mit der Versklavung einverstanden oder sogar mit diesem Freiheitsentzug zufrieden ist. Doch ist es überhaupt möglich, sich aus dieser Versklavung zu befreien? Und wenn ja, wie?

Ein Versuch der Befreiung ist die Forschung selbst, und vielleicht betreiben Wissenschaftler nur deshalb Forschung, um nicht mehr der Ödnis des Alltäglichen ausgeliefert zu sein. Man begibt sich als Hirnforscher in eine „Schleife der

Selbstreferenzialität" und untersucht die Gründe, warum es zu dieser Art von geistiger Versklavung kommen musste und wie man ihr vielleicht entgehen könnte. Diese Suche nach Selbsttransparenz führt zum Verständnis der Motivationsstrukturen, die einen beherrschen. Ein Befreiungsversuch ganz anderer Art ist durch künstlerische Tätigkeit gegeben: Mithilfe der eigenen Kreativität ist es möglich, der Besetzung des Bewusstseinsstroms durch Geschehnisse in der Welt zu entgehen. Ein weitere Befreiungsmöglichkeit bietet die Konzentration: Durch die fokussierte Aufmerksamkeit auf einen Bewusstseinsinhalt verhindert man, dass ununterbrochen etwas durch das Bewusstsein wandert, das sich der eigenen Kontrolle entzieht. Die Meditation ist ein anderer Weg aus der Versklavung des Bewusstseins, zumindest eine Weise der Meditation, in der nur ein Bewusstseinsinhalt im Zentrum steht. Durch den meditativen Prozess versucht man, die evolutionären Randbedingungen hinter sich zu lassen, die uns in den kontinuierlichen Strom der Informationsverarbeitung hineinzwingen.

Eine wenig bekannte Form der Meditation oder der Selbstversenkung, die jedem offensteht, ist eine Zeitreise in die eigene Vergangenheit (wir haben sie in Kapitel B5 als „Introspektion" bezeichnet). Dabei ruft man sich Bilder aus seiner Erinnerung vor das geistige Auge. Von solchen Bildern haben wir in unserem episodischen Gedächtnis eine große Zahl aufbewahrt, die wir durch eine Zeitreise hervorsuchen können. Dieser psychische Akt, den jeder bereits gewollt oder ungewollt vorgenommen hat, ist mit Konzentration und Anstrengung verbunden, aber man kann ihn durch Übung stärken – und man kehrt von seiner Reise mit einem Gefühl der Befreiung zurück. Mit dieser Form der Meditation nimmt man Kontakt zu sich selbst auf. Das ist in einem durchaus realen Sinn gemeint, denn häufig entdeckt man sich selber in den Bildern der eigenen Vergangenheit; man ist sein eigener Doppelgänger und sieht sich selbst vor seinem geistigen Auge. Indem man sich als sein eigener Doppelgänger gegenübertritt, bestätigt man sich selbst; die personale Identität wird wesentlich davon getragen, sich in seiner eigenen Vergangenheit sehen zu können. Damit ein solches Doppelgängertum erfahren werden kann, müssen jedoch mehrere Bedingungen erfüllt sein: Erstens muss ich eine Dissoziation vornehmen; ich muss mich tatsächlich gedanklich neben mich stellen, also eine Außenperspektive zu mir selbst einnehmen. Zweitens muss ich es auch wollen, in die eigene Vergangenheit zu reisen: Ich muss willentlich die Entscheidung treffen, Kontakt zu mir selbst aufzunehmen, und in einen empathischen Bezug zu mir selbst treten.

Damit ein solcher Prozess einer erfolgreichen Befreiung möglich ist, sind gewisse neuronale Randbedingungen zu berücksichtigen, wie vor allem die zeitliche Dynamik unseres Bewusstseins, auf die man immer wieder hinweisen muss. Die neuronalen Prozesse des Gehirns sind dadurch gekennzeichnet, dass für jeweils kurze Zeitstrecken ein Gegenwartsfenster geöffnet wird. In aufeinanderfolgenden Segmenten von wenigen Sekunden werden Informationen, die durch unser Bewusstsein ziehen, zu Einheiten zusammengefasst. Dieser neuronale Mechanismus ist notwendig, damit man überhaupt Informationen verarbeiten kann, damit man etwas in seinem Bewusstsein haben kann, damit etwas in unserem Bewusstsein Identität erlangen kann. Damit ich eine Tasse als Tasse sehe, eine Blume als Blume, müssen diese in ihrer Identität erst erzeugt werden, und dies ist keine triviale Aufgabe für das Gehirn. Wie dies geschieht, dass also im Abstand von nur wenigen Sekunden jeweils überprüft wird, ob es immer noch die jeweilige Blume oder die Tasse ist, die ich sehe, ist eine der ungelösten Fragen der Hirnforschung; wir wissen nur, dass es geschieht, doch wir wissen nicht, wie es geschieht. Etwas wird für eine gewisse Zeit in seiner Identität festgehalten, und diese Identität wird bestätigt. Wenn nicht, dann besetzt ein neuer Inhalt, etwas mit einer anderen Identität, das Bewusstsein.

Die Komplementarität von Stationarität und Dynamik, das Festhalten an einem Bewusstseinsinhalt und das Zulassen eines anderen Bewusstseinsinhaltes, ist ein Strukturmerkmal unseres Bewusstseins. Diesen natürlichen Fluss des wechselnden Bewusstseinsstromes kann man durch geistige Fokussierung überwinden; in der Konzentration versucht man, Kontinuität zu erzeugen, dass also das, was jetzt repräsentiert ist, dasselbe bleibt und nicht von etwas anderem abgelöst wird. Eine solche Kontinuität im Bewusstseinsstrom herzustellen, widerspricht allerdings den Bauprinzipien unseres neuronalen Gewebes. In dem Versuch der Befreiung aus der Versklavung des Bewusstseins muss man also evolutionäre Prinzipien durchbrechen, die dazu da sind, uns sicher an die Welt zu koppeln. Ist man in diesem Akt erfolgreich, dann ist man nicht mehr von dieser Welt – so beschreiben es zumindest viele Meister der Meditation.

Dass der Befreiungsversuch außerordentlich schwierig ist und vielleicht nie ganz erfolgreich sein kann, ergibt sich daraus, wie unser Gehirn Informationen verarbeitet. Unsere Sprache verführt uns dazu anzunehmen, dass mentalen Geschehnisse wie Gefühle, Erinnerungen, Wahrnehmungen, Absichten oder Denkvorgänge jeweils voneinander unabhängige Prozesse sind. Weil wir Begriffe wie „Bewusstsein" oder „Gefühl" entwickelt haben, die kulturgeschichtlich betrachtet sogar relativ neu sind, gehen wir leichtgläubig davon aus, es gebe in unserem Gehirn Module, bestimmte und voneinander abgegrenzte Arbeitsbereiche, die jeweils ein bestimmtes Gefühl oder das Bewusstsein repräsentieren.

Dieser Vorstellung widersprechen zahlreiche Erkenntnisse der Neurowissenschaften. Untersuchungen haben ergeben, dass jeder psychische Akt, jede Wahrnehmung, jedes Gefühl, jede Erinnerung, jede Absicht von einem raumzeitlichen Muster von Aktivitäten neuronal getragen wird. Aus Gründen der Architektur des Gehirns sind sich alle Nervenzellen strukturell sehr nahe und beeinflussen sich gegenseitig. Alles ist aneinander gekoppelt. So ist zum Beispiel Sehen oder Hören nur möglich, weil es einen Bezug zu neuronalen Prozessen in den Gedächtnissystemen gibt; jeder Wahrnehmungsakt ist notwendigerweise in eine emotionale Bewertung eingebunden, jede Erinnerung ist immer auch emotional gefärbt; jede Handlungsabsicht, jedes Wollen ist nur vorstellbar, indem sensorische Rückmeldungen, die zu einer emotionalen Befriedigung führen, mitgedacht werden.

Unsere Sprache verleitet uns dazu, die einzelnen psychischen Akte als unabhängige Ereignisse zu betrachten. Diese Denkweise gilt es zu überwinden, denn in unseren Köpfen passiert etwas ganz anderes. Doch wenn man sich von dieser unzutreffenden Art, zu denken, zu befreien sucht, wird noch deutlicher, wie schwierig ein Befreiungsversuch aus der Versklavung des Bewusstseins sein muss; es geht eben nicht nur darum, jeweils nur einen bestimmten, klar abgegrenzten psychischen Sachverhalt gleichsam in den Griff zu bekommen. Man hat es immer gleich mit allem, mit dem gesamten Wirkungsgefüge des psychischen Repertoires zu tun.

Der Befreiungsversuch aus der Versklavung des Bewusstseins wird außerdem durch einen Umstand erschwert, der durch unsere persönliche Biografie bestimmt ist. Wir leben eigentlich zwei verschiedene Leben, nämlich eines in den frühen Phasen unserer Biografie, die etwa bis zur Pubertät reicht, und eines danach. Wir treten in die Welt hinein mit einer Vielzahl genetischer Programme, die uns Erfahrungen ermöglichen. Dann durchläuft das gesamte Repertoire des Psychischen in den frühen Phasen des Lebens einen Bestätigungsprozess. Nur das, was bestätigt wird, kann zur psychischen Wirklichkeit werden; was nicht bestätigt wird, geht verloren oder lässt sich später nur mühsam wieder erwerben. Wer mit „verfauter Milch" aufwächst, mit Käse, wird diesen später mögen; für andere ist er eben verfaulte Milch. Wer bis zu zehn Jahren keine Fremdsprache gelernt hat, wird diese nie akzentfrei sprechen. Mit diesen Prägungsprozessen wird auch eine persönliche Wirklichkeit aufgebaut, die eine Einbettung in den kulturellen Rahmen ermöglicht. Die Matrix des Gehirns wird als Struktur durch die Festlegungen überhaupt erst bestimmt. Kultur wird zur Struktur des Gehirns. In unserer neuronalen Informationsverarbeitung sind wir auch kulturell versklavt.

Die Kenntnis über die Prägung des menschlichen Gehirns und die Tatsache, dass kulturelle Randbedingungen zur persönlichen Wirklichkeit werden, bestimmen auch den Rahmen für interkulturelle Kommunikation. Wenn man weiß, dass man in seiner Persönlichkeitsbildung „ausgeliefert" ist, nämlich zum einen den genetischen Programmen von Möglichkeiten und zum anderen deren Bestätigung oder Nichtbestätigung in einem kulturellen Rahmen, dann kann man respektvoll mit anderen umgehen. Denn jeder Mensch hat einen solchen Bestätigungsprozess durchlaufen. Kulturelle Unterschiede gehören somit bereits zu unserem evolutionären Programm.

Komplementarität als kreatives Prinzip

Dies führt zum Konzept der Komplementarität. Die Idee der Komplementarität als generatives oder kreatives Prinzip ist nichts Neues, sondern sie wurde schon zu Beginn unserer Geistesgeschichte entdeckt. Es war der griechische Philosoph Heraklit, der vor etwa zweieinhalbtausend Jahren zuerst über Komplementarität als generatives und nicht als deskriptives Prinzip nachdachte. Heraklit hatte die Idee, dass alles eins sei, dass Gegensätze zusammenfallen: Das eine ist nie ohne das andere, wie Leben und Tod, Wachen und Schlafen, Entstehen und Vergehen, Alt und Jung, Männlich und Weiblich, Gut und Böse, oder sogar Lust und Schmerz. Die Welt der Gegensätze wird harmonisch zusammengebunden, da sich die Pole, die sich entgegenzustehen scheinen, gegenseitig bedingen. Und es sind Komplementaritäten, die unser Erleben und Verhalten erst möglich machen, die das erzeugen, was unser geistiges Leben bestimmt. Komplementarität, das Zusammenfügen des Verschiedenen, ist Grundlage von Kreativität.

Komplementär sind der Rahmen und das, was im Rahmen erscheint; was immer wir im Bewusstsein haben, ist in einen Rahmen gestellt; weder gibt es

Komplementarität als kreatives Prinzip

einen leeren Rahmen noch gibt es ungerahmte Inhalte des mentalen Geschehens. Komplementär sind das explizite und das bildliche Wissen; wir machen uns Bilder von Worten und Worte über Bilder. Komplementär sind mentale Kategorien wie Wahrnehmungen, Gedanken, Gefühle oder Erinnerungen und neuronale Aktivitäten, die es als Informationsmüll zu unterdrücken gilt; mentale Kategorien entstehen nicht aus dem Nichts, sondern werden aus neuronalen Aktivitäten herausgefiltert. Komplementär sind Inhalte des Erlebens und jene logistischen Funktionen des Gehirns, die Inhalte erst ermöglichen (das Was und das Wie). Komplementär beim Sehen sind das Was und das Wo; etwas ist immer irgendwo und irgendwo ist immer etwas. Komplementär sind unmittelbares Erleben und die Reflexion darüber, was man erlebt. Komplementär sind identitätserhaltende und identitätsablösende Prozesse des Gehirns; für eine gewisse Zeit bleibt ein Gedanke oder eine Wahrnehmung mit sich identisch, doch nicht für immer; Stationarität und Dynamik bedingen sich gegenseitig. Komplementär sind egozentrische und allozentrische Positionen; man betrachtet etwas aus der eigenen oder aus der anderen Perspektive, wobei jedes Mal der Gegenpol die Bedingung dafür ist, überhaupt eine Position einnehmen zu können. Komplementär sind selbstreferenzielle Vorgänge und weltreferenzielle Vorgänge; wir sind immer auf uns selbst, aber wir sind immer auch auf die Welt um uns bezogen. Komplementär sind Autonomie oder Selbstbestimmung und Eingebundensein in einen sozialen Kontext; wir sind nicht nur für uns und wir sind nicht nur für andere. Komplementär sind Wissen und Unwissen; wenn ich weiß, dann weiß ich auch, dass ich nicht weiß, und wenn ich nicht weiß, dann weiß ich auch, dass ich weiß.

Alles geistige Geschehen aus nur einem Prinzip erklären zu wollen, scheint unmöglich zu sein. Hier öffnet sich ein neuer Rahmen, besonders kreativ in der Hirnforschung tätig zu werden. In unserem Bedürfnis, Dinge zu erklären, unterliegen wir dem Wahn, immer nach nur *einer* Ursache zu suchen. Alle Menschen scheinen an der Krankheit der „Monokausalitis" zu leiden oder sind zumindest in unserem Kulturkreis in dieser Richtung geprägt, denn man kann den Eindruck gewinnen, dass insbesondere asiatische Kulturen offener sind für die Multikausalität allen Geschehens. Mit der Komplementarität als kreativem Prinzip ist eine besondere Weise der Multikausalität angesprochen, dass nämlich jeweils zwei oder auch mehrere Elemente zusammenkommen müssen, die sich selbst aus ihrer Bezogenheit auf ihr anderes bestimmen. Diese Verflechtungen im Einzelnen zu entflechten, dies verlangt wissenschaftliche

Kreativität. Dazu muss man aber bereit sein, die Perspektive der Komplementarität als generatives Prinzip zu akzeptieren. Doch wäre das wirklich etwas Neues? Immer wieder ist man mit der Vergangenheit konfrontiert, mit der biologischen und der kulturellen. Auf Heraklit wurde schon hingewiesen, und auf Aristoteles muss man hinweisen: Er unterscheidet verschiedene Arten von Ursachen, zum Beispiel dass alles, was existiert, eine materiale Basis hat (causa materialis) und dass es irgendwie gestaltet ist (causa formalis), dass man also ohne die notwendige Komplementarität von Was und Wie nichts erkennen könnte.

Teil 4
Wissenschaftliche Kreativität in Gedichten

Warum gibt es überhaupt Gedichte?

Ein Patient, der bei einem Unfall eine schwere Hirnverletzung erlitten hatte, sagte einmal, dass seine Gedanken seine Sprache nicht finden würden. Er wisse genau, was er sagen wolle, könne es aber nicht mehr zum Ausdruck bringen. In seiner inneren Sprache sei noch alles verfügbar, doch könne sein Denken nicht mehr an gesprochene Wörter oder Sätze angekoppelt werden. Diese innere Sprache wird auch als „Mentalesisch" bezeichnet, und wenn man dem Patienten Glauben schenken darf, so existiert es ohne die „Sprechsprache". Doch ist das nicht bei jedem so? Sprechen wir nicht immerzu mit uns selbst, ohne dass wir uns äußern? Und machen wir dabei nicht auch die Erfahrung, dass das eigene Mentalesisch sehr viel richtiger ist, dem inneren Zustand sehr viel mehr entspricht, als das, was man dann tatsächlich in hörbarer Sprache sagt? Zwar stimmt auch, was Heinrich von Kleist geschrieben hat, dass die Gedanken sich erst beim Sprechen formen können, doch dies ist nicht immer so, sondern eher selten der Fall. Dass diese innere Sprache sehr viel reicher ist oder zumindest so erscheint, das kann wohl jeder bestätigen, der gelegentlich Vorträge oder Vorlesungen halten muss oder der seine Gedanken schriftlich zu formulieren hat. Die in Gedanken vorformulierten Sätze für einen schriftlichen Text mögen klar und deutlich sein oder zumindest so erscheinen, und man mag recht zufrieden mit sich sein. Doch dann kommt die Wirklichkeit, und für das, was man aufschreiben möchte, finden sich nicht mehr die richtigen Worte, und mit einem Mal ist es im Gedankengewühl nicht mehr auffindbar. Es gibt wohl kaum jemanden, der nur noch aus seinem Gehirn abschreiben muss, was schon vorgedacht wurde. Das gilt für den Wissenschaftler, das gilt für den Dichter und das gilt für jeden, der seine Gedanken zu Papier bringen muss. Eugen Roth hat diese missliche Situation in seinem Gedicht „Arbeiter der Stirn" eingefangen:

Ein Mensch sitzt kummervoll und stier
vor einem weißen Blatt Papier.
Jedoch vergeblich ist das Sitzen –
auch wiederholtes Bleistiftspitzen
schärft statt des Geistes nur den Stift.
Selbst der Zigarre bittres Gift,
Kaffee gar, kannenvoll geschlürft,
den Geist nicht aus den Tiefen schürft,
darinnen er, gemein verbockt,
höchst unzulänglich einsam hockt.
Dem Menschen kann es nicht gelingen,
ihn auf das leere Blatt zu bringen.
Der Mensch erkennt, daß es nichts nützt,
wenn er den Geist an sich besitzt,
weil Geist uns ja erst Freude macht,
sobald er zu Papier gebracht.

Für einen Wissenschaftler wird das Problem heutzutage noch dadurch verschärft, dass er seine Gedanken meist in einer fremden Sprache formulieren muss, denn nicht für alle ist das Englische die Muttersprache. Wenn ich einen Gedanken auf Englisch formulieren muss, dann ist es nicht mehr genau derselbe Gedanke, wie wenn ich es in meiner Muttersprache, nämlich Deutsch, versuche. Die jeweilige Sprache gibt einen Rahmen für den Inhalt vor. Und manches lässt sich in der anderen Sprache gar nicht zum Ausdruck bringen. Eine noch größere Herausforderung entsteht dann, wenn man mit Forschern eines anderen Landes zusammenarbeitet, die wiederum eine andere Sprache wie etwa Chinesisch sprechen, und man dann versucht, gemeinsam auf Englisch das zu Papier zu bringen, was man für richtig hält. Beide haben dann oft das Gefühl, dass das Aufgeschriebene eigentlich nicht mehr genau das ist, was es in den eigenen Gedanken war, und man wird dem gemeinsamen Text entfremdet. Was man versucht, ist eine gemeinsame Teilmenge dessen zu finden, was es zu vermitteln gilt, auch wenn am Rand viel Ungesagtes und auch Unscharfes bleibt.

Da man sich also nicht mehr so in einem Text wiederfindet wie im Mentalesischen, wird man zu dem naheliegenden Gedanken geführt, einmal eine andere schriftliche Äußerungsform daraufhin zu prüfen, ob diese nicht auch geeignet sein könnte, einen wissenschaftlichen Gedanken zu vermitteln, nämlich Gedichte. Wenn es gelingt, zu zeigen, dass verschiedene Arten der schriftlichen Dokumentation das Gemeinte, das man vermitteln möchte, auf unterschiedliche Weise inhaltlich übereinstimmend widerspiegeln, dann könnte dies für die Richtigkeit des Gedankens sprechen, also dafür, dass die wissenschaftliche Prosa (und diese in verschiedenen Sprachen) und Gedichte (und diese auch in verschiedenen Sprachen) dasselbe sagen. Vielleicht sind Gedichte sogar notwendig, um die Validität eines wissenschaftlichen Gedankens zu sichern!

Eine mögliche Verbindung zwischen den beiden Welten herzustellen, das sei im Folgenden versucht, wobei die grundlegende These ist, dass diese Welten gar nicht so verschieden sind. Die Gedichte, die beispielhaft zu diesem Zweck ausgewählt wurden, sind eher von leichter Art, und ich bin mir nicht sicher, ob es sich bei ihnen um „gute Gedichte" in den Augen der philologischen Zunft handelt; doch dies ist natürlich bei wissenschaftlichen Aufsätzen auch so: Nicht alles, was publiziert wird, kann mit dem Prädikat „gut" versehen werden. Um den Weg des möglichen Gemeinsamen zu gehen, will ich mir zu Beginn selbst „ein Bein stellen" und die einfache und vielleicht auch merkwürdig erscheinende Frage stellen: Warum gibt es überhaupt Gedichte?

Die Antwort ist schnell gegeben: Ich habe keine Ahnung. Warum-Fragen sind immer gefährlich. Es sind die typischen Kinderfragen, die man nicht beantworten kann. In der Warum-Frage drückt sich das ursprüngliche Kausalitätsbedürfnis des Menschen aus. Wir können offenbar nicht anders, als immer eine Begründung für etwas zu suchen, und wenn eine Begründung nicht auf der Hand liegt, eine zu erfinden oder gar zu erzwingen. Diese Erklärungsnot hat Erich Kästner in seinem Gedicht „Wieso? Warum?" eingefangen:

Teil 4 Wissenschaftliche Kreativität in Gedichten

Warum sind tausend Kilo eine Tonne?
Warum ist dreimal Drei nicht Sieben?
Warum dreht sich die Erde um die Sonne?
Warum heißt Erna Erna statt Yvonne?
Und warum hat das Luder nicht geschrieben?
Warum ist Professoren alles klar?
Warum ist schwarzer Schlips zum Frack verboten?
Warum erfährt man nie, wie alles war?
Warum bleibt Gott grundsätzlich unsichtbar?
Und warum reißen alte Herren Zoten?
Warum darf man sein Geld nicht selber machen?
Warum bringt man sich nicht zuweilen um?
Warum trägt man im Winter Wintersachen?
Warum darf man, wenn jemand stirbt, nicht lachen?
Und warum fragt der Mensch bei jedem Quark: Warum?

Also noch einmal die Frage: Wie kommen Menschen dazu, Sprache so zu verdichten, dass es dann Gedichte sind? Dies geschieht offenbar, seit man gesprochene Sprache verschriftlicht hat. Warum beobachtet man dieses erstaunliche Phänomen der Sprach-Verdichtung in allen Kulturen? Nüchtern betrachtet sind Gedichte überflüssig. Die Sprache, die wir sprechen, ist schon kompliziert und undurchsichtig genug. Sprachliche Kommunikation endet fast immer im Missverstehen. Oder etwas freundlicher ausgedrückt: Man versteht immer nur eine Teilmenge dessen, was in einer Kommunikation zwischen den Parteien ausgetauscht wird. Es bleibt zumindest immer der unsagbare Rest, der sich sogar vor dem Sprechenden selbst versteckt. Die schlimmste Frage in einem Gespräch lautet: „Hast du mich verstanden?" Wie soll man darauf antworten? Man müsste immer Nein sagen, doch man sagt immer Ja. Nur mit einer solchen Einigung auf eine Teilmenge dessen, was gesagt wurde, kann man überhaupt miteinander auskommen – doch das ist eigentlich Heuchelei.

Und dann geschieht das Unerhörte, dass das Unhörbare noch stärker überdeckt wird und durch Unverstehbares hinter noch mehr Worten versteckt wird. Der weite Rahmen des Missverstehens wird erweitert, indem in verdichteter Weise das noch weniger verständlich ausgedrückt wird, was man sowieso nicht sagen kann. Aber vielleicht ist es auch eine menschliche Sehnsucht, unverstanden zu sein, sich und anderen ein Rätsel zu bleiben. Allerdings darf man sagen, dass Vertreter mit der Berufsbezeichnung „Dichter" dieses Problem auch erkannt haben. So meint etwa Matthias Politycki in seinem Gedicht „Blaue Blume. Rudi Schachtlmacher schüttelt den Kopf über Gedichte":

Also ma unter uns:
Son paar verhackstückte Verse aufn Mond oda aufs Meer
oda was die da sonst imma am Wochenende
inne Zeitung reinsetzn,
das mach ich dir auch,
wenn ich ma orntlich ein inner Krone hab,
aba mit links!
Is ja doch eh alles nur
verquirlter Quark,
wode ums Verreckn nich kapierst, was gemeint is,
und wennde dann trockn durchschluckst un
das ganze Gesülz noch ma von vorn liest
und wennde die Birne dabei auch orntlich schief hältst,
damit dir die Grütze im Hirn
bis aufn letztn Tropfn zusammnenläuft, dann –
kapierstes imma noch nich!

Dass man als Naturforscher oder sonstiger Laie nicht ganz allein ist mit seiner Ratlosigkeit gegenüber mancher verdichteten Sprache, das wird auch in „Lustiger Dichter" von Robert Gernhardt deutlich, in dem er sich über seine eigene Zunft lustvoll lustig macht. Sein Gedicht ist auch durch genussvolle Selbstreferenzialität gekennzeichnet, indem mit unverstehbaren Worten („Schlödheit") ein Gedanke verstehbar gemacht wird:

Das Gedicht verdichtet, sagt man.
Doch was machen, wenn es labert?
Wenn es, Sinn und Form verlassend,
fremdworts durch die Zeilen zabert?
Wenn es jeglichem Verstehen
grollgleich sich und muff entzitzelt
und durch immerblaue Schlödheit
vorderrücks zum Trübfall bitzelt?

Teil 4 Wissenschaftliche Kreativität in Gedichten

Wenn es – aber halt! Der Kluge
hat schon nach der ersten Strophe
aufgehört zu lesen, ergo
ist, wer jetzt noch liest, der Doofe.
(Und der pflegt ja bei Gedichten
eh auf Sonn und Firm zu zichten.)

Dass es Probleme bei der dichterischen Aussage auf einer ganz anderen konzeptionellen Ebene gibt, insbesondere wenn es darum geht, den jeweiligen Augenblick mit seiner Erlebnisdichte einzufangen, das betont Hans Magnus Enzensberger in „Weitere Gründe dafür, daß die Dichter lügen": Worte kommen immer zu spät oder sie sind zu früh, fallen also aus Rahmen der Unmittelbarkeit heraus:

Weil der Augenblick,
in dem das Wort glücklich
ausgesprochen wird,
niemals der glückliche Augenblick ist.
Weil der Verdurstende seinen Durst
nicht über die Lippen bringt.
Weil im Munde der Arbeiterklasse
das Wort Arbeiterklasse *nicht vorkommt.*
Weil, wer verzweifelt,
nicht Lust hat, zu sagen:
„Ich bin ein Verzweifelnder."
Weil Orgasmus und Orgasmus
Nicht miteinander vereinbar sind.
Weil der Sterbende, statt zu behaupten:
„Ich sterbe jetzt",
nur ein mattes Geräusch vernehmen lässt,
das wir nicht verstehen.
Weil es die Lebenden sind,
die den Toten in den Ohren liegen
mit ihren Schreckensnachrichten.
Weil die Wörter zu spät kommen
oder zu früh.

Warum gibt es überhaupt Gedichte?

Weil es also ein anderer ist,
immer ein anderer,
der da redet,
und weil der,
von dem da die Rede ist,
schweigt.

Hier nimmt Enzensberger Bezug auf die zwei Formen des Bewusstseins: zum einen die rationale Reflexion über einen Sachverhalt und zum anderen das unreflektierte Erleben, das Eintauchen in den Augenblick der unmittelbaren Erfahrung. Aber natürlich sind wir auch keine Wesen, die nur der Gegenwart verhaftet sind. Beide Weisen des Bewusstseins sind wichtig, und beide sind komplementär; wir sind weder nur rationale Wesen, noch sind wir nur von unserer gegenwärtigen Gefühlsladung bestimmt. Eine solche konzeptionelle Trennung verbietet allein schon die Architektur unseres Gehirns, in dem es keine getrennten Schachteln für Rationalität und Emotionalität gibt.

Wenn es erstens aber so ist, dass es nicht nur das rationale Wissenssystem gibt, sondern dass es auch implizites oder intuitives Wissen gibt, das sich hinter Worten versteckt, und wenn es zweitens ein bildliches Wissenssystem gibt, und wenn drittens gilt, dass diese Wissenssysteme in unserem Gehirn miteinander vernetzt sind, da dort alles miteinander vernetzt ist, dann folgt daraus, dass unsere Sprache nicht immer klar und deutlich sein kann. Sie drückt nie nur das aus, was in ihr explizit gesagt wird, stets fließen implizites Wissen und bildliche Vorstellungen mit ein, und das entzieht sich der willentlichen Kontrolle. Man weiß also gar nicht ganz genau, was man alles sagt, und man kann es auch nicht wissen, weil die Struktur unseres Gehirns das nicht zulässt.

Diese innere Verbindung der Wissenssysteme gilt natürlich auch für das Gedicht. Es kann gar nicht ganz verständlich sein, es muss sogar in einem gewissen Maße unverständlich bleiben. Für den Leser (im Übrigen auch für den Dichter) stellt sich also die Frage, was noch alles in einem Gedicht verborgen sein mag, an das der Dichter gar nicht gedacht hat und das man als Leser oder Vortragender herausschälen oder kreativ missverstehen könnte. Und was kann man in Gedichten sonst noch finden, wenn man einmal eine naturwissenschaftliche Perspektive einnimmt? Oder gibt es gar Gedichte, die naturwissenschaftliche Sachverhalte klarer und überzeugender zum Ausdruck bringen als die Fachsprache des Forschers? Um sich der Sache zu nähern, seien zunächst

Teil 4 Wissenschaftliche Kreativität in Gedichten

einige Gedichte zusammengestellt, in denen sich Dichter mit der Sprache selber befassen, in denen also das Werkzeug, mit dem der Gegenstand hergestellt wurde, im Gegenstand selbst einer Analyse unterzogen wird.

Dichterische Spiele mit linguistischen Kompetenzen

Um sprechen zu können, stellt unser Gehirn mehrere Kompetenzen bereit, die uns von Natur aus mitgegeben sind, also zu unserem genetischen Repertoire gehören. Diese Kompetenzen, anthropologische Universalien, entfalten sich in jedem kulturellen Kontext in eigener Weise. Es ist bemerkenswert, dass für diese verschiedenen linguistischen Kompetenzen jeweils auch Beispiele in der Welt der Gedichte zu finden sind, obwohl Dichter typischerweise kein linguistisches Studium absolviert haben.

Um kommunizieren zu können, benötigen wir einen Wortvorrat, die lexikalische Kompetenz. Auf der Basis von Wörtern können wir grammatikalisch richtige Sätze bilden. Diese werden möglich durch syntaktische Kompetenz. Einen syntaktisch oder grammatisch korrekten Satz zu sagen, heißt aber noch nicht, dass er sinnvoll ist; hinzukommen muss die semantische Kompetenz, die dem Satz Bedeutung verleiht, wobei hierbei der jeweilige Kontext oder soziale Rahmen wichtig ist. Um sprechen zu können, produziert unser Sprechapparat Sprachlaute, also Konsonanten und Vokale, die in allen Sprachen deutlich von anderen Geräuschen zu unterscheiden sind. Diese sprachlautliche oder phonetische und zusätzlich die prosodische Kompetenz machen es möglich, dass sich Gefühle durch das Intonationsmuster der Sprache zum Ausdruck bringen lassen, und davon leben natürlich Gedichte.

Aber damit noch nicht genug: Wie man spricht, hängt immer auch von der gegebenen Situation ab, auf die man sich mithilfe der pragmatischen Kompetenz einstellt; man spricht mit seinem Geschäftspartner anders als mit seiner Geliebten – oder sollte es zumindest tun. Des Weiteren: Wenn man mit jemandem kommuniziert, dann setzt man stillschweigend voraus, dass der Bezug auf das Gemeinte jeweils gleich bleibt; der Gedanke bleibt derselbe Gedanke, das Gesehene oder Gehörte bewahrt seine Identität; dass dies keine Selbstverständlichkeit ist, das beobachtet man bei manchen Patienten mit Denkstörungen.

Dichterische Spiele mit linguistischen Kompetenzen

Und dann gibt es noch die temporale Kompetenz; alle Menschen dieser Erde sprechen in etwa mit derselben Geschwindigkeit, und auch wenn sie manchmal schneller sprechen, sagen sie nicht unbedingt mehr. Grundlage dieser temporalen Kompetenz ist das Drei-Sekunden-Fenster der subjektiven Gegenwart. Dabei handelt es sich nicht um einen Wert wie bei einer physikalischen Konstante, sondern um den operativen Bereich mit leichten Schwankungen. Das Drei-Sekunden-Fenster lässt sich in allen Sprachen beobachten und zeigt sich auch in Gedichten: Die Sprechdauer eines Verses beträgt bis zu etwa drei Sekunden, und man spricht automatisch etwas langsamer, wenn zum Beispiel nicht zehn, sondern sechs Silben in einer Verszeile enthalten sind. Ein Beispiel dafür ist das Gedicht „Die Schnupftabaksdose" von Joachim Ringelnatz:

Es war eine Schnupftabaksdose,
Die hatte Friedrich der Große
Sich selbst geschnitzelt aus Nußbaumholz.
Und darauf war sie natürlich stolz.

Da kam ein Holzwurm gekrochen.
Der hatte Nußbaum gerochen.
Die Dose erzählte ihm lang und breit
Von Friedrich dem Großen und seiner Zeit.

Sie nannte den alten Fritz generös.
Da aber wurde der Holzwurm nervös
Und sagte, indem er zu bohren begann:
„Was geht mich Friedrich der Große an!"

Natürlich kann man auch etwas zum Inhalt dieses Gedichts sagen, dass nämlich jede Handlung vom Kontext abhängig ist, dass der Rahmen jeweils die Interessenlage vorgibt, dass also jemand keine historischen Reflexionen anstellen mag, wenn es um elementare Bedürfnisbefriedigung geht. Hier ist also auch die pragmatische Kompetenz angesprochen und es wird wiederum auf die zwei Zustände des Bewusstseins Bezug genommen; man kann sich einfach nicht verstehen, wenn die Interessenlagen so verschieden sind.

Die zeitliche Segmentierung gilt für alle Sprachen, wie der amerikanische Dichter Fred Turner und ich meinen; wir haben natürlich nicht alle Sprachen untersuchen können, aber unsere Stichprobe war groß genug, um diese These

Teil 4 Wissenschaftliche Kreativität in Gedichten

etwa mit Beispielen aus europäischen oder asiatischen Sprachen zu vertreten. Hier seien noch zwei Verszeilen aus dem Englischen von Alexander Pope zitiert, die zugleich das wohl größte Kompliment enthalten, das ein Dichter jemals einem Naturwissenschaftler gemacht hat:

> *Nature und nature's laws lay hid in night;*
> *God said, „Let Newton be!" and all was light.*
> *Natur lag, und Naturgesetz, in Finsternis;*
> *Gott sprach: „Es werde Newton!" und das All ward Licht.*

Mit der sprachlautlichen Kompetenz, mit den Konsonanten und Vokalen, die Sprechen überhaupt erst ermöglichen, spielen manche Dichter mit erkennbarem Vergnügen, so etwa Hermann Hesse, der sich in Kreisen mancher Fachgelehrten augenblicklich nicht der größten Aufmerksamkeit erfreut. In seinem „Ein Wallfahrer-Lied. Von Vögeln gesungen" hat es ihm der Konsonant „w" angetan:

> *Die Woge wogt, es wallt die Quelle,*
> *Es wallt die Qualle in der Welle,*
> *Wir aber wallen durch die Welt,*
> *Weil nur das Wallen uns gefällt.*
> *Wir tuns nicht, weil wir wallen sollen,*
> *Wir tun es, weil wir wallen wollen.*
> *Wer nur der Tugend willen wallt,*
> *Kennt nicht des Wallens Allgewalt.*
> *Sie wallt und waltet über allen,*
> *Die nur des Wallens willen wallen.*

In dem Gedicht „Gedeuchtittis" von Matthias Koeppel, das sich vor allem mit Vokalen befasst, kann man neben der sprachlautlichen auch die prosodische, pragmatische und wiederum temporale Kompetenz studieren und zudem eine ungewöhnliche Art von Kreativität bewundern, wobei sich wohl nicht jedem jedes Wort sofort in seiner normalsprachlichen Bedeutung erschließt:

Dichterische Spiele mit linguistischen Kompetenzen

Gedeuchtittis üßt ain Gedeucht
wann zich's roimt, zunst üßt äßß schleucht.
Duch dr Deuchtur, dr mudarrne,
tschraubt ünn Prausur ollzegarne.
Bastenpfullz n pfreiwen Rheytmen –
duch diss karrn onz nüchtz bedeutmen!
Düüfar Düüfzinn, ongeroimt,
üßt vi'n Vaip, dißß nücht tschatscheumt,
wann äßß zomm Urrgaustmoßß kömmt,
jarr, su üßt äss; jarr düßß stömmt.

Die syntaktische Kompetenz kann auch eine gewisse Rätselhaftigkeit besitzen. Kreativität zeigt sich dann insbesondere in der Entflechtung von Syntax und Semantik, wie Beatrice Wagner hier gedichtet hat:

Im Zug da kam der Maienbaum.
Von hinten durch den See.
Ein Augenschlag, ein Zauberwerk,
Fünf Minuten nur und der Genuss.
Basilikum, Drei-Cent-Ideen,
Dunkel-heiß, das lieb ich sehr.
Widerstand zwecklos riech ich,
soll ich auf das Wagnis berühren?
So sind sie denn zum Schmelzen rein,
ab ohne mir verlangt.

Der „schlesische Schwan" Friederike Kempner hat ein abenteuerliches Gedicht zur semantischen Kompetenz verfasst, das sich auf eine zentrale Thematik dieses Buches bezieht, nämlich darauf, stets ein inneres Gleichgewicht anzustreben und zum Erreichen dieser mentalen Homöostase seine Kreativität zu nutzen. Ihr kommt im Übrigen ein großes politisches Verdienst zu, denn sie hat im 19. Jahrhundert durch intensives gesellschaftliches Engagement mit dafür gesorgt, dass man als Scheintoter nicht zu früh beerdigt wird.

Arglos und harmlos,
Durchs Leben hin,
Kommt mir das Böse
Nicht in den Sinn!
Arglos und harmlos,
Glücklich ich bin,
Hör ich das Böse,
Denk ich nicht hin!

Welch eine großartige Leistung, dort nicht „hinzudenken", wo es Unerfreuliches gibt. Es ist aber eher unwahrscheinlich, dass Sigmund Freud bei der Entwicklung seines Konzepts der Verdrängung durch Friederike Kempner beeinflusst wurde. Die semantische Kompetenz, und wie man in ihre Falle geraten kann, weil Wörter mehrdeutig sein können, macht Heinz Erhardt in zwei kurzen Gedichten zum Thema, nämlich in „Anhänglichkeit" und „Urlaub im Urwald":

Das Kind hängt an der Mutter,
der Bauer an dem Land,
der Protestant an Luther,
das Ölbild an der Wand.
Der Weinberg hängt voll Reben,
der Hund an Herrchens Blick,
Der eine hängt am Leben,
der andere am Strick …

Ich geh' im Urwald für mich hin …
Wie schön, daß ich im Urwald bin:
man kann hier noch so lange wandern,
ein Urbaum steht neben dem andern.
Und an den Bäumen, Blatt für Blatt,
hängt Urlaub. Schön, daß man ihn hat!

Welche anderen Sprachen außer dem Deutschen gibt es eigentlich, in denen sich dichterische Kreativität entfalten kann, indem Wortkolosse geschmiedet werden wie in „Sommermädchenküssetauschelächelbeichte" von Jodok (Hanns Freiherr von Gumppenberg)? Es ist bemerkenswert, dass trotz der übermäßigen Wortlängen jede Verszeile dennoch der Drei-Sekunden-Regel gehorcht; jede Verszeile füllt das Zeitfenster der subjektiven Gegenwart aus, und jede Verszeile lässt ein eigenes inneres Bild entstehen:

An der Murmelrieselplauderplätscherquelle
Saß ich sehnsuchtstränentröpfeltrauerbang:
Trat herzu ein Augenblinzeljunggeselle
In verwegnem Hüfteschwingeschlendergang,
Zog mit Schäkerehrfurchtsbittegrußverbeugung
Seinen Federbaumelriesenkrempenhut –
Gleich verspürt ich Liebeszauberkeimenneigung,
War ihm zitterjubelschauderherzensgut.
Nahm er Platz mit Spitzbubtückekichern,
Schlang um mich den Eisenklammermuskelarm!
Vor dem Griff, dem grausegruselsiegessichern,
Wurde mir so zappelseligsiedewarm.
Und er rief: „Mein Zuckerschnuckelputzkindchen,
Welch ein Schmiegeschmatzeschwelgehochgenuß!"
Gab mir auf mein Schmachteschmollerosenmündchen
Einen Schnurrbartstachelkitzelkosekuß.
Da durchfuhr mich Wonneloderflackerfeuer –
Ach, es war so überwinderwundervoll …
Küßt' ich selbst das Stachelkitzelungeheuer,
Sommersonnenrauschverwirrungsrasetoll!
Schilt nicht, Hüstelkeifewackeltrampeltante,
Wenn dein Nichtchen jetzt nicht knickeknirschekniet,
Denn der Plauderplätscherquellenunbekannte
Küßte wirklich wetterbombenexquisit!

Hauptwörter und Tätigkeitswörter sowie Sätze haben immer einen Bezug zu etwas, doch können sie sich auch auf sich selbst beziehen, wie in den bekannten logischen Paradoxien: „Der folgende Satz ist falsch. Der vorhergehende

Satz ist richtig." Kognitive Kompetenz ist dann gefordert und gleichzeitig überfordert. Solche Selbstreferenzialität ist bei dem „Dreißigwortegedicht" von Robert Gernhardt inszeniert:

Siebzehn Worte schreibe ich
auf dies leere Blatt,
acht hab' ich bereits vertan,
jetzt schon sechzehn und
es hat längst mehr keinen Sinn,
ich schreibe lieber dreißig hin:
Dreißig.

Eines der bekanntesten Gedichte im Deutschen ist wohl „Das ästhetische Wiesel" von Christian Morgenstern. Auch hier geht es um Selbstreferenzialität, und wiederum ist unsere kognitive Kompetenz gefordert:

Ein Wiesel
saß auf einem Kiesel
inmitten Bachgeriesel.
Wißt Ihr
weshalb?
Das Mondkalb
verriet es mir
im Stillen:
Das raffinier-
te Tier
tat's um des Reimes willen.

Die linguistischen Kompetenzen, die zu unserer biologischen Ausstattung gehören und ohne die wir gar nicht kommunizieren könnten, sind also eine reiche Spielwiese für dichterische Kreativität. Doch in Gedichten wird manchmal auch Bild-Kompetenz gefordert; neben dem Inhalt wird eine besondere Erscheinungsweise gewählt, die weitere Assoziationen erschließt, wie bei Matthias Polityckis „Weniger guter Geruch":

Dichterische Spiele mit linguistischen Kompetenzen

Surströmming (wahlweise Gammelrochen, fermentierter Grönlandhai)
Scheuerlappen (wenn er danach nicht richtig ausgedrückt wurde)
Leberwurstbrot von vorvorgestern am Boden des Schulranzens
Die gesammelten Zigarettenkippen in Poels Hosentasche
Wenn der Kater des Nachbarn in der Garage war
Hammelspieß vom maghrebinischen Straßenrand
Vergeßne nasse Wäsche in der Waschmaschine
Klebebindung mancher Bücher (Stinkeleim)
Balkanparfum (außerhalb des Balkans)
Die Luft im Raum am Morgen danach
Altes Blumenwasser in der Vase
Unbeleuchtete Unterführung
Manches stehende Gewässer
Jedes fünfte Treppenhaus
Kubanisches Papiergeld
Vergorene Stutenmilch
Alter Hund bei Regen
Teppiche in Moscheen
Knoblauchschweiß
Alte Turnschuhe
Spargelpisse
Pumakäfig
Gauloises
Robert
Essig
Tang

Man muss als Naturforscher dem Dichter auch deshalb dankbar sein, weil er den oft vergessenen olfaktorischen Sinn besingt. Es ist sehr viel leichter, einen Bezug zu den anderen Sinnen wie dem Sehen, Hören oder Tasten herzustellen; für das Riechen gibt es keine unmittelbaren Bezeichnungen, sondern man kann immer nur sagen, wie etwas riecht. Neben einem solchen „Geruchstrichter" gibt es auch den ehernen optischen Block, den Raoul Schrott manchmal benutzt, wie hier bei einer Übersetzung des Gedichts eines der Urväter abendländischer Poesie, des griechischen Dichters Archilochos:

Teil 4   Wissenschaftliche Kreativität in Gedichten

Dieses begehren nach ihren armen
ihrer umarmung wie eine schlange
die sich unter dem herz windet daß
mir das blut stockt · schwarz rinnt
es mir über die augen als würde sie
durch meinen hals sich beißen und
ihre zunge meine sein –
                               elend
lieg ich da im bett im dunkeln und
die gier gräbt sich in den bauch ein
und ins hirn · ein einziger schmerz
wie ein nagel durch meine knochen
daß ich mich nur krümm und wind

Mit dem optischen Block und der rechteckigen Ordnung wird der Kontrast zum Inhalt des Gedichts, den beschriebenen Liebesqualen, noch verstärkt. Doch es gibt in manchen dichterischen Ausdrucksformen auch mathematische Regeln, die es zu beachten gilt. Diese bestimmen die japanische Gedichtform des Haikus: drei Zeilen, in denen fünf, sieben und wieder fünf Silben aufeinanderfolgen. Wenn man sich selber an einem Haiku versucht (was eine ausgezeichnete gedankliche Übung ist), dann spürt man, wie der formale Rahmen dazu zwingt, einen Gedanken knapp und klar zu fassen. Viele Haikus beziehen sich auf die Jahreszeiten – hier einige Beispiele:

Neujahr (von Shiki)

Erster Tag im Jahr.
Nichts ist böse, nichts ist gut,
Sondern alles lebt.

Frühling (von Chora)

Von der Nachtigall
Süßem Sange angelockt,
Geht die Sonne auf.

Sommer (von Buson)
Schuhe in der Hand
Wat' ich durch den Sommerfluß.
Herrliches Gefühl.

Herbst (von Basho)
Nun beginnt der Herbst.
Meer und Felder zeigen jetzt
Ganz das gleiche Grün.

Winter (von Hosha)
Still wird mein Gemüt,
Wenn es tief im dunklen Wald
Von den Bäumen tropft.

Schließlich sei noch auf eine weitere Gedichtform hingewiesen, die mathematischen Regeln folgt. Sie wird interessanterweise Charles Darwin im Rahmen einer seiner Nebenbeschäftigungen zugeschrieben, taucht aber wohl erstmals im japanischen Kontext bei Mitsukoshi auf. Hier gilt es, in fünf aufeinanderfolgenden Zeilen mit 9, 4, 1, 4 und 9 Silben einen Gedanken zum Ausdruck zu bringen. Mathematisch ist diese Struktur insofern interessant, als das Folgende für die fünf Zeilen gilt (wobei man sich ein wenig an seine Schul-Mathematik erinnern mag): 9 = 3 hoch 2; 4 = 2 hoch 2; 1 = 1 hoch 2; 4 = 2 hoch 2; und nochmals 9 = 3 hoch 2. Die fünf Zeilen sind also durch den Exponenten 2 gekennzeichnet. Addiert man alle Silben, dann hat das Gedicht 27 (= 3 hoch 3) Silben; es gilt 3 als Exponent.

Hier wird eine Frage aus der mathematischen Zahlentheorie angesprochen: Welches ist eigentlich „die erste Zahl als Zahl"? Meist wird 1 genannt, manchmal auch 0, doch gibt es auch Gründe, die 3 als Kardinalzahl oder „das 3." als Ordinalzahl, als „erste Zahl" zu wählen. Die Antwort auf diese Frage ist bemerkenswerterweise in der Mathematik offen. Ein Beispiel eines solchen „Sanduhr-Gedichts" ist in freier Übersetzung:

Teil 4 Wissenschaftliche Kreativität in Gedichten

Wo immer du auch verborgen bist,
Ich finde dich,
Zeit,
Erfülle mich
Mit meiner Sehnsucht und Ungeduld.

Eine besondere Herausforderung ist es, Gedichte zu konstruieren, die wirklich wie eine Sanduhr funktionieren, dass man sie also von oben nach unten und von unten nach oben lesen kann, wie in dem angegebenen Beispiel.

Philosophische Themen

Das Ziel alles Lebendigen ist, ein Gleichgewicht oder eine Homöostase herzustellen und diese unter Einsatz von Kreativität wiederherzustellen, wenn man aus der Balance gekommen ist. Dies gilt auch für uns, und es gilt auf allen Ebenen, der biologischen, psychologischen und sozialen. Wie wird solche „Mittigkeit" gewährleistet? Als ein Mechanismus für die Regelung des Gleichgewichts, um die innere Waage in der Balance zu halten, dient das Prinzip der Komplementarität. Es geht nicht darum, immer nur eine Ursache zu finden, die grundlegende Überlegung ist vielmehr, dass wie im chinesischen Yin und Yang (die das männliche und weibliche Prinzip repräsentieren), mindestens zwei Elemente zusammenkommen müssen, um Stabilität zu erzeugen. Zwei solche Elemente sind beispielsweise „Ich" und „Du", wie es der jüdische Weise Martin Buber im Hinblick auf Selbst-Identität beschrieben hat, oder es sind ich selbst und das Buch, das ich in der Hand halte und dessen Inhalt mich fasziniert, oder es sind ich selbst und der gepflegte Garten, wie ihn Walther von der Vogelweide sieht:

wo kräuter gut gewachsen sind
in einem grünen garten
da lasse sie ein kluger mann
nicht ohne seinen schutz
er mag sie hüten wie ein Kind
nach ihren eigenarten
das regt die lust des herzens an
und kommt ihm sehr zunutz

sprießt unkraut in den beeten
so muß er kräftig jäten
und darf sich nicht verspäten
daß distel nicht und dorn
sich darin listig mehren
die arbeit sehr erschweren
er muß es ihnen wehren
sonst ist die müh verlorn

Es mag erstaunen, doch ich komme immer wieder auf das dichterische Werk von Joachim Ringelnatz, auch wenn es um das Prinzip der Komplementarität geht. Seine Gedichte zeichnen sich durch eine großartige Bildkraft aus, die trotz aller surrealistischen Elemente oder vielleicht gerade deswegen eine große „Ich-Nähe" erzeugen: Sie gehen ans Herz. Auch das „Abendgebet einer erkälteten Negerin" lebt vom Komplementaritätsprinzip:

Ich suche Sternengefunkel.
Sonne brennt mich dunkel.
Sonne drohet mit Stich.

Warum brennt mich die Sonne im Zorn?
Warum gerade mich?
Warum nicht Korn?

Ich folge weißen Mannes Spur.
Der Mann war weiß und roch so gut.
Mir ist in meiner Muschelschnur

So negligé zu Mut.
Kam in mein Wigwam
Weit übers Meer,
Seit er zurückschwamm,
Das Wigwam blieb leer.

Drüben im Walde
Kängt ein Guruh –

Warte nur balde
Kängurst auch du.

Teil 4 Wissenschaftliche Kreativität in Gedichten

Es ist natürlich auch eine Frechheit, in dieser Weise zu blödeln und eines der bekanntesten Gedichte von Goethe zu verfremden und in die eigene Gedankenflut einzubauen („Wandrers Nachtlied" mit dem Vers „Über allen Gipfeln ist Ruh"). Aber: Man liest jetzt das Goethe-Gedicht plötzlich mit neuer Aufmerksamkeit. Die Komplementarität von realistischer Trauer und surrealistischem Kommentar weist hier darauf hin, dass unser Konzept von Realität recht brüchig ist. Woher wissen wir eigentlich, dass die Welt so ist, wie sie ist? Dieses Unplausible, mit dem wir stets umzugehen haben, wird auch in dem Gedicht „Logik" von Ringelnatz deutlich. Wiederum wird Komplementarität als dichterisches Prinzip angewandt:

Die Nacht war kalt und sternenklar,
Da trieb im Meer bei Norderney
Ein Suahelischnurrbarthaar. –
Die nächste Schiffsuhr wies auf drei.

Mir scheint da mancherlei nicht klar,
Man fragt doch, wenn man Logik hat,
Was sucht ein Suahelihaar
Denn nachts um drei am Kattegatt?

In der Tat: Wie kommt etwas wohin? Warum ist etwas überhaupt irgendwo? Wieder eine dieser Warum-Fragen. Das Grundgeschäft der Wissenschaft ist, zu staunen und etwas zu sehen, das bisher übersehen wurde. Dieses Schnurrbarthaar ist wissenschaftlich betrachtet ein „outlier", etwas, das nicht dorthin gehört, wo es ist. Dies ist es aber gerade, was den Forscher herausfordert, mit offenen Sinnen durch die Welt zu gehen und Besonderheiten aufzudecken. Dass man dabei manchmal auch aus der Bahn geworfen wird, das gehört dazu. Dass man dabei jedoch auch seine Mitte verlieren kann, beschreibt Gottfried Benn in „Was schlimm ist":

Wenn man kein Englisch kann,
von einem guten englischen Kriminalroman zu hören,
der nicht ins Deutsche übersetzt ist.

Bei Hitze ein Bier sehn,
das man nicht bezahlen kann.

> *Einen neuen Gedanken haben,*
> *den man nicht in einen Hölderlinvers einwickeln kann,*
> *wie es die Professoren tun.*
>
> *Nachts auf Reisen Wellen schlagen hören*
> *und sich sagen, daß sie das immer tun.*
>
> *Sehr schlimm: eingeladen sein,*
> *wenn zu Hause die Räume stiller,*
> *der Café besser*
> *und keine Unterhaltung nötig ist.*
>
> *Am schlimmsten:*
> *Nicht im Sommer sterben,*
> *wenn alles hell ist*
> *und die Erde für Spaten leicht.*

Mancher wird auch aus der Bahn geworfen, wenn kein Verlass mehr ist auf die Sinn-Instanzen der Gesellschaft, also insbesondere die Kirchen. Hierzu meint Erich Kästner mit „Neues vom Tage":

> *Da hilft kein Zorn. Da hilft kein Spott.*
> *Da hilft kein Weinen, hilft kein Beten.*
> *Die Nachricht stimmt! Der Liebe Gott*
> *ist aus der Kirche ausgetreten.*

Doch dann kann sich so mancher mit Arthur Schopenhauer und seinem kurzen „Gebet eines Skeptikers" trösten, das uns in ein besonderes philosophisches Gestrüpp bringt:

> *Gott, – wenn du bist, – errette aus dem Grabe*
> *Meine Seele, – wenn ich eine habe.*

Eine fundamentale philosophische Frage, die auch in den Neurowissenschaften bedacht wird, ist jene nach der Beziehung von Gehirn und Geist; wie hängen Leib und Seele zusammen? Wir sind entweder Dualisten, meinen also, dass wir es mit zwei prinzipiell verschiedenen Substanzen zu tun haben, dem Körper und dem Geist, oder wir sind Monisten, die das Subjektive in körperlichen

Prozessen begründet sehen. Hierzu gibt es auch dichterische Meinungen, etwa jene von Robert Gernhardt mit seinem Gedicht „Philosophie-Geschichte":

> *Die Innen- und die Außenwelt,*
> *die warn mal eine Einheit.*
> *Das sah ein Philosoph, der drang*
> *Erregt auf Klar- und Reinheit.*
>
> *Die Innenwelt,*
> *dadurch erschreckt,*
> *versteckte sich in dem Subjekt.*
>
> *Als dies die Außenwelt entdeckte,*
> *verkroch sie sich in dem Objekte.*
>
> *Der Philosoph sah dies erfreut:*
> *Indem er diesen Zwiespalt schuf,*
> *erwarb er sich für alle Zeit*
> *den Daseinszweck und den Beruf.*

Zu dem Problem der verschiedenen Welten hat sich auch Christian Morgenstern in „Scholastikerprobleme" Gedanken gemacht. Wir sitzen leicht einem Fehler auf, wenn wir verschiedene Kategorien miteinander vermischen:

> *Wieviel Engel sitzen können*
> *auf der Spitze einer Nadel –*
> *wolle dem dein Denken gönnen,*
> *Leser sonder Furcht und Tadel!*
>
> *„Alle!" wird's dein Hirn durchblitzen.*
> *„Denn die Engel sind ja Geister!*
> *Und ein ob auch noch so feister*
> *Geist bedarf schier nichts zum Sitzen."*
>
> *Ich hingegen stell den Satz auf:*
> *Keiner! – Denn die nie Erspähten*
> *können einzig nehmen Platz auf*
> *geistlichen Lokalitäten.*

Es macht keinen Sinn, sich die Frage zu stellen, wie viel Engel auf der Spitze einer Nadel Platz haben könnten. Die Tatsache, dass wir überhaupt Fragen stellen können, heißt noch lange nicht, dass diese damit auch sinnvoll sind. Die letzte Sicherheit in unserem irdischen Sein nur in der Rationalität, also in dem durch René Descartes formulierten „Ich denke, also bin ich" zu sehen, das gehört in unserem Kulturkreis zumindest für viele zur unverzichtbaren Grundlage. In ihren „Xenien" haben aber Goethe und Schiller diesen Gedanken einmal aufgespießt:

Denk' ich, so bin ich. Wohl! Doch wer wird immer auch denken?
Oft schon war ich und hab' wirklich an gar nichts gedacht.

Wenn man mit bildgebenden Verfahren, insbesondere der funktionellen Kernspintomografie, in das Gehirn hineinschaut, dann stellt man fest, dass es besonders aktiv ist, wenn man „an gar nichts denkt". Offenbar sind dann die neuronalen Systeme hauptsächlich mit sich selbst beschäftigt; diese verteilten Aktivitäten in einem relativ klar definierten Netzwerk haben etwas mit Selbstbezug zu tun, beziehen sich also auf unsere personale Identität. Unterstellt man einmal die Richtigkeit dieser Beobachtungen, dann haben Goethe und Schiller mit den beiden Zeilen eine wichtige neuronale Erkenntnis ausgesprochen, dass wir nämlich auch wir selber sind, wenn wir „an gar nichts denken". Wie es Friedrich Nietzsche einmal vorgeschlagen hat, sollte man also eher sagen „Es denkt" als „Ich denke". Dann lässt sich auch leichter bestimmen, was eigentlich ein Einfall ist, denn was bedeutet „Einfall"? Offenbar hat es ohne bewusste Steuerung in einem gedacht, und dabei ist etwas Sinnvolles, oft sogar Kreatives entstanden.

Eine Frage, die viele Neurowissenschaftler bewegt, ist jene nach dem freien Willen. Gibt es ihn oder gibt es ihn nicht? Von Immanuel Kant gibt es zwei Antworten auf diese Frage. In der dritten Antinomie der „Kritik der reinen Vernunft" beweist Kant, dass es den freien Willen gibt, aber er beweist auch, dass es ihn nicht gibt. Dichterisch hat Eugen Roth sich zu diesem Problem Gedanken gemacht:

Ein Mensch erhofft sich fromm und still,
daß er einst das kriegt, was er will;
bis er dann doch dem Wahn erliegt
und schließlich das will, was er kriegt.

Teil 4 Wissenschaftliche Kreativität in Gedichten

Ein besonders faszinierendes philosophisches Thema, das auch die Hirnforschung und die Psychologie herausfordert, ist die Frage nach dem Selbst: Woher wissen wir eigentlich, wer wir sind? Wie ist es möglich, dass ich am Morgen aufwache, vor den Spiegel trete und demselben Selbst in die Augen schaue? Wie bestimmt sich also Identität? Eine Antwort auf die vielleicht absurd erscheinende Frage ist, dass wir uns selbst auf der Grundlage unserer Erinnerungen konstruieren. Die zeitliche Wanderung aus dem jeweiligen Jetzt in die Vergangenheit hinein trifft immer wieder auf dieselben Gedächtnisinhalte, und durch diese gleichbleibenden inhaltlichen Bezüge wird ein inneres Bild des Selbst erzeugt. Das mag aber auch eine Illusion sein. Vielleicht ist jeder nur die Simulation seiner selbst. Doch obwohl wir uns als wir selbst erscheinen, ändern wir uns – ein paradoxe Situation: Wir sind gleichzeitig wir selbst und jemand anders, wie dies auch in dem Gedicht „Welt im Wandel" von Robert Gernhardt oder einem Gedicht des portugiesischen Dichters Fernando Pessoa ausgedrückt wird. Pessoa ist auch insofern interessant, als er als Dichter verschiedene Identitäten angenommen und das unten stehende Gedicht unter dem Pseudonym Ricardo Reis geschrieben hat:

Robert Gernhardt: Welt im Wandel
Ich bin nicht mehr, der ich mal war.
Das wird mir täglich schmerzhaft klar.
Doch dass ich weiß, wer ich mal war,
verdank ich dem, der ich heut bin:
Die Zeit macht dich nicht nur zur Sau,
sie macht auch schlau, macht sogar Sinn.

Fernando Pessoa/Ricardo Reis
Ich weiß nicht, wer mich an mich erinnert,
Ich war ein anderer, als ich er war, noch weiß ich,
Ob mit meiner Seele jene Seele ich erkenne,
Die fühlend ich erinnere.

Es gibt allerdings noch eine ganz andere Betrachtungsweise, bei der angenommen wird, dass unser Selbst etwas Vorbestimmtes und kaum Wandelbares ist: die der Astrologie, die Goethe in seinem bekannten Gedicht „Daimon" aus „Urworte. Orphisch" nachvollzieht. Sind wir also vorbestimmt in dem, was wir sind, oder konstruieren wir uns selbst im Rahmen bestimmter Lebensbedingungen?

Wie an dem Tag, der dich der Welt verliehen,
Die Sonne stand zum Gruße der Planeten,
Bist alsobald und fort und fort gediehen
Nach dem Gesetz, wonach du angetreten.
So musst du sein, dir kannst du nicht entfliehen,
So sagten schon Sybillen, so Propheten;
Und keine Zeit und keine Macht zerstückelt
Geprägte Form, die lebend sich entwickelt.

Dass man Identität auch als Ausdruck der jeweiligen Rolle verstehen kann, die man in verschiedenen sozialen Kontexten spielt, dafür sprechen in der Tat viele Beobachtungen. Vielleicht gibt es gar keinen stabilen „Ich-Kern" und wir sind Geschöpfe der sich wandelnden Umwelt, immer bemüht, nicht aufzufallen, immer bestrebt dazuzugehören. Diese Sichtweise kommt in einem Gedicht von Rainer Malkowski („Wollte ich heute sein wie am Anfang") zum Ausdruck:

Am Anfang hatten sie keinen Teller für mich
denn ich war ihnen nicht ähnlich.

Da begann ich mich zu verstellen.
Ich lernte die Suppe zu löffeln wie sie.

Jedes Jahr wurde ich ihnen ähnlicher,
und eines Tages
heiratete ich die Tochter des Kochs.

Wollte ich heute sein wie am Anfang:
ich müsste mich wieder verstellen.

Diese Beobachtung dürfte niemandem fremd sein, dass man die Weise, wie man sich gibt, jeweils an eine gegebene Situation anpasst. Dies gehört einfach auch zu unserer Natur, mit pragmatischer Kompetenz und emotionaler Intelligenz in verschiedene Rollen zu schlüpfen. Jeder ist in einem sehr ursprünglichen Sinn ein Künstler, wie es Joseph Beuys einmal gesagt hat, denn jeder ist notwendigerweise ein Schauspieler.

Teil 4 Wissenschaftliche Kreativität in Gedichten

Vom Anfang bis zum Ende: Sex und Tod

Zu unserem evolutionären Erbe gehört, dass wir unser irdisches Sein nicht weitertragen können. Irgendwann ist das Leben endgültig vorbei. Natürlich teilt nicht jeder diese durch unsere physische Natur nahegelegte Betrachtungsweise. Der Tod musste in der Geschichte des Lebens im Übrigen erst erfunden werden, denn Lebewesen, die sich durch Zellteilung fortpflanzen, können allein deshalb nicht sterben, weil das, was sich teilt, seine Identität stets mitnimmt. Die Erfindung des Todes hängt mit der sexuellen Fortpflanzung zusammen. Diese bedingt nämlich, dass es Individualität gibt, und erst individuelle Wesen sind wegen ihrer Einmaligkeit zu einem endgültigen Ende verdammt oder eingeladen, wie immer man die Sache betrachtet. Doch bevor man stirbt, muss man erst einmal leben und vorher zum Leben erweckt worden sein, und dies geschieht üblicherweise durch sexuelle Aktivität, wie Robert Gernhardt in „Die natürlichste Sache der Welt" betont, auch wenn moderne Technologien uns von dieser besonderen Aktivität befreien wollen:

> *Natürlich gibt es Wollust*
> *Natürlich gibt's Begehren*
> *Das wäre ja noch schöner*
> *Wenn auch die zwei nicht wären*
> *Wir wären ja verloren*
> *Wenn uns die zwei nicht hätten*
> *Und schwiegen ungeboren*
> *In ungemachten Betten.*

Alle psychologischen und biologischen Funktionen unterliegen tagesperiodischen Schwankungen, dies gilt natürlich auch für die Sexualität. Friedrich von Logau beschreibt diesen Sachverhalt in „Die gute Diät", und dieses vor langer Zeit geschriebene Gedicht ist möglicherweise einer der ersten Hinweise auf die Bedeutung der Chronobiologie für das menschliche Verhalten und Erleben:

> *Charlotte hatte ihrem Arzt gesagt,*
> *Daß ihr das Liebeswerk des Morgens sehr behagt,*
> *Allein gesünder sei's, des Abends sich zu pflegen.*

Nun will sie aber mit Bedacht
Es täglich zweimal tun,
Des Morgens, weil's Vergnügen macht,
Des Abends der Gesundheit wegen.

Auf die tagesperiodische Variation von Funktionen und einiges mehr geht Goethe in der „Römischen Elegie" ein. Insbesondere thematisiert der Dichter hier auch das Prinzip der Komplementarität, dem zufolge sich das Verständnis von Kunstwerken insbesondere aus der menschlichen Nähe und damit verbundenen erotischen Aktivitäten erschließt:

Froh empfind ich mich nun auf klassischem Boden begeistert,
Vor- und Mitwelt spricht lauter und reizender mir.
Hier befolg ich den Rat, durchblättre die Werke der Alten
Mit geschäftiger Hand, täglich mit neuem Genuß.
Aber die Nächte hindurch hält Amor mich anders beschäftigt;
Werd ich auch halb nur gelehrt, bin ich doch doppelt beglückt.
Und belehr ich mich nicht, indem ich des lieblichen Busens
Formen spähe, die Hand leite die Hüften hinab?
Dann versteh ich den Marmor erst recht: ich denk und vergleiche,
Sehe mit fühlendem Aug, fühle mit sehender Hand.
Raubt die Liebste denn gleich mir einige Stunden des Tages,
Gibt sie Stunden der Nacht mir zur Entschädigung hin.
Wird doch nicht immer geküßt, es wird vernünftig gesprochen;
Überfällt sie der Schlaf, lieg ich und denke mir viel.
Oftmals hab ich auch schon in ihren Armen gedichtet
Und des Hexameters Maß leise mit fingernder Hand
Ihr auf dem Rücken gezählt. Sie atmet in lieblichem Schlummer,
Und es durchglüht ihr Hauch mir bis ins Tiefste die Brust.
Amor schüret die Lamp indes und denket der Zeiten,
Da er den nämlichen Dienst seinen Triumvirn getan.

Dass es eine letzte Phase im Leben gibt, in der die Wollust verschwindet, das meint Cicero in einem seiner wichtigsten Werke, „Cato maior de senectute" („Cato über das Alter"). Cicero stellt die These auf, man müsse froh sein, diesem Drang nicht mehr ausgeliefert, sondern endlich von sexuellen Bedürfnissen befreit zu sein. Irgendwann ist es dann mit dem Leben und seinen Freuden und Schrecken vorbei; man wurde gemacht, und dann wird man geholt. Doch manchmal geschehen die merkwürdigsten Dinge, wie Joachim Ringelnatz mit „Heimweg" feststellt:

> *Babette starb – noch vor erhoffter Zeit. –*
> *Bei ihrer Nichte stand ein Sarg bereit.*
> *Und diese Nichte fuhr mit ihrem Gatten*
> *Nebst Leiche und mit Höchstgeschwindigkeit*
> *Im Leichenauto zum Bestatten.*
>
> *Doch was kommt in Berlin nicht alles vor;*
> *Und eben deshalb hatte der Chauffeur*
> *In einem Ladenfenster links am Brandenburger Tor*
> *Malheur.*
>
> *Aus Autotrümmern, Scherben und Korsetten*
> *Zog man Chauffeur, nebst Nichte, nebst Gemahl ganz tot hervor.*
>
> *Die Leiche nur (wir sprechen von Babetten)*
> *Vermochte sich zu retten.*
> *Da sie zum Glück nur scheintot wesen war,*
> *Ging sie jetzt heim und lächelte sogar.*

Allerdings dürfte so etwas, wie mit der wilden Phantasie von Ringelnatz beschrieben, eher selten vorkommen. Eine Frage: Ist es wirklich so, wie man immer wieder hört und liest, dass man nur vor dem Sterben, aber nicht vor dem Tod Angst habe? Ich kann mir diesen Unterschied nicht vorstellen. Das scheint eher ein Spiel mit Worten zu sein. Doch eine Angst gilt wohl für alle Menschen, über die Mascha Kaléko das Gedicht „Memento" geschrieben hat:

> *Vor meinem eignen Tod ist mir nicht bang,*
> *Nur vor dem Tode derer, die mir nah sind.*
> *Wie soll ich leben, wenn sie nicht mehr da sind?*
>
> *Allein im Nebel tast ich todentlang*
> *Und laß mich willig in das Dunkel treiben.*
> *Das Gehen schmerzt nicht halb so wie das Bleiben.*

Der weiß es wohl, dem gleiches widerfuhr;
Und die es trugen, mögen mir vergeben.
Bedenkt: den eignen Tod, den stirbt man nur,
Doch mit dem Tod der andern muß man leben.

Bewegend sind die vielen Gedichte, die Robert Gernhardt angesichts seines langen Sterbens und bevorstehenden Todes geschrieben hat. In „Zweierlei Therapie" kommentiert er auch unser medizinisches System:

Weil Krankheit stets nach Heilung schrie,
ersann der Mensch die Therapie.

Die kann durchaus ein Segen sein.
Doch gilt das durchweg? Leider nein.

Spricht der Arzt von „adjuvant",
hängt der senkrecht an der Wand.

Spricht er von „palliativ",
hängt der ganze Segen schief.

Denn das Wort bedeutet schlicht:
Wahre Heilung gibt es nicht.

Woraus folgert: Der Klient
bleibt ein Leben lang Patient

einer Medizin, die schaut,
daß er nicht zu schnell abbaut.

Leben strecken, Leiden lindern,
Trübsal dämpfen, Schmerzen mindern –

all das ist zutiefst sozial,
unterm Strich jedoch fatal,

da es auf ein Ende zielt,
das stark ins Finale spielt:

Dürrer werden, matter werden,
Abschied nehmen von der Erden,

> *nach und nach – zuerst vom Kiez,*
> *dann vom Heim, dann vom Hospiz,*
>
> *dann, zum Sterben durchgewunken,*
> *sprich: palliativ gesunken,*
>
> *siehst du endlich wieder Land:*
> *So ein Tod ist adjuvant!*

Der Schrecken des Sterbens zeigt sich vor allem auch in der Angst, damit allein gelassen zu sein. Karl Krolow sagt hierzu in „Exit":

> *Die letzte Krankheit. Man wird ganz allein sein*
> *mit Apparaten. Und Dein- und Mein-Sein*
> *ohne Unterschied in der Agonie.*
> *Man wird so schmutzig oder so rein sein*
> *und ohne Schuld und ohne Verzeihn sein*
> *nach der letzten, tödlichen Therapie.*

Doch ist mit dem Tod wirklich alles vorbei? Nicht alles von uns wird vergehen, wenn wir etwas geschaffen haben, wie Horaz voller Stolz über sein Werk in der letzten und 30. des dritten Buches seiner Oden verkündet:

> *Errichtet habe ich ein Denkmal, dauerhafter als Erz*
> *(„Exegi monumentum aere perennius"),*
>
> *Das die Königsgräber, die Pyramiden, überragt,*
> *Das nicht nagender Regen, nicht der ungestüme Nordwind*
> *Zu zerstören vermag noch die endlose*
> *Reihe der Jahre und die flüchtige Zeit.*
> *Nicht völlig werde ich sterben („Non omnis moriar"),*
> *Und ein großer Teil von mir*
> *Wird der Todesgöttin entfliehn.*

Dass etwas bleibt, dass nicht alles vergeht, das gilt für jeden, nicht nur für den Dichter. Durch unsere Existenz, das Leben jedes Einzelnen, kann sich der Lauf der Welt verändern. Man spricht in der Chaostheorie vom Schmetterlingseffekt, dem zufolge der Flügelschlag eines Schmetterlings irgendwo auf der Erde einen Tornado auslösen kann. Auf der Grundlage dieser Theorie gilt auch, dass jeder Mensch ein Schmetterlingseffekt sein kann, dass durch die Existenz des einzelnen Lesers dieses Buches sich der Lauf der Welt verändern kann. Wir werden es nicht wissen, doch es könnte so sein. Das wäre dann Kreativität einer ganz anderen Art. Dieser kreative Schmetterlingseffekt mag sich erst spät einstellen, vielleicht erst nach Beendigung des irdischen Seins, doch es könnte geschehen, und dies gilt für jeden Erdenbürger. Dass eine solche Wirkung aus dem Dunst des Unbestimmten herausgehoben werden kann, dafür steht das Gedicht. Das Weiterleben im Gedicht ist ein Thema seit Beginn der abendländischen Poesie, wie zwei kurze Gedichte der griechischen Dichterin Sappho in der Übersetzung von Raoul Schrott zeigen:

Mögen sie auch nur atem sein
die worte . meine zunge wird sie
unsterblich machen

Die musen gaben mir mein leben
und wenn ich sterbe werde ich
niemals mehr vergessen werden

Das Sonett 18 von William Shakespeare, das mit der Zeile „Shall I compare thee to a summer's day" beginnt, bezieht sich in seinen letzten Zeilen auch auf das Weiterleben im Gedicht; es lautet in der Übersetzung von Hans Magnus Enzensberger:

Was heißt hier Sommertag! So hitzig nicht,
viel zarter bist du. Wie so oft im Mai
der Sturm bereits die teuren Knospen bricht!
Und rasch ist so ein Sommer auch vorbei.

Bald brennt das große Aug am Himmel grell,
bald trüben Schatten seine goldne Iris ein.
Was schön am Schönen ist, entblättert schnell
die Laune der Natur, der Zufall. – Nein!

Teil 4 Wissenschaftliche Kreativität in Gedichten

Ich will nicht, dass dein Sommer weicht,
dass soviel Schönheit schwindet und verwaist,
dass sie im Todesschatten ganz verbleicht.
Ich will, dass du in meinem Vers gedeihst,
und lebst, solang die Welt noch Augenlicht
und Atemzug belebt: hier im Gedicht.

Und schließlich sei noch das Gedicht „Nänie" von Friedrich Schiller als Beispiel genannt, das deutlich macht, wie man durch das Gedicht nicht „klanglos zum Orkus hinabgeht", und in dem sich, wenn man es spricht, auch die zeitliche Zäsur innerhalb der Gedichtzeile hörbar machen lässt:

Auch das Schöne muß sterben! Das Menschen und Götter bezwinget,
Nicht die eherne Brust rührt es des stygischen Zeus.
Einmal nur erweichte die Liebe den Schattenbeherrscher,
Und an der Schwelle noch, streng, rief er zurück sein Geschenk.
Nicht stillt Aphrodite dem schönen Knaben die Wunde,
Die in den zierlichen Leib grausam der Eber geritzt.
Nicht errettet den göttlichen Held die unsterbliche Mutter,
Wann er, am skäischen Tor fallend, sein Schicksal erfüllt.
Aber sie steigt aus dem Meer mit allen Töchtern des Nereus,
Und die Klage hebt an um den verherrlichten Sohn.
Siehe, da weinen die Götter, es weinen die Göttinnen alle,
Daß das Schöne vergeht, daß das Vollkommene stirbt.
Auch ein Klagelied zu sein im Mund der Geliebten, ist herrlich,
Denn das Gemeine geht klanglos zum Orkus hinab.

Was hat es also auf sich mit Gedichten, wenn man sie mit einer eher naturwissenschaftlichen Perspektive in den Blick nimmt? Es sind zwei Bereiche, die in dieser Sichtweise bedeutsam sind, nämlich zum einen anthropologische Universalien und zum anderen individuelle oder kulturelle Spezifika. Die hier vorgenommene Auswahl von Gedichten ist zumeist der „leichteren Art", und eine Vorliebe für Joachim Ringelnatz oder Robert Gernhardt ist offenkundig. Die allgemeinen Regeln scheinen aber für alle Tonarten zu gelten und nicht nur für diese kleine Stichprobe, die aus Tausenden von Gedichten extrahiert wurde. Es gilt einerseits die Regel, dass von Dichtern in allen Kulturkreisen zeitliche Strukturen beachtet werden, die offenbar vom intuitiven Wissen getragen werden. Des Weiteren spiegeln sich in Gedichten die verschiedenen linguistischen Kompetenzen als anthropologische Universalien: die lexikalische Kompetenz für unseren Wortvorrat; die syntaktische Kompetenz für die Konstruktion von Sätzen; die semantische Kompetenz für die Vermittlung von Bedeutung; die sprachlautliche Kompetenz als Indikator menschlicher Sprache; die prosodische Kompetenz zum Ausdruck der Gefühle; die pragmatische Kompetenz für die Einschätzung von Situationen; die kognitive Kompetenz als Hinweis auf geistige Gesundheit. Hinzu kommen optische Muster, indem das Schriftbild selbst Inhalte assoziieren lässt. Schließlich können mathematische Regeln eine äußere Form vorgeben, an die sich der Dichter halten muss, er wird dann dazu gezwungen, das Gemeinte so weit zu variieren, dass es in die Form passt, wodurch sich eine schöne Wechselwirkung zwischen Form und Inhalt ergibt. Neben diesen formalen Prinzipien werden andererseits Themen behandelt werden, die auch zum wissenschaftlichen Geschäft gehören, wie Fragen nach der Identität, des inneren Gleichgewichts oder der Homöostase, der Kreativität, des Beginns des Lebens und seines Endes. Dies alles sind auch Themen der Wissenschaft. Was folgt daraus? Kunst und Wissenschaft sprechen über dasselbe, auch wenn die Weise, wie es gesagt wird, dies maskieren mag.

Teil 5
Kreativität in den Augen anderer

Dies ist eine besondere Art von Literaturverzeichnis, mit weiteren Ansichten dazu, „wie wir von Natur aus gemeint sind", nämlich kreativ und stets ein Gleichgewicht suchend – und mit Anmerkungen dazu, was eigentlich von solchen Verzeichnissen über die Veröffentlichungen anderer zu halten ist.

Eine anarchistische Vorbemerkung

Hinweise auf die Veröffentlichungen anderer, Fußnoten, aus denen hervorgeht, von wem man etwas übernommen hat, das sind eigentlich sinnlose Unternehmen. Das gilt insbesondere bei einem Buch wie diesem hier, doch auch für die meisten wissenschaftlichen Artikel, die sich an ein Fachpublikum richten. Wo fängt man an mit den Hinweisen auf andere, wenn man der Auffassung ist, auch auf sehr allgemeine Erkenntnisse Bezug nehmen zu müssen? Wo hört man auf, bei welcher Ebene von Details meist technischer Art, auf die sich andere bezogen haben, um etwas zu erarbeiten?

Es geht immer darum, zu prüfen, wer etwas zuerst gesagt hat. Was aber heißt „gesagt"? „Gesagt" heißt in diesem Zusammenhang etwas anderes, nämlich „schriftlich festgehalten". Etwas muss irgendwo schriftlich, typischerweise in einer wissenschaftlichen Zeitschrift oder in einem Buch, festgehalten sein, um als Veröffentlichung zu gelten. Doch wenn jemand etwas in Anwesenheit anderer tatsächlich gesagt hat, ist das nicht auch „veröffentlicht", und fordert der Betreffende dann nicht mit Recht, dass sein nur mündlich geäußerter Gedanke, eine Hypothese etwa, von anderen entsprechend gewürdigt wird? Da dies meist nicht geschieht, sprechen manche Forscher zum eigenen Schutz nicht mehr offen über ihre wissenschaftlichen Projekte, aus Angst, die Priorität der Publikation einer Entdeckung zu verlieren. Im Feld der Wissenschaft geht es immer um Priorität, darum, etwas zuerst zu veröffentlichen. Ein Weiteres: Ist das, was in den sozialen Medien verbreitet wird, als eine Veröffentlichung zu werten? Eigentlich schon, schließlich ist es ja öffentlich.

Daraus ergibt sich ein Problem, das die beiden Autoren dieses Buches betrifft, und eigentlich jeden Autor: Es ist einfach viel zu viel „öffentlich". Wir können nicht mehr genau sagen, wo wir etwas aufgegriffen haben, woher wir möglicherweise einen Gedanken übernommen haben. Deshalb sei ganz allgemein und nicht einmal mit einem schlechten Gewissen festgestellt: Jede Idee, die wir hier ausbreiten, könnten wir von anderen übernommen haben – es ist aber auch nicht ausgeschlossen, dass manches von uns ist. Da sowohl das eine als auch das andere möglich ist, befinden wir uns in einer merkwürdigen, paradoxen Situation: Wir schreiben über Kreativität, und es könnte sein, dass wir selber dies mit sehr eingeschränkter Kreativität tun, dass also alles von anderen stammt. Dies ist aufgrund des permanent überforderten Gedächtnisses immerhin möglich. Niemand kann mehr im Detail nachvollziehen, wo er etwas zuerst gesehen oder gehört hat. Unser Gedächtnis ist nicht an „Zeitmarken" interessiert, sondern an Inhalten.

Das wäre die Außensicht auf die Dinge, die man uns als Autoren vorhalten kann. Wir meinen, dass man solche Vorwürfe gegenüber allen Autoren von Büchern wie diesem erheben könnte, was aber die Sache für uns nicht besser macht. Doch es gibt auch die andere Perspektive, die Innensicht auf die Dinge, und in dieser erfreuen wir uns unserer eigenen „Kreativität". Auch wenn manch andere etwas bereits gedacht haben, an das wir denken, so ist es doch immer ein Vergnügen und erfüllt mit Zufriedenheit, wenn einem selbst etwas einfällt. Und dann stört es gar nicht, dass andere schon einmal das Gleiche gedacht und erdacht haben. Im Gegenteil: Es erfüllt mit Genugtuung, dass der eigene Einfall keine Singularität ist, also nichts Besonderes, sondern dass man eingebettet ist in eine Welt, in der viele Menschen über ähnliche Dinge nachdenken und zu ähnlichen Ergebnissen kommen. Wir fühlen uns dann als ein Teil eines größeren Ganzen, und was auch wichtig ist: Dass andere ähnliche Gedanken verfolgen und Einfälle haben, bestätigt einen darin, einigermaßen normal, also Herr seiner Sinne zu sein.

Dieses Gefühl, dazuzugehören, weil man ähnliche Gedanken wie andere hat oder ähnliche kreative Leistungen vollbringt, wird nicht von allen Künstlern, Forschern oder kreativen Menschen in anderen Bereichen der Gesellschaft geteilt. Allzu gerne verweist man auf die eigene, unübertroffene Kreativität, das noch nie Dagewesene, das Einmalige, das Großartige. Ich muss zugeben, dass ich mich auch und allzu oft dieser Illusion hingegeben habe. Und ich musste lernen zu erkennen und anzuerkennen, dass alles, was ich „entdeckt" habe, immer schon entdeckt worden war, wenn auch manchmal mit anderen Worten gesagt oder dargestellt in künstlerischen Werken. Denn viele „Entdeckungen" haben die Künste längst gemacht. Oft haben Künstler etwas vor-gedacht, was wissenschaftlich nach-gedacht wird. Es wird dann in der Sprache des Forschers umformuliert und als etwas Neues dargestellt. Diese Einsicht ist ein Grund dafür, warum so viele Gedichte in dieses Buch hineingeraten sind: Im Gedicht, und das gilt für alle Zeiten, seitdem es Dichtkunst gibt, werden oft Erkenntnisse vermittelt, die wir als Forscher mühsam nachkonstruieren. Bei der Auswahl der hier vorgestellten Gedichte haben wir uns allerdings – wenn auch nicht ausschließlich – auf solche konzentriert, in denen Witz oder Ironie vorherrschen. Dass wir Wissenschaftler meist den Erkenntnissen hinterherhecheln, zeigt sich in einer Bemerkung von Künstlern, die man oft zu hören bekommt, wenn man mit ihnen über wissenschaftliche Erkenntnisse spricht: „Aber das weiß man doch schon längst." Das ist auch die Erfahrung, die man mit sogenannten Laien macht, die sich darüber wundern, dass etwas, das als selbstverständlich gilt, erst noch „entdeckt" werden musste. Ein Beispiel hierfür ist der Zweite Hauptsatz der Thermodynamik. Er besagt, dass spontan ablaufende Prozesse irreversibel sind, und beschreibt eine Richtung der Zeit theoretisch. Für Laien aber ist es intuitiv verständlich, dass sich die Tasse, einmal zu Boden gefallen und zersprungen, nicht wieder zusammensetzt und auf den Tisch zurückstellt.

Dass Literaturangaben und Nachweise in Fußnoten recht fragwürdig sind, ergibt sich noch aus einer anderen Tatsache, die an die Grenzen wissenschaftlicher Moral oder sogar darüber hinaus führt. Nehmen wir nur einmal das Gebiet der Hirnforschung, auf dem jedes Jahr etwa 100 000 wissenschaftliche Publikationen erscheinen; genau gezählt hat das niemand, doch die Größenordnung dürfte stimmen. Kein Hirnforscher kann das alles lesen. Wenn man sehr fleißig ist, dann studiert man mit Konzentration in einem Jahr vielleicht 100 Veröffentlichungen anderer und nimmt 1000 zur Kenntnis. Man kommt also gerade einmal an die Ein-Prozent-Grenze heran – viele studieren sehr viel weniger. Die fehlenden 99 Prozent enthalten aber auch wichtige Informationen. Trotz all der Intelligenz in den stolzen wissenschaftlichen Netzwerken gibt zurzeit keine Möglichkeit, die grundsätzlich verfügbaren Informationen in ihrer Bedeutung zu erfassen. Semantisch sensitive Verfahrensweisen, mit denen sich das verfügbare Wissen filtern ließe, gibt es nicht, trotz aller Verheißungen. Das meiste, was Wissenschaftler produzieren, wird für den Papierkorb geschrieben.

Wie aber wehrt sich die wissenschaftliche Welt gegen dieses Zuviel, wenn keiner zugeben mag, dass vieles, was sie oder er macht, bedeutungslos für den Gewinn von Wissen ist, für den Fortschritt also keine Rolle spielt und auf der Müllkippe der Belanglosigkeit landet? Jeder träumt davon, wenn nicht bedeutend, so doch mindestens ein „Arbeiter im Weinberg des Wissens" zu sein. Aus diesem Grund entstehen lokale Netzwerke von Gleichgesinnten, die versuchen, durch bestimmte wissenschaftliche Publikationsorgane eine Richtung vorzugeben und so festzulegen, was bedeutsame Forschung ist. Es geht immer darum, die Meinungshoheit zu gewinnen, sei es an den Stammtischen der Wissenschaften oder auch in der Kunstrezeption. Das hat Konsequenzen: Es entstehen Zitationskartelle von geschlossenen Gemeinschaften, die alle wegbeißen, die nicht dazugehören, und sich gegenseitig auf die Schulter klopfen.

Allein in dem Forschungsbereich, der sich mit visueller Wahrnehmung befasst, dürfte es ein Dutzend verschiedene Zünfte geben, die nicht miteinander sprechen und die kaum voneinander wissen. Um voneinander zu wissen, müsste man interdisziplinär denken und sich mit Fragen der Psychophysik, Neuroanatomie, Neurophysiologie, Neuropsychologie, mit kognitiver Informatik, mathematischer Modellierung, phänomenologischen Methoden und sogar der Philosophie beschäftigen, und wer will oder kann das schon. Aber notwendig wäre es, vor anderen Perspektiven nicht die Augen zu verschließen, wenn man das „Sehen" insgesamt verstehen will.

Diese Aufsplitterung der Forschung wäre im Grunde völlig belanglos und für Außenstehende auch uninteressant, wenn sie nicht politische Konsequenzen hätte: Zitationskartelle erzeugen die Illusion, dass nur in ihnen das wahre Wissen erzeugt wird. So hält das Marketing Einzug in die Wissenschaft: Am wichtigsten wird, wer die besten Marketing-Strategien hat. Das kann selbst

Ausdruck einer speziellen Kreativität sein, die aber mit wissenschaftlicher Kreativität nicht korrelieren muss. Die Folge sind politische Entscheidungen darüber, wer die besten Forscher, die besten Universitäten sind, die wiederum für ihre Arbeit finanziell besonders gefördert werden.

Eine nicht zu gewagte Hypothese: Jede empirische wissenschaftliche Arbeit, in der Bezug auf die Arbeit anderer genommen wird, könnte ein völlig anderes Literaturverzeichnis haben, das keinerlei Überschneidungen zum ersten aufweist, das mit dem gleichen Recht und der gleichen Expertise das Werk anderer würdigt. Warum kommt das nie vor? Es geht bei Hinweisen auf die Arbeit anderer überhaupt nicht um die Würdigung des Wissens. Es geht darum, auszudrücken, dass man dazugehört oder dazugehören möchte. Man schmeichelt den anderen, um deren h-Index zu erhöhen, in der Hoffnung, dass man von ihnen zitiert wird, und sich so der eigene h-Index verbessert. (Der h-Index wurde 2005 von Jorge E. Hirsch entwickelt und ist eine merkwürdige Erfindung. Er gibt mit einer Ziffer an, wie viele der eigenen wissenschaftlichen Veröffentlichungen in der gleichen Höhe von anderen zitiert wurden. Wenn man also zehn Arbeiten publiziert hat, und von diesen zehn wurde jede mindestens zehnmal zitiert, dann hat man einen h-Index von 10.)

Wenn man das alles bei Licht betrachtet, dann muss man feststellen, dass die meisten kreativen Leistungen nicht in Zitationskartellen oder im Mainstream zu finden sind, sondern in den vielen Welten daneben – das gilt ebenso für die Wissenschaften wie für die Künste. Um diese aufzuspüren, muss man eine neue Optik entwickeln, die auch das erfasst, was kaum sichtbar ist. Man muss über den Tellerrand blicken und Verstecktes „entbergen", und man darf sich nicht verrückt machen lassen von den jeweils aktuelle Hypes, insbesondere vom „Neuropop", den wir gerade erleben.

Ein weiterer Mechanismus, sich gegen die Flut der wissenschaftlichen Veröffentlichungen zu wehren, besteht darin, dass man nur noch zur Kenntnis nimmt, was in den letzten Jahren veröffentlicht wurde. Was vor dem Jahr 2000 in der wissenschaftlichen Literatur niedergelegt wurde, wird in vielen Disziplinen bereits zur tiefsten Vergangenheit gezählt und deshalb nicht beachtet. So kommt es dazu, dass etwas, das eigentlich längst bekannt ist, vermeintlich neu „entdeckt" wird.

Und dann gibt es natürlich noch die Sprachbarriere: Wenn man so töricht war oder ist, im Bereich der Hirnforschung nicht auf Englisch zu publizieren, dann existiert das in der „falschen" Sprache Aufgeschriebene einfach nicht, zumindest nicht im internationalen Rahmen. Dann kann man noch so stolz auf die Kreativität des eigenen Kulturkreises sein, doch was auf Russisch, Französisch, Spanisch, Italienisch, Deutsch oder gar in einer asiatischen Sprache wie Japanisch oder Chinesisch geschrieben wurde, ganz zu schweigen von Arabisch, kommt auf der internationalen Bühne nicht vor.

Wenn irgendwann das Projekt, semantisch sensitive Suchmaschinen zur Erfassung wissenschaftlicher Erkenntnisse zu entwickeln, ernsthaft angegangen werden sollte, dann muss man erstens das Zeitfenster in die Vergangenheit öffnen und zweitens die Sprachbarriere aufheben. Dass damit die Aufgabe, eine solche Suchmaschine zu entwickeln, nicht leichter wird, das ist offenkundig. Doch nur dann kann man auch noch etwas anderes erkennen, das sich durch die Sprache vermittelt: Zum einen ermöglicht es die Erweiterung des Zeit- und Sprachhorizonts, Erkenntnisse in das eigene Denken einzubeziehen, die man sonst übersehen hätte. Zum anderen aber bietet die Struktur einer jeden Sprache eigene Möglichkeiten, Dinge auszudrücken, Möglichkeiten, auf die nur sehr geübte Sprecher oder Muttersprachler zugreifen können. Und die Art, wie eine Erkenntnis in einer Muttersprache ausgedrückt werden kann, spannt einen eigenen inhaltlichen Rahmen auf, auch in den Naturwissenschaften, zumindest im Bereich der Hirnforschung und der Psychologie. Wir setzen unserer Welt durch einen zu engen Zeit- und Sprachhorizont Grenzen und machen uns so dümmer, als wir sind. Und in diesem Fall ist Dummheit eine Sünde.

Dass es zu solch merkwürdigen Entwicklungen wie den beschriebenen Zitationskartellen gekommen ist, hat auch etwas mit der Instrumentalisierung der Wissenschaft, wie vielleicht des ganzen modernen Lebens zu tun. Wir sind im Wesentlichen nur noch Kostenfaktoren in den Systemen der Gesundheit, der Bildung, der Umwelt und der Wissenschaft. Um diese zu kontrollieren, braucht man natürlich Zahlen, mit deren Hilfe die Controller ihre Arbeit verrichten können und schließlich die Entscheider ihres Amtes walten können. Dass diese Kontrolle nichts anderes als Freiheitsberaubung ist, das fällt schon gar nicht mehr auf. Wir alle sind auch adaptive Systeme, die im Laufe der Zeit als selbstverständlich hinnehmen, was nicht selbstverständlich ist. Man muss sich fragen, wie man uns in 50 Jahren rückblickend beurteilen wird. Werden wir in der Zukunft vor uns bestehen können?

Warum also fügen wir diesem Buch überhaupt ein Verzeichnis an, das sich auf Bücher und wissenschaftliche Artikel anderer bezieht? Ein Grund: Es ist

Eine anarchistische Vorbemerkung

ein Vergnügen, manchmal auch ein Missvergnügen, in den Werken anderer zu lesen, ihre Gedanken aufzugreifen, sie vielleicht in einen anderen Rahmen zu stellen, und die Möglichkeit hierzu wollen wir unseren Lesern nicht vorenthalten. Insbesondere aber glauben wir, dass durch die Auswahl und die Kommentare unsere eigenen Vorurteile deutlicher werden. Und es wird durch die Auswahl transparenter, dass immer bestimmte Gedanken herausgegriffen wurden, die vielleicht gar nicht die zentrale Thematik des zitierten Werkes sind. Womöglich stehen dem Spezialisten die Haare zu Berge, wenn er sieht, in welcher Weise wir uns auf den jeweiligen Text beziehen, was uns wesentlich oder interessant erscheint. „Habent sua fata libelli" – die Bücher haben ihr eigenes Schicksal, und Gleiches gilt für wissenschaftliche Artikel. Dass man etwas in ihnen liest, was nur randständig angedeutet wurde, dass man etwas in einen Text hineininterpretiert, kann aber auch die Wurzel eines kreativen Prozesses sein. Etwas misszuverstehen, führt einen nicht selten auf eine neue Fährte – so ist es in der Forschung oft genug geschehen. Und natürlich haben wir in den Kommentaren – seien sie kurz oder lang – immer den Bezug der besprochenen Werke zu den zentralen Themen dieses Buches aufgezeigt: dazu, dass wir von Natur aus kreativ sind, zur Frage, wie wir mögliche Kreativitätsstaus umfahren können, wie unser Gehirn bei bestimmten Herausforderungen funktioniert, dazu, dass es uns als biologischen Wesen immer darum geht, ein inneres Gleichgewicht, eine Homöostase, herzustellen, und dazu, dass dies alles ohne Mut und eigenen Einsatz nicht zu erreichen ist.

Teil 5   Kreativität in den Augen anderer

Kommentierte Texte von A bis Z

Ralph Adolphs: „The Social Brain. Neural Basis of Social Knowledge", in: Annual Review of Psychology 60 (2009), S. 693–716.
Wenn wir uns fragen, wie wir als biologische Wesen von Natur aus „gemeint" sind, dann ist eine Antwort, dass wir vor allem auch soziale Wesen sind. Die „sozialen Neurowissenschaften" haben sich in den letzten Jahren besonders stark entwickelt, wobei auffällig ist, dass hier besonders Forscher aus dem ostasiatischen Raum wesentliche Beiträge leisten. Eine Grundfrage in diesem Forschungsbereich lautet: Was verbindet uns über kulturelle Grenzen hinweg miteinander und was macht uns aufgrund unterschiedlicher kultureller Prägungen verschieden? Was sind anthropologische Universalien, was kulturelle Spezifika? Wenn wir das soziale Miteinander betrachten, müssen wir zwischen zwei Prozessen unterscheiden: Einerseits sind wir bestimmt durch eher langsame rationale Prozesse, die meist in sprachliche Äußerungen eingebunden sind, etwa wenn wir Urteile über andere fällen. Andererseits steuern uns automatische, schnelle Prozesse, die emotional geprägt sind, wie zum Beispiel beim ersten Eindruck, den man von jemandem bekommt. Wenn wir Urteile über andere fällen, das zeigt die moderne Forschung insbesondere auf der Basis von Ergebnissen bildgebender Verfahren wie der funktionellen Kernspintomografie (fMRT), dann sind an solchen Urteilen vor allem Areale des orbitofrontalen Cortex, der Amygdala und des Temporallappens beteiligt. Doch dies sind sie nie nur allein, sondern immer als Teil eines neuronalen Netzwerks: Andere Strukturen kommen hinzu, so der insuläre Cortex, der bei empathischen Erlebnissen oder anderen Emotionen beteiligt ist. Und hierin findet Ralph Adolphs die Antwort auf seine Frage, worin sich die soziale Kompetenz des Menschen wohl gegenüber anderen Lebewesen unterscheiden mag: Er kommt zu dem Schluss, dass wir anders als andere Lebewesen in der Lage sind, uns in andere Zeiten und an andere Orte zu versetzen – und dass wir uns in das Seelenleben anderer hineinfühlen können. Das zeichnet uns aus. Und ist kreatives Handeln nicht immer auf andere gerichtet?

Al-Farabi: Über die Wissenschaften – De scientiis. Nach der lateinischen Übersetzung Gerhards von Cremona, Hamburg: Meiner 2005.
Im 10. Jahrhundert, also vor mehr als eintausend Jahren, waren Bagdad und Damaskus das Zentrum der geistigen Welt, und sie zeichneten sich durch eine Toleranz aus, die man sich für die heutige Welt wünschen würde. Eine besondere wissenschaftliche Herausforderung war es, die Wissens- und Glaubenssysteme der griechischen und der islamischen Welt zusammen zu denken, und dieser Aufgabe hat sich Al-Farabi gestellt. Sein Lösungsversuch hat heute noch Gültigkeit. Wie fruchtbar wäre es, wenn wir die Kreativität der verschiedenen kulturellen Welten heute zusammenbringen würden, und zwar nicht, um kulturelle Identitäten aufzugeben, sondern um sie als Kulturexperimente der Menschheit zu verstehen. Hieraus könnten sich neue kulturelle Trajektorien entfalten, die das Bewährte erhalten und mit Respekt dem Bewährten gegenüber das Neue mutvoll versuchen.

Jean-Christophe Ammann: Bewegung im Kopf. Vom Umgang mit der Kunst, Regensburg: Lindinger + Schmid 1993.
Ein faszinierendes Buch eines großen Kunst-Kenners. Zwar meint Jean-Christophe Ammann: „Über Kreativität kann man sich fusselig reden, ohne einen einzigen Schritt voranzukommen", doch in seinen Beschreibungen der Künstler schwärmt er von deren Kreativität. Aber Paradoxien gehören zur Kunst und Wissenschaft. Ammann sagt: „Künstler sind auch nur Menschen, und das, was sie ausdrücken, ist in uns allen auch vorhanden." Inhaltliche Themen der Kunst sind nach seiner Auffassung Zeit, Angst, Tod und Sexualität, und er glaubt, dass es nur diese Themen sind; alles andere und auch alle „neuen" Themen lassen sich darauf reduzieren. Zu den Inhalten, zu dem, was dargestellt wird, kommt bei jedem Kunstwerk etwas hinzu, das im künstlerischen Prozess steckt: Jedes Kunstwerk ist Ausdruck einer Suche nach generativen Prinzipien wie Ordnung und Unordnung oder Zufall und Notwendigkeit. Jeder Künstler schafft ein Stück Welt, und wie er dieses Stück Welt schafft, gibt Aufschluss darüber, wie die Gegenwart gedacht wird. Künstler sind gleichsam die Antennen, und zwar die sensibelsten Antennen für den jeweiligen Zeitgeist. Deshalb vertritt Ammann die folgenden Thesen: „1. Ich glaube an die Kunst als Forschung. – 2. Ich glaube, dass die Kunst Bilder schafft, die auch unsere Bilder sind. – 3. Ich glaube, dass wir auf die Ideen und Phantasie der Künstler angewiesen sind. […] – 4. Ich

glaube an das fundamentale Bedürfnis nach Kunst, nicht als Ersatzwelt, sondern als reale Symbolwelt, in der das Nichtsagbare neben dem Sagbaren gleichwertig steht." Er betont, ganz ähnlich wie die Hirnforschung, dass wir auch in Bildern denken und damit neben dem begrifflichen Denken eine zweite Weise des Denkens nutzen. Aufgabe des Künstlers sei es heutzutage, „den Menschen klarmachen, dass wir uns in einer ungeheuren Umwälzung befinden und dass das schöpferische Denken von Gegenwart unabdingbar ist für ein, gelinde gesprochen, Erahnen dessen, was die Zukunft für uns bedeutet." Denn im Kunstwerk lassen sich die Regungen der Zeit, der Fußabdruck der Gegenwart ablesen; die Entwicklung der Gesellschaft kann ganz besonders in der Kunst beobachtet werden. Der Künstler ist zwar kein Wissenschaftler, er stellt keine Theorien auf, aber er ist Forscher, und zwar einer, der nicht anders kann – einer, der zur Kreativität verdammt ist.

Aristoteles: Die Nikomachische Ethik, übers. u. hrsg. v. Olog Gigon, 8. Aufl., München: dtv 2010.

Im zweiten Buch betont Aristoteles die Bedeutung der „Mitte", und er bestimmt damit eines der zentralen Themen dieses Buches: „Die Mitte im Bezug auf uns ist das, was weder Übermaß noch Mangel aufweist; dieses ist nicht eines und nicht für alle Menschen dasselbe." Tugend sei eine Mitte zwischen einem Zuviel und Zuwenig. Nicht zu viel, aber auch nicht zu wenig Sport; nicht zu viel, aber auch nicht zu wenig Mut. Das Gleichgewicht ist entscheidend, und das gilt vor allem auch für die Kunst und die Proportionen bei Bauwerken. Kreativität ist der Motor, sich immer wieder neu dieser Mitte zu versichern.

Aurelius Augustinus: Confessiones – Bekenntnisse, München: Kösel 1955 (verfasst 397/398).

Das 11. Buch der „Bekenntnisse" ist immer noch die wichtigste Einführung in die Probleme der „Zeit des Menschen und der Zeit überhaupt". Und es ist ein Beispiel dafür, wie jemand kreativ und auch emotional mit einer schwierigen Frage umgeht. Was ist überhaupt unser Zugang zu „Zeit"? Augustinus meint, dass man sich der Zeit über das Erleben des Gegenwärtigen nähert und dass Vergangenheit und Zukunft immer Abstraktionen vom gegenwärtigen Erleben („contuitus" – Anschauung) sind. Vergangenheit ist Erinnerung („memoria"), Zukunft ist Erwartung („expectatio").

In meiner eigenen wissenschaftlichen Arbeit habe ich versucht, eine experimentelle oder auch anschauliche Bestimmung von „subjektiver Gegenwart" vorzunehmen. Dabei ist deutlich geworden, dass etwa drei Sekunden die „zeitliche Bühne", das „Zeitfenster" des jeweils Gegenwärtigen bilden. Zwar glaubt man selbst zumeist, dass das, was man gerade erlebt, was man also wahrnimmt, erinnert oder fühlt, die Größe der zeitlichen Bühne bestimmt. Dem ist nicht so. Die Bühne ist schon da, unabhängig vom Inhalt des Erlebens, sie ist prä-semantisch bestimmt. Das „Drei-Sekunden-Fenster" ist eine logistische Funktion des Gehirns, die genutzt wird, um Inhaltliches überhaupt erst möglich zu machen. Diese Betrachtung geht über das von Augustinus entwickelte Konzept von Gegenwart hinaus, der den Unterschied zwischen dem Erlebten selbst, den Inhalten also, und seiner Bedingung der Möglichkeit offenbar nicht machte.

James H. Austin: Chase, Chance and Creativity. The Lucky Art of Novelty, Cambridge: MIT Press 2003.

Der Autor hat sich die Mühe gemacht, einmal zusammenzutragen, wie kreative Prozesse normalerweise ablaufen. Zunächst muss man Interesse an einer Sache haben; ist das gegeben, bereitet man sich vor und trägt sein relevantes Wissen im Gehirn zusammen; dann kommt es zu einer Phase der „Inkubation": Es denkt in einem; wenn man Glück hat, kommt es dann zur Erleuchtung, einem Heureka-Erlebnis, wie es der griechische Mathematiker Archimedes beschrieben hat – doch damit ist der Prozess noch nicht beendet; nun gilt es aktiv zu verifizieren, was einem im vorherigen kreativen Prozess eingefallen ist; und wenn diese Bestätigung auf der expliziten Denk-Ebene erfolgreich war, dann sollte man zur Innovation schreiten und den kreativen Gedanken umsetzen, ihn ausbeuten.

Francis Bacon: Neues Organon, Hamburg: Meiner 1990 (zuerst 1620: Novum Organum).

Für Forscher – und nicht nur für sie – ist das „Neue Organon" eine wichtige Lektüre: Der Text ist ein Markstein für den Aufbruch der modernen Wissenschaft, da man hier mit möglichen Fehlern des eigenen Denkens vertraut gemacht wird. Aber: Fehler können kreatives Denken auch erst anregen; eine falsch verstandene Theorie, ein sprachliches Missverständnis können Ausgangspunkte für Einfälle sein. Was sind die Fehler, auf die Francis Bacon hinweist? Wir machen Fehler aufgrund unseres evolutionären Erbes, weil wir Menschen sind; wir machen Fehler aufgrund unserer individuellen Prägungen und Vorurteile; wir machen Fehler, weil wir das, was wir denken und glauben, nicht angemessen in Sprache ausdrücken können; und wir machen Fehler, weil wir Theorien mit uns herumtragen und anwenden, die uns oft gar nicht bewusst sind – wir wissen häufig gar nicht, dass wir theoretisch „durchseucht" sind. Neben diesen warnenden Hinweisen beschreibt Francis Bacon die Methode der Induktion, wie wir also auf der Grundlage vieler konkreter Beobachtungen zu allgemeinen Schlussfolgerungen kommen. Wissenschaftliche Kreativität beruht ganz wesentlich auf Induktionskompetenz, und hierfür ist Charles Darwin eines der besten Beispiele.

Yan Bao & Ernst Pöppel: „Two Spatially Separated Attention Systems in the Visual Field. Evidence from Inhibition of Return", in: Cognitive Processing 8 (2007), S. 37–44.

Wenn man umherschaut, dann ist man davon überzeugt, dass unser Gesichtsfeld homogen strukturiert ist; man glaubt, alle Dinge, die in unserem Gesichtsfeld liegen „stufenfrei" erreichen zu können. Wer käme auf die Idee, etwas so Selbstverständliches wie die Gleichförmigkeit des Gesichtsfeldes in Frage zu stellen? Kreativität in der Forschung zeigt sich aber gerade darin, nicht alles als selbstverständlich hinzunehmen und sich über das Selbstverständliche ganz besonders zu wundern. Worüber man sich also beispielsweise wundern sollte: Warum bleibt die Welt gleich hell, wenn ich sie nur mit dem rechten oder nur mit dem linken oder mit beiden Augen gleichzeitig betrachte? Mit beiden Augen sollte sie doch heller sein, weil mehr Licht aufgenommen wird. Dass unser Gesichtsfeld nicht homogen strukturiert ist, ergibt sich aus den folgenden Beobachtungen: Wenn wir ein neues Blickziel in der Peripherie des Gesichtsfeldes ansteuern, dann kann dieses neue Ziel mit nur einer einzigen Augenbewegung (einer sogenannten Sakkade) erreicht werden, wenn es bis zu zehn Grad Sehwinkel von der Blick-Achse entfernt ist; darüber hinaus benötigt man zwei Augenbewegungen; ab einem Sehwinkel von etwa 30 Grad muss man zusätzlich eine Kopfbewegung machen. Für das Erreichen der jeweiligen Blickziele sind stets bestimmte neuronale Programme erforderlich, und der Zeitaufwand ist bei jeder der drei beschriebenen Situationen sehr verschieden. Das mag sehr akademisch klingen, und man mag sich fragen, wen das schon interessiert. Es sollte aber jeden interessieren, der Auto fährt. Die verschiedenen Instrumente und Spiegel sind für den Fahrer jeweils mit unterschiedlichem Aufwand zu erreichen. In den rechten Seitenspiegel zu schauen kann in bestimmten Fahrsituationen lebensgefährlich sein, weil es einfach zu lange dauert, dieses Blickziel zu erreichen. Wie schnell wir einer Sache unsere Aufmerksamkeit zuwenden, das hat sich in Yan Baos und meiner Arbeit gezeigt, ist davon abhängig, wo sie im Gesichtsfeld erscheint. Wenn etwas weiter von der Blickachse weg liegt, dann dauert es länger und ist mit mehr Aufwand verbunden, die Aufmerksamkeit dorthin zu lenken; näher Liegendes kann zügiger wieder in Augenschein genommen werden. Und für das Erreichen dieser unterschiedlichen Blickziele sind jeweils spezifische neuronale Strukturen verantwortlich.

Ellen Berscheid: „Love in the Fourth Dimension", in: Annual Review of Psychology 61 (2010), S. 1–12.

Wenn es um die Einhaltung der Mitte geht, um das innere Gleichgewicht also, dann ist die romantische Liebe sicher ein Störfaktor, denn sie wirft einen aus der Bahn. Glücklicherweise dauert romantische Liebe aber nicht zu lange, sodass man seine Mitte finden kann, wenn man wieder zu sich kommt. Andererseits: Im Rausch der romantischen Liebe entstehen aus Kreativitätsschüben heraus wunderbare Werke der Kunst, denkt man nur an die Liebesgedichte von Goethe, der unter Liebesqualen gelitten haben muss, liest man seine Gedichte einmal unter einer neurowissenschaftlichen Perspektive. Berscheid beschreibt in ihrer Übersicht vier verschiedene Ausprägungen von „Liebe", wobei die romantische Liebe nur eine Form ist. Die anderen Formen von Liebe passen durchaus dazu, wie wir als biologische Wesen gemeint sind: Sie haben einen viel weiteren Zeithorizont, so etwa die Bindungsliebe zu seinen Kindern, die Verantwortungsliebe zu seinen Partnern oder die altruistische, hingebende Liebe zu anderen Menschen („agape"), wie sie sich in der Fürsorge ausdrücken kann. Diese Formen der Liebe geben dem Liebenden innere Stabilität und Gleichgewicht. Sie „nutzen" ihm also genauso wie oder vielleicht sogar mehr als dem Geliebten.

Peter Bieri: Wie wollen wir leben? St.Pölten, Salzburg: Residenz 2011.
Geht es wirklich hauptsächlich darum, wie der Philosoph und Schriftsteller Bieri meint, glücklich zu sein? Nein, es geht nicht um Glück; wer immer nach dem Glück strebt, der landet meist im Unglück oder zumindest in der bleibenden Unzufriedenheit, sein Ziel nicht erreicht zu haben. Wenn wir uns fragen, wie wir als biologische Wesen gemeint sind, dann ist die Antwort: Wir sind dazu gemeint, ein Gleichgewicht herzustellen, die Balance der Lebensprozesse zu sichern, unsere Mitte zu finden. Man kann dafür auch das altmodische Wort „Harmonie" wählen. Schafft man dieses, Tag für Tag, dann mag sich jeweils retrospektiv ein Gefühl der Zufriedenheit einstellen, und dann mag man sagen, wenn man unbedingt ein Wort dafür braucht, dass man „glücklich" gewesen ist. „Glück" in diesem Sinne ist eine sprachliche Etikettierung eines vergangenen Zustandes, ein Wort für etwas, das einem gelungen ist, das aber bereits vorbei ist. Offenbar sind wir von Natur aus allerdings auch dazu verdammt, innere Zustände zu verbalisieren. Wenn wir als primäres Ziel „Glück" bestimmen und uns pausenlos überprüfen, ob wir nun „glücklich" sind, dann leben wir gegen unsere Natur. Nun geht es Peter Bieri in seinem Buch aber nicht nur um das Glück als Lebensziel, sondern auch um Würde, und ich kann seiner Position nur zustimmen. Als ich einmal von einer asiatischen Fachkollegin gefragt wurde, was eigentlich der Sinn meines Lebens sei, so war ich zunächst überrascht über die Offenheit der Frage, doch dann sagte ich nach einigem Zögern: „To survive", und fügte dann hinzu: „In decency." In Würde zu überleben. Vielleicht war diese Frage überhaupt der Anstoß zu den Überlegungen, wie sie in diesem Buch ausgebreitet werden.

Edward de Bono: The Use of Lateral Thinking, London: Penguin Books 1967.
Kreativität hat nicht unbedingt etwas mit logischen Denkprozessen zu tun. Logisch gesteuertes Denken wäre „vertikales Denken", doch de Bono empfiehlt, sich auf das „laterale Denken" einzulassen und Probleme jeweils aus einer anderen Perspektive zu betrachten. Jedoch schließen sich beide Denkformen nicht aus, man sollte sie als komplementär betrachten: Im vertikalen Denken *bestimmt* die Logik die geistige Tätigkeit; im lateralen Denken *dient* die Logik der geistigen Tätigkeit. Laterale Denkprozesse laufen folgendermaßen ab: Zunächst erkennt man, welches die bestimmenden Ideen

bei der versuchten, aber erfolglosen Lösung eines Problems waren; dann versucht man, einen anderen Zugang zu finden, der mit dem ersten nichts zu tun hat. Hierzu muss man sich von der logischen Kontrolle seiner Gedanken befreien und neue Gedanken zulassen, die zunächst ungewöhnlich erscheinen mögen, einen aber auf eine neue Fährte bringen können; auch muss man den Zufall ausnutzen, denn manchmal stolpert man zufällig über Lösungsmöglichkeiten, an die man zuvor nicht gedacht hat – wenn man mit Zufallssensitivität ausgestattet ist und auf das zufällig Gegebene nicht sofort mit Misstrauen reagiert. Neue Ideen kann man nicht erzwingen; manchmal tauchen sie plötzlich aus dem Ozean des impliziten Wissens auf, und dann braucht man eine Antenne, sie zu erkennen, und sollte das Neue nicht zu schnell ablehnen, weil man schon zu wissen meint, dass etwas nicht funktionieren wird. Ich habe den Eindruck, dass manche Menschen in der Tat Angst haben vor einem kreativen Gedanken, der sie aus der Bahn des Gewohnten werfen würde.

John Brockman (Hrsg.): This Will Make You Smarter. New Scientific Concepts to Improve Your Thinking, New York: HarperCollins 2012.
Schon lange gibt es das Konzept der zwei Kulturen, dem zufolge sich die inzwischen hochspezialisierten Natur- und Geisteswissenschaften feindlich gegenüberstehen. Ihnen hat John Brockman aus New York sein Konzept einer „dritten Kultur" gegenübergestellt: die verständliche Vermittlung wissenschaftlicher Ideen. Jedes Jahr stellt er seiner „Gemeinde" eine Frage, die dann von über 100 Gemeindemitgliedern, zumeist Wissenschaftlern, in kurzer Form beantwortet wird. Die Frage für das Jahr 2011 war, welches wissenschaftliche Konzept jedermanns „Denkkasten" („cognitive toolkit") deutlich verbessern würde. Die „führenden" Wissenschaftler, die Brockman zur Beantwortung seiner Frage einlädt, kommen allerdings fast ausschließlich aus dem angloamerikanischen Raum; aus dem asiatischen ist keiner vertreten. Ob zum Beispiel Anhänger einer Weltregion aus dem asiatisch-arabischen Raum ähnliche Themen aufgreifen würden und wie sie die Fragen beantworten würden, ist völlig offen. Hier zeigt sich wie überhaupt in der Wissenschaft die angloamerikanische Dominanz, vor allem auch, was den Anspruch betrifft, das Weltwissen zu repräsentieren. Diese kritischen Bemerkungen müssen sein, doch ohne Frage ist das neueste Werk von Brockman eine Fundgrube von Anregungen. Gleich der erste Beitrag von

Martin Rees, dem ehemaligen Präsidenten der englischen Royal Society, gibt zu denken: Wir sind geneigt anzunehmen, dass wir gleichsam am Ende der Evolution stehen; etwas Besseres als den Menschen gibt es nicht, was Kreativität und intellektuelle Kompetenz anbelangt. Doch schauen wir uns einmal einige kosmologische Zahlenwerte an: Der Ursprung des Universums wird vor etwa 13,7 Milliarden Jahren angesetzt. Unsere Sonne ist etwa vor viereinhalb Milliarden Jahren entstanden. Leben auf der Erde gibt es seit etwa vier Milliarden Jahren. Aber: Es wird noch etwa sechs Milliarden Jahre dauern, bis unsere Sonne aufhört zu scheinen. Das bedeutet, dass wir noch nicht einmal in der zeitlichen Mitte der evolutionären Prozesse angelangt sind und dass eine unglaubliche Vielfalt weiterer evolutionärer Entwicklungen vor uns liegt. Die durchschnittliche Lebenserwartung von Arten liegt bei etwa vier Millionen Jahren. Wir Menschen werden also in einigen Hundert Millionen Jahren längst verschwunden sein; neues Leben wird sich entfaltet haben, mit sehr viel höherer oder vielleicht auch sehr viel geringerer Kompetenz. Schon Charles Darwin hat darauf hingewiesen, dass keine der lebenden Arten unverändert in einer fernen Zukunft existieren wird. Mit Blick auf die Evolution der Arten ist der Mensch auf eine besondere Weise kreativ, wobei es sich allerdings um eine perverse Kreativität handelt: Durch uns Menschen gehen jedes Jahr etwa 4000 Arten verloren. Damit schaffen wir aber zugleich ökologische Nischen, also Lebensräume, in die hinein sich neues Leben entfaltet. Auch in diesem Sinn ist die menschliche Art, wenn man es langfristig betrachtet, kreativ. Der menschliche Einfluss auf die Umwelt entspricht den Einschlägen jener Meteoriten, die im Abstand von einigen zig Millionen Jahren das Leben auf der Erde vernichten, wie etwa vor 56 Millionen Jahren, als die Dinosaurier ausstarben, wodurch aber neue Lebensräume geschaffen wurden. Das Buch von Brockman endet mit dem Beitrag eines deutschen Gemeindemitglieds, nämlich von mir, in dem ich mich lustig mache über die Inhalte des „Denkkastens" und diese Inhalte sogar als „mentalen Müll" bezeichne. Wir verwenden laufend abstrakte Begriffe, die als Verkürzungen das Nachdenken ersparen. So ist der Begriff „Kreativität" selbst ein solcher undefinierter Begriff: Was meinen wir eigentlich, wenn wir davon sprechen? Auch sind solche Begriffe wie „Evolution" oder „Gen" oder „Kultur" und auch der Begriff „Abstraktion" selbst Verkürzungen, die es erlauben, über etwas zu sprechen, ohne uns über die inhaltliche Tragweite Rechenschaft ablegen zu müssen.

Wir haben eine natürliche Tendenz, Sachverhalte zu ontologisieren, also abstrakte Begriffe zu erfinden, die hauptsächlich der vereinfachten Kommunikation dienen. Mit ihnen reduzieren wir Komplexität, weil wir es gerne einfach haben. Sind diese Komplexitätsreduktionen aber angemessene Repräsentationen der Welt um uns und auch in uns, oder sind sie nur Ausdruck unserer Vorurteile? Dennoch: Wir können gar nicht anders, wir können auf die Begrifflichkeiten nicht verzichten. Auch dies ist unser evolutionäres Erbe.

Jacob Bronowski: The Origins of Knowledge and Imagination, New Haven: Yale University Press 1978.
Was unterscheidet den Menschen von anderen Arten? Bronowski betont, dass nur Menschen Kunst und Wissenschaft entwickelt haben. In diesen entfaltet sich eine besondere Art von Kreativität. Außerdem nennt er einige weitere Unterschiede, die sich auf die Sexualsphäre beziehen, dass beispielsweise nur Menschen sich beim Geschlechtsverkehr einander zuwenden – ich bin mir allerdings nicht sicher, ob dies zutrifft. Die Künste sieht er im Wesentlichen in zwei sensorischen Systemen verankert, nämlich im Sehen und im Hören. Aus diesem Grund haben sich die „Raum-Künste" (Malerei, Bildhauerei, Architektur) und die „Zeit-Künste" (Musik, Dichtkunst, Theater) entwickelt. Dass diese Künste unser kulturelles Leben dominieren, steht außer Frage, doch wie verhält es sich mit den anderen sensorischen Systemen wie dem Riechen und dem Schmecken? Ist die Kochkunst nicht auch eine Kunst, und ist sie nicht offen für die Kreativität jedes Einzelnen? Nicht jeder malt Bilder oder spielt Klavier, doch essen müssen wir alle – deshalb bietet es sich geradezu an, das Kochen als einen kreativen Akt zu inszenieren, der nicht nur der Ernährung, sondern dem Speisen dient.

Michael von Brück (Hrsg.): Religion. Segen oder Fluch der Menschheit? Frankfurt (Main): Verlag der Weltreligionen 2008.
Die Beiträge dieser Textsammlung beleuchten verschiedene Religionen kritisch, und zwar Judentum, Christentum, den Islam, Hinduismus und Buddhismus. Bekannte Religionsgründer wie Buddha, Jesus oder Mohammed müssen nicht nur charismatische Persönlichkeiten gewesen sein, sondern waren jeweils auf ihre Weise ungewöhnlich kreativ. Doch niemand wird behaupten können, dass die Verkündigung des Friedens die Menschen in

diesen Glaubensrichtungen zu friedfertigen Menschen gemacht hätte, von wenigen individuellen Ausnahmen abgesehen. Was im Rahmen der monotheistischen Religionen und im Namen des jeweiligen Gottes an menschlichem Leid geschehen ist, spricht eher dafür, dass die religiösen Welten ein Korrektiv benötigen. Dieses könnte in der biologischen Natur des Menschen begründet sein. Dass das nicht völlig aus der Luft gegriffen ist, wird dadurch bestätigt, dass die „Goldene Regel" in allen Kulturkreisen zu gelten scheint, auch in nicht-religiösen Gesellschaften wie dem Konfuzianismus. Das Buch enthält auch einen Beitrag von mir, in dem ich über die „Versklavung" des menschlichen Bewusstseins nachdenke und die Meditation als eine Weise beschreibe, sich aus dieser Versklavung zu befreien. Warum versklavt? Aus Gründen des Überlebens müssen unsere Sinneskanäle immer offen sein; wir können gar nicht „abschalten". Die Meditation, das Gebet, die konzentrierte Hingabe wie in der Liebe sind jedoch Wege, sich aus der Versklavung zu befreien – auch wenn das stets nur für kurze Zeit möglich ist.

Walter B. Cannon: The Wisdom of the Body, New York: Norton & Co. 1932.

Dieses ist eines der grundlegenden Werke, in denen die Bedeutung der Homöostase als biologisches Prinzip hervorgehoben wird. Es geht jedem Organismus seit der Erfindung des Lebens immer nur darum, ein Gleichgewicht sicherzustellen – wir folgen einer „Weisheit des Leibes". Wenn wir in diesem Buch von Kreativität sprechen, dann gehen wir immer davon aus, dass diese genau jenem Zweck dient: unsere „Mitte" herzustellen und zu bewahren. Und da man von der Einheit der Natur ausgehen kann, gilt das Prinzip der „Mittigkeit" oder Harmonie nicht nur für das biologische Gleichgewicht, sondern ebenso für die psychische, soziale, kulturelle oder organisatorische Balance. Kreativität ist der Trick von Mutter Natur, dieses Lebensziel zu erreichen.

Ernst Cassirer: Philosophie der symbolischen Formen, 3 Bände, Berlin 1923–1929.

Cassirers Werk ist für mich die Verkörperung lebendiger Kreativität, die sich auf der Basis breiten Wissens entfaltet. Wenn wir heute über die Bedeutung von Interdisziplinarität sprechen, dann müssen wir uns Cassirer zuwenden. In den drei Bänden der „Philosophie der symbolischen Formen" zeigt jemand mit nicht zu übertreffender Gedankenkraft, wie Wissen aus verschiedenen Bereichen integriert werden kann. Und man lernt etwas über die Verwandtschaft von Mythos, Religion, Sprache und Kunst, die jeweils unterschiedliche Trajektorien, unterschiedliche Pfade, des menschlichen Geistes repräsentieren und in dem ursprünglichen Antrieb des Menschen begründet sind, etwas zum Ausdruck zu bringen.

Lin Chen: „The Topological Approach to Perceptual Organization", in: Visual Cognition 12 (2005), S. 553–637.

Das Auge ist das Fenster zum Wissen; nahezu die Hälfte des menschlichen Gehirns befasst sich mit visueller Informationsverarbeitung. Also tut man gut daran, zu verstehen oder es zumindest zu versuchen, wie wir eigentlich „sehen". Chens Beitrag stellt einen radikal neuen und kreativen Ansatz dar, visuelle Wahrnehmung zu verstehen. Seine Theorie repräsentiert eine Befreiung von den Vorurteilen, die sich in der westlich gefärbten Wissenschaft sich über Jahrhunderte entwickelt haben. Ich bin der Meinung, dass diese neue Theorie sich nur in einem anderen Kulturkreis entfalten konnte, denn Kulturkreise können einen Rahmen dafür vorgeben, welches Maß an Kreativität möglich ist. Das ist der Kerngedanke: Unser Seh-Apparat setzt Bilder nicht auf der Grundlage von punktförmigen Reizen zusammen, die auf der Netzhaut abgebildet sind, wie bisher angenommen wurde. Vielmehr werden zunächst topologische Invarianten wie Flächen oder Kanten aus der optischen Welt extrahiert. Diese bilden die Grundlage für das, was wir sehen. Wahrscheinlich weiß Lin Chen gar nicht, dass das künstlerische Werk des russischen Malers Kasimir Malewitsch, dem Begründer des Suprematismus, die visuelle Welt ganz ähnlich zu erfassen scheint.

Carl W. Cotman & Nicole C. Berchtold: „Exercise. A Behavioral Intervention to Enhance Brain Health and Plasticity", in: Trends in Neurosciences 25 (2002), S. 295–301.

Wenn wir so leben wollen, wie wir als biologische Wesen gemeint sind, dann sollten wir natürlich möglichst gesund leben. Es ist erstaunlich, wie zurückhaltend körperliche Aktivität von vielen Medizinern thematisiert wird, vielleicht aus Angst, dass man dann zu wenig Medikamente zu sich nimmt, wenn man Sport treibt. Es ist seit Langem bekannt, dass körperliche Aktivität nicht nur der Gesundheit generell förderlich ist, sondern vor allem auch den geistigen Funktionen, insbesondere bei älteren Menschen. Auch dass Sport eine antidepressive Wirkung hat, weiß man schon lange. Körperliche Aktivität erhöht den Spiegel neurotropher Faktoren im Gehirn, die für die Verbindung von Nervenzellen zuständig sind, und macht so widerstandsfähiger gegen Schlaganfälle und erhöht die Lernfähigkeit. Wenn wir etwas für die Gesundheit der Kinder tun wollen, wenn vermieden werden soll, dass viele in der nicht mehr ganz so fernen Zukunft wegen Übergewicht und mangelndem Sport am metabolischen Syndrom leiden werden (Diabetes, Schlaganfall, Herz-Kreislauf-Erkrankungen), dann muss man sie zu körperlicher Aktivität bewegen. In manchen Ländern wie China, auf die wir gerne aus politischen Gründen herabsehen, wird das bereits systematisch getan. Also: Bewegen Sie sich! So sind wir Menschen gemeint!

António R. Damásio: Descartes' Error. Emotion, Reason, and the Human Brain, New York: Avon 1994.

Damásio zufolge war der Fehler von Descartes, das Körperliche vom Geistigen zu trennen, beide als verschiedene Substanzen zu sehen. Dieser Dualismus steht dem Monismus gegenüber, wie er als Grundposition in den modernen Neurowissenschaften seit Langem vertreten wird. Philosophisch gesprochen kann man einen solchen pragmatischen Monismus auch als empirischen Realismus bezeichnen. Dass manche diese Position herablassend als „Materialismus" bezeichnen, muss man sich als Hirnforscher gefallen lassen, wenn man darunter versteht, dass alles Psychische eine materiale Basis hat. Denn letzten Endes ist im Gehirn alles „Chemie". Sowohl den Vertretern eines Dualismus, und das sind wohl die meisten Menschen, als auch den Vertretern eines Monismus muss klar sein, dass sie ihre Position nicht „beweisen" können. Man kann also die Richtigkeit der Position eines pragmatischen Monismus ebenso wenig beweisen wie die Falschheit eines Dualismus. Das Leib-Seele-Problem ist nicht lösbar.

Charles Darwin: Die Entstehung der Arten durch natürliche Zuchtwahl, Stuttgart: Reclam 1963 (zuerst 1859: The Origin of Species by Means of Natural Selection).

Am Ende schreibt Darwin, einer der kreativsten Wissenschaftler aller Zeiten: „In einer fernen Zukunft sehe ich ein weites Feld für noch bedeutsamere Forschungen. Die Psychologie wird sicher auf der von Herbert Spencer geschaffenen Grundlage weiterbauen: daß jedes geistige Vermögen und jede Fähigkeit nur allmählich und stufenweise erlangt werden kann. Licht wird auch fallen auf den Menschen und seine Geschichte." Und etwas später heißt es: „Nach der Vergangenheit zu urteilen, können wir annehmen, daß keine einzige lebende Art ihr unverändertes Abbild auf eine ferne Zukunft übertragen wird." Darwin steht als Begründer der evolutionären Biologie für mindestens vier Einsichten: das Konzept der Evolution selber, dass es also keine Konstanz der Arten gibt; die Idee, dass alle Organismen einen gemeinsamen Ursprung haben und sich in der Evolution in verschiedene Richtungen entfalten; die Überzeugung einer graduellen Evolution ohne Sprünge oder Diskontinuitäten; und schließlich die Theorie, dass der Mechanismus der Evolution die Selektion sei.

René Descartes: Von der Methode des richtigen Vernunftgebrauchs und der wissenschaftlichen Forschung, Hamburg: Meiner 1990 (zuerst 1637: Discours de la méthode).

Für jeden Forscher ist dies eine notwendige Lektüre. Wir werden mit vier Regeln des Denkens vertraut gemacht, die wir bei der Lösung eines Problems immer im Blick haben sollten. Die Formulierung dieser Regeln durch einen damals jungen Mann, der nach Sicherheit in der Welt suchte, war selbst ein höchst kreativer Akt, und heute gilt es, kreative Leistungen auf der Grundlage der kartesischen Regeln zu überprüfen. In dem Werk von Descartes wird erstmals auf seinen später berühmtesten Satz hingewiesen: „Ich denke, also bin ich." Ein besonderes Merkmal dieses Diskurses „Discours" ist auch, dass er sehr viel später aufgeschrieben wurde, als sein gedanklicher Inhalt entstand. Descartes war Söldner im bayerischen Heer zu Beginn des Dreißigjährigen Krieges, und währenddessen, im Winter von 1618 auf 1619, formte sich in ihm seine neue Gedankenwelt in einer besonders kreativen Weise.

Richard Feynman: The Character of Physical Law, Cambridge: MIT Press 1965.

Was bedeutet eigentlich „Gesetz" in den verschiedenen Wissenschaften? Es scheint, dass der Gegenstand der Betrachtung auch einen Rahmen dafür vorgibt, was in dieser wissenschaftlichen Disziplin als ein Gesetz angesehen werden kann, sodass verschiedene Wissenschaften einen jeweils anderen Begriff davon haben können. Normative, mathematische und juristische Gesetze beispielsweise haben ganz unterschiedliche Grundlagen. Es scheint damit unmöglich zu sein, ein allgemeines „Gesetz der Kreativität" zu formulieren; Gesetze sind den wirklich „harten" Naturwissenschaften vorbehalten (und in einem anderen Sinn natürlich der Rechtslehre und der Politik). Dies mag auch ein Trost sein, das nämlich, was Kreativität ausmacht, nicht vollständig durchleuchten zu können. Künstler äußern sogar manchmal die Befürchtung, zu viel über das kreative Schaffen zu erfahren und so ihre Spontaneität zu verlieren.

Sigmund Freud: Zur Psychopathologie des Alltagslebens. Über Vergessen, Versprechen, Vergreifen, Aberglaube und Irrtum. Gesammelte Werke, Band 4, 3. Aufl., Frankfurt (Main): S. Fischer 1961 (zuerst 1904).

Für viele ist dieses im Übrigen auch sehr witzige Buch ein guter Einstieg in die Theorie der Psychoanalyse. Hier wird auch erläutert, was es mit dem sogenannten Freud'schen Versprecher auf sich hat. Im Grunde ist dieser „Versprecher" eine kreative Leistung des Gehirns, bei der sich etwas aus der verborgenen Gedankenwelt vordrängelt und ungeschützt zeigt. Sich nie zu versprechen ist deshalb eher ein Zeichen zu starker Kontrolle, dafür, jenes nicht aus sich herauszulassen, das öffentlich werden möchte.

Sigmund Freud: Neue Folge der Vorlesungen zur Einführung in die Psychoanalyse. Gesammelte Werke, Band 15, 3. Aufl., Frankfurt (Main): S. Fischer 1961 (zuerst 1932).

Die 31. Vorlesung, „Die Zerlegung der psychischen Persönlichkeit", sollte jeder Arzt oder Psychologe lesen. Sie enthält jenes Modell, in dem zwischen Ich, Es und Über-Ich unterschieden wird. Und sie endet mit dem berühmten Satz: „Wo Es war, soll Ich werden." Man kann aber auch eine ganz andere Auffassung vertreten, nämlich: „Wo Ich war, soll Es werden." Dies gilt vor allem für rituelle Abläufe, die das Leben erleichtern. Man muss nicht immer alles durchdenken. Es gibt Augenblicke, in denen man sich hingibt, es gibt Augenblicke, in denen man einfach nur staunt. Und Hingabe und Staunen sind Wurzeln der Kreativität.

Arnold Gehlen: Der Mensch. Seine Natur und seine Stellung in der Welt, 7., durchges. Aufl., Frankfurt (Main): Athenäum 1962 (zuerst 1940).

Vielleicht ist es wirklich die Pause zwischen dem Auftreten eines Bedürfnisses und seiner Befriedigung, der „Hiatus", wie ihn Arnold Gehlen beschreibt, der den Menschen gegenüber anderen Lebewesen auszeichnet, und wenn nicht qualitativ, so doch zumindest quantitativ. Dieses Intervall zwischen dem Auftreten eines Bedürfnisses und seiner Befriedigung schafft den zeitlichen Rahmen für individuelle und kulturelle Kreativität.

Volker Gerhardt: Individualität. Das Element der Welt, München: C. H. Beck 2000.

Dieses Buch begeistert mich. Aufgrund der Einsichten, die Gerhardt entwickelt, und aufgrund der Weise, wie es geschrieben ist. Es beginnt mit einer Abrechnung mit der eigenen Disziplin, der Philosophie, die ihr wichtigste Thema vernachlässigt habe, nämlich die Individualität: „Die praktische Philosophie hat vor dem Individuum vollkommen versagt." Gerhardt beschreibt Individualität als den elementaren Tatbestand unserer Welt: „Alles ist individuell, und alles will sich, sofern es wollen kann, in seiner Individualität erhalten. Daher ist das Individuelle schon in seinem puren Dasein der Ursprung des menschlichen Handelns." Im Hinblick auf die Frage, wie wir als biologische Wesen gemeint sind, heißt dies also, dass wir als Individuen gemeint sind. Doch sei hier hinzugefügt: Auch! Denn wir sind immer in einen sozialen Rahmen eingebunden, was aber nur als Individuum geschehen kann.

Gerd Gigerenzer: Das Einmaleins der Skepsis. Über den richtigen Umgang mit Zahlen und Risiken, Berlin: Berlin 2002.

Man müsste sich eigentlich bei Mutter Natur darüber beklagen, dass wir nicht mit einem „statistischen Sinn" ausgestattet sind. Wie man mit diesem Defizit umgehen kann, das erfährt man in diesem Buch. Es ist nicht nur ein Vergnügen, es zu lesen, man kann danach auch leichter durch den Alltag navigieren. Vor allem aber fängt man an, die Zeitungen kritischer zu lesen, die voll sind von Abbildungen, die einen irreführen (sollen). Kleinste Veränderungen etwa des Marktes können groß erscheinen, wenn man die Ordinate (die senkrechte Linie bei Histogrammen) nicht mit Null beginnen lässt. Hier sind sowohl Bild-Kompetenz als auch statistischer Sinn gefragt, wenn man nicht für dumm verkauft werden will.

Durs Grünbein: Aroma. Ein römisches Zeichenbuch, Berlin: Suhrkamp 2010.

Wenn es eine dichterische Darstellung dessen gibt, was wir in diesem Buch versuchen, nämlich das Konzept der Kreativität mit seiner Funktion der Herstellung und Sicherung des inneren Gleichgewichts in Verbindung zu bringen, dann ist es dieses Werk. Grünbeins Buch ist nicht nur ein Dokument dichterischer Kreativität, es ist gleichzeitig Ausdruck einer Suche nach der „Mitte". 2000 Jahre unserer Geschichte werden in dem Kapitel „Carcer Mamertinus: Der Mann Paulus" in erschütternder Weise offengelegt. Der Mann Paulus kommt einem sehr nah, und man versteht seine Verzweiflung aus dem Römerbrief, das Gute zu kennen, und es doch nicht zu tun.

Martin Heidegger: Gelassenheit. Pfullingen: Neske 1959.

Wenn man seine Bodenständigkeit verloren hat, dann empfiehlt Heidegger Gelassenheit und die Offenheit zu den Dingen. Ich muss bekennen, dass ich im Schwarzwald immer wieder zur Hütte in Todtnauberg gewandert bin, wo Heidegger offenbar sein bekanntes Werk „Sein und Zeit" geschrieben hat. Einmal habe ich sogar nachgefragt, ob ich die Hütte kaufen könne, doch das war eine zu verwegene Anfrage. Wenn man in Freiburg ins Gymnasium gegangen ist, dann kam man in den 1950er-Jahren des letzten Jahrhunderts um Heidegger nicht herum. Einmal hat es mich sogar in eine Vorlesung des Philosophen verschlagen. Heidegger interpretierte ein Gedicht von Hölderlin. Ich verstand nichts. Vielleicht ging es manch anderen auch so. Aber man erlebte einen kreativen Geist in Aktion, nicht zuletzt was die Sprachgewalt anbelangt.

Hermann von Helmholtz: Handbuch der physiologischen Optik, 2., umgearb. Aufl., Hamburg/Leipzig: Voss 1896.

Dies ist eines der bedeutendsten Werke der Wissenschaftsgeschichte, das nach über einhundert Jahren immer noch grundlegend für die Erforschung des Sehens ist. Helmholtz fasst die wissenschaftliche Literatur mit 7833 aufgeführten Veröffentlichungen von 1600 bis 1894 zusammen, die er vermutlich alle gelesen hat. In seinem Handbuch formuliert er auch ein Problem, das uns Neurowissenschaftler bewegt und noch immer ungelöst ist: Warum erscheint uns die Welt stabil, wenn wir doch unsere Augen dauernd bewegen und das Abbild dieser Welt sich laufend ändert? Eigentlich müsste doch zusammen mit den Augenbewegungen auch das äußere Bild der Welt hin und her springen.

Harry Helson: Adaptation-Level Theory. An Experimental and Systematic Approach to Behavior, New York: Harper & Row 1964.
Hier wird eine außerordentlich interessante Theorie formuliert, die vermutlich sogar richtig ist, aber in der Psychologie irgendwie in der Versenkung verschwunden ist – auch die Wissenschaft unterliegt Moden. Helsons Theorie besagt Folgendes: Wann immer wir sensorische Reize verarbeiten, die sich innerhalb einer Wahrnehmungskategorie in ihrer Intensität unterscheiden, dann werden diese in unserem Gehirn derart integriert, dass ihr geometrischer Mittelwert (oder der arithmetische Mittelwirt ihrer Logarithmen) bestimmt wird. Diese Operation bringt den Vorteil mit sich, dass die Sensitivität für Unterschiede im Bereich des Mittelwerts, wo üblicherweise die meisten Beobachtungen liegen, verbessert wird. Was heißt das konkret? Wer zum Beispiel verschiedene Weine zu beurteilen hat, entwickelt hierfür eine feine Nase und ist schließlich in der Lage, auch kleinste Unterschiede zu bemerken. Besonders gut gelingt ihm dies im Bereich der aktuell mittleren Qualität, denn das Gehirn ist so optimiert, jeweils eine operative Mitte zu bestimmen, an der sich die Beurteilung orientiert. Doch gilt dieses Gesetz natürlich nicht nur für die Beurteilung von Wein, sondern für alle Wahrnehmungskategorien.

Beth A. Hennessey & Teresa M. Amabile: „Creativity", in: Annual Review of Psychology 61 (2010), S. 569–598.
Aus Hennesseys und Amabiles Übersichtsartikel wird deutlich, dass die empirische psychologische Forschung zum abstrakten Konzept der Kreativität noch in den Kinderschuhen steckt. Trotzdem wurden schon einige wichtige Dinge herausgefunden: So ist offenbar die rechte Hirnhälfte an kreativen Prozessen besonders beteiligt, etwa wenn man eine plötzliche Einsicht hatte, wenn sich also ein Aha-Erlebnis einstellt. Dies ist insofern interessant, als die rechte Gehirnhälfte besonders mit der räumlichen Vorstellung und dem emotionalen Bewerten assoziiert ist. Auf die Bildlichkeit, die Imagination

und auf die emotionale Einbettung im kreativen Akt wird immer wieder hingewiesen. Darüber hinaus betonen die Autorinnen, dass der kulturelle Rahmen kreatives Verhalten ganz entscheidend prägt. In meinen Umfragen an der Peking University wurde mir sehr deutlich, dass das Konzept der Kreativität in diesem Kulturkreis eher negativ besetzt ist. Wenn das Ziel einer Kultur Harmonie ist, dann können kreative Vorschläge in der Tat ein Störfaktor sein.

Toshihiko Izutsu: Philosophie des Zen-Buddhismus, Hamburg: Rowohlt 1979.

Wer sich mit Hirnforschung befasst, muss immer auch Denkweisen anderer Kulturkreise kennenlernen, weil diese einen Rahmen definieren, der auf der Grundlage biologischer Randbedingungen die kulturelle Formbarkeit des Gehirns erkennen lässt. Izutsus Buch erlaubt genau das, und hat man sich eine Weile mit den asiatischen Kulturen beschäftigt, wird schnell deutlich: Wie Kreativität beurteilt wird, das ist in verschiedenen Kulturen durchaus unterschiedlich. Zu viel Kreativität kann auch störend sein und das soziale Miteinander belasten, wie es in asiatischen Kulturen häufig gesehen wird.

Oliver Jahraus: Kafka. Leben, Schreiben, Machtapparate, Stuttgart: Reclam 2006.

Oft ist bereits der erste Satz ist die herausragende Leistung eines Schriftstellers. Wer ist nicht fasziniert von der Erzählung „Die Verwandlung", in der sich Gregor Samsa eines Morgens „in seinem Bett zu einem ungeheuren Ungeziefer verwandelt" sah! Jahraus verweist bei dieser Erzählung wie bei dem Roman „Der Prozeß" auf die Bedeutung des ersten Satzes, in dem bereits die ganze Handlung implizit enthalten sei. „Der Prozeß" beginnt mit den Worten: „Jemand mußte Josef K. verleumdet haben, denn ohne daß er etwas getan hätte, war er eines Morgens verhaftet." Diese Werke wie das Leben von Kafka selbst zeigen, wie jemand aus dem Gleichgewicht geworfen wird, seine Mitte verliert. Jahraus zeigt in seiner spannend zu lesenden Analyse, dass für Kafka das Schreiben der Ausweg war, seine verlorene Mitte zu finden, die Existenz zu bewältigen. So schreibt Kafka über sich selbst in einem Tagebuch: „In mir kann ganz gut eine Koncentration auf das Schreiben hin erkannt werden. Als es in meinem Organismus klar geworden war, daß das Schreiben die ergiebigste Richtung meines Wesens sei, drängte sich alles hin und ließ alle Fähigkeiten leer stehen, die sich auf die Freuden des Geschlechts, des Essens, des Trinkens, des philosophischen Nachdenkens, der Musik zu allererst richteten. Ich magerte nach allen diesen Richtungen ab." Das Erleben der eigenen Kreativität im Schreiben ist eine Weise, die verlorene Identität wiederzufinden, sich vielleicht seiner Mitte wieder zu versichern. Zwar gelang Kafka selbst dies nicht, doch schaffte er mit seinem Werk einen ungeheuren, ungeheuerlichen Blick darauf, wie wir *nicht* gemeint sind.

William James: The Principles of Psychology, Cambridge: Harvard University Press 1983 (zuerst 1890).

Mit seinen weit über 1000 Seiten ist dies immer noch eines der bedeutendsten Werke der amerikanischen Psychologie: Hier findet man „alles". Mit einem Problem in diesem Werk musste ich mich besonders auseinandersetzen, nämlich mit James' Bestimmung der „subjektiven Gegenwart". Und hier ist ihm meiner Einschätzung nach ein Denkfehler unterlaufen. James verwendet zwei anschauliche Bilder, um sein Konzept zu verdeutlichen: Gegenwart sei so, als ob man auf einem Pferd im Sattel sitze oder auf einem Segelboot durch die Wellen gleite, und man jeweils nach vorne und zurück schauen könne, während man sich fortbewegt. Es sei demnach so, als würde sich ein bestimmtes Zeitintervall gleichförmig durch die Welt schieben, wie ein Boot durch die Wellen. Die Gegenwart: ein „travelling moment". Und dies ist das Problem: Eine solche subjektive Gegenwart hätte nur einen abstrakten Anfang und ein abstraktes Ende. Das Gegenmodell ist die „springende Gegenwart": Bestimmte sensorische Reize – zum Beispiel etwas, was man plötzlich hört oder sieht – führen dazu, dass sich jeweils ein Gegenwartsfenster öffnet und nach einer bestimmten Zeit wieder schließt. Eine solche Gegenwart fließt nicht, sondern sie springt mit bestimmten und auch messbaren Zeitschritten. Aus meinen eigenen Untersuchungen geht hervor, dass die zeitliche „Schrittlänge" des menschlichen Gehirns bis zu etwa drei Sekunden beträgt.

Daniel Kahneman: Thinking, Fast and Slow, New York: Farrar, Straus & Giroux 2011.

Kahneman, der als Psychologe den Nobelpreis für Wirtschaft erhalten hat, unterscheidet zwei Denksysteme, mit denen wir auf der Grundlage unseres evolutionären Erbes durch die Welt navigieren: System 1 funktioniert automatisch und schnell. Es ist durch Anstrengungslosigkeit gekennzeichnet und unterliegt nicht der willentlichen Kontrolle. System 2 ist durch mentale Anstrengung gekennzeichnet, unterliegt der Kontrolle von Aufmerksamkeit und ist langsam, verglichen mit System 1. Subjektiv verbinden wir mit System 2 solche Begriffe wie „Konzentration" oder auch „Kontrolle" unseres Handelns. Einige Beispiele für anstrengungslose Handlungen, die System 1 zugeordnet werden können: ein Auto auf der leeren Autobahn fahren; emotionale Wärme in einer Stimme empfinden; zwei und zwei addieren können; sehen, welches von zwei Dingen weiter entfernt ist; den Gruß eines anderen erkennen. Beispiele für System 2, die mit mentalem Aufwand verbunden sind: der Cocktail-Party-Effekt, sich also auf eine Person zu konzentrieren, wenn alle durcheinanderreden; jemanden mit einem bestimmten Merkmal in einer Gruppe von Menschen ausmachen; sein Verhalten in einer ungewöhnlichen sozialen Situation kontrollieren; einen Preisvergleich von Produkten vornehmen; die Richtigkeit eines logischen Arguments überprüfen. System 1 ist durch Impulsivität, System 2 durch Selbstkontrolle und Aufmerksamkeit gekennzeichnet. System 1 ist kreativ, während System 2 das Ergebnis der Kreativität überprüft.

Immanuel Kant: „Beantwortung der Frage: Was ist Aufklärung?", in: Ausgewählte kleine Schriften, Hamburg: Meiner 1969, S. 1–9 (zuerst in: Berlinische Monatsschrift, Dezember 1784, S. 481–494).

Dies ist wohl die wichtigste Nennung in diesem etwas anderen Literaturverzeichnis. Kant schreibt: *„Aufklärung ist der Ausgang des Menschen aus seiner selbstverschuldeten Unmündigkeit. Unmündigkeit ist das Unvermögen, sich seines Verstandes ohne Leitung eines anderen zu bedienen. Selbstverschuldet* ist diese Unmündigkeit, wenn die Ursache derselben nicht am Mangel des Verstandes, sondern der Entschließung und des Mutes liegt, sich seiner ohne Leitung eines anderen zu bedienen. *Sapere aude!* Habe Mut, *dich* deines *eigenen* Verstandes zu bedienen! ist also der Wahlspruch der Aufklärung. Faulheit und Feigheit sind die Ursachen, warum ein so großer Teil der Menschen, nachdem sie die Natur längst von fremder Leitung freigesprochen, dennoch gern zeitlebens unmündig bleiben; und warum es anderen so leicht wird, sich zu deren Vormündern aufzuwerfen." Nach Kant gibt es also eine klare Antwort auf die Frage, wie wir gemeint sind: Mutter Natur hat uns die Freiheit gegeben, mit Mut unser Leben zu gestalten.

Ivo Kohler: Über Aufbau und Wandlungen in der Wahrnehmungswelt, Wien: Rohrer 1951.
Ivo Kohler war sicher einer der unkonventionellsten Forscher in der Psychologie, und ich schätze mich glücklich, sein Doktorand gewesen zu sein. Er fand Fakultätssitzungen außerordentlich langweilig, und so nahm er in eine Sitzung einmal weiße Mäuse mit, die er während der langatmigen Ausführungen von Kollegen für seine anstehenden Experimente trainierte. Auf Frage des Vorsitzenden, warum er das mache, erwiderte er, dass dies wichtiger sei als das, was in der Sitzung verhandelt würde. So macht man sich natürlich nicht unbedingt Freunde. In der angegebenen Abhandlung wird das wohl am längsten dauernde Experiment beschrieben, das jemals in der Psychologie durchgeführt wurde: Es dauerte 124 Tage, vom November 1946 bis zum März 1947, und Kohler selbst war die Versuchsperson. Er trug eine Brille, die die Welt auf den Kopf stellte, und er wollte wissen, ob sich das Seh-System an die umgedrehte Welt anpassen kann. Das geschah in der Tat; die Welt richtete sich wieder auf und Kohler fuhr mit der Umkehrbrille sogar Motorrad und ging Skilaufen. Als er die Brille nach 124 Tagen abnahm, dauerte es wieder einige Zeit, bis er normal sehen konnte. Wenn man sich bewusst macht, dass dieses Experiment unmittelbar nach dem Ende des Zweiten Weltkriegs durchgeführt wurde, dann wird deutlich, wie sehr hier jemand trotz schwieriger äußerer Umstände vom Wissensdurst getrieben war. Kohlers Experimente wurden zur Grundlage der modernen Untersuchungen zur Plastizität des Nervensystems, wie sie nun weltweit auch auf der Ebene von einzelnen Zellen im Gehirn durchgeführt werden.

Ernst Kretschmer: Körperbau und Charakter, 25. erg. Aufl., Berlin: Springer 1967 (zuerst 1921).
In Kretschmers Werk drückt sich die Sehnsucht aus, von der äußeren Erscheinung auf die innere Welt eines Menschen zu schließen. Man fragt sich allerdings, ob diese Sehnsucht nach Ordnung unserem kreativen Denkapparat nicht einen Streich spielt. Es könnte sein, dass unsere Wahrnehmung Kategorien erfindet, die nur unsere Erwartung bestätigen, also beispielsweise, dass untersetzte und eher rundliche Menschen (Kretschmer nennt sie „Pykniker"), eher gemütlich, gesellig und häufig sehr kreativ sind, während andere, die eher lang und dünn sind, eher kompliziert und sprunghaft sind. Bevor man diese Idee als absurd ablehnt, sei auf eine persönliche Beobach-

tung hingewiesen. Vor Kurzem begleitete ich Eva Ruhnau als Kofferträger zu einem Kongress in Paris, bei dem theoretische Physiker ihre Gedanken austauschten. Vom Inhalt des Vorgetragenen verstand ich nichts, sodass meine Aufmerksamkeit auf die äußere Erscheinung der Vortragenden gezogen wurde. Mir fiel auf, dass eine Mehrzahl der Redner eher lang und dünn war, in der Terminologie von Kretschmer also „leptosom". Ich machte eine Strichliste und konnte etwa drei Viertel der Redner den Leptosomen zuordnen. Dann ging es zum „Kontrollexperiment" in den Jardin du Luxembourg, und ich zählte, wie viele der zufällig vorbeikommenden Männer leptosom waren – etwa ein Viertel. Die Zahlen reichten aus, um einen Chi-Quadrat-Test, also eine statistische Bewertung, durchzuführen: Der Befund war hoch signifikant. Schlussfolgerung: Theoretische Physiker sind eher leptosom. Nun stellt sich die Frage: Ist die Weise des Denkens, wie sie vielleicht typisch für einen theoretischen Physiker ist, eher in einem langen und dünnen Körper zu Hause? Ist ihre Art der Kreativität auch eine Sache des Körperbaus?

Thomas S. Kuhn: Die Struktur wissenschaftlicher Revolutionen, 2., rev. Aufl., Frankfurt (Main): Suhrkamp 1976 (zuerst 1962: The Structure of Scientific Revolutions).

In „Die Struktur wissenschaftlicher Revolutionen" führt Thomas Kuhn sein Konzept des „Paradigmas" aus: Wissenschaftliche Arbeit findet jeweils in einem bestimmten Rahmen statt, den man auch als „Mainstream" bezeichnen kann. Es ist unmöglich, wie Kuhn betont, die Vertreter innerhalb ihres Paradigmas von einem neuen, kreativen Gedanken zu überzeugen; sie müssen erst „wegsterben", damit eine neue Kreativität sich durchsetzen kann. Wenn man davon ausgeht, dass die Schaffenszeit eines Wissenschaftlers, der in ein bestimmtes Paradigma eingebettet ist, etwa 30 Jahre beträgt, dann bedeutet dies, dass innerhalb eines Forschungsbereichs höchstens etwa drei Paradigmen in einem Jahrhundert wirksam sein können.

Edwin Land: „Recent Advances in Retinex Theory and Some Implications for Cortical Computations. Colour Vision and the Natural Image", in: Proceedings of the National Academy of Sciences of the United States of America 80 (1983), S. 5163–5169.

Der Erfinder, Unternehmer und Forscher Edwin Land hat nachgewiesen, dass wir Farben anders wahrnehmen, als es in den Lehrbüchern auf Grundlage der klassischen Physik immer noch vertreten wird. Farben werden im Gehirn konstruiert und sind nicht einfach nur die Widerspiegelungen von bestimmten elektromagnetischen Wellen, wie es Isaac Newton in seinem Werk „Opticks" beschrieben hat. Die Theorie von Land ist auch wesentlich für das Verstehen von Farbkonstanz, dass also bei verschiedenen Beleuchtungsbedingungen bestimmte Oberflächen ihre Farben bewahren, auch wenn sich die Reflexion des Lichts wesentlich geändert hat. Und Farbkonstanz, wie auch Helligkeitskonstanz oder Größenkonstanz von optischen Reizen, ist entscheidend dafür, dass wir „etwas als etwas" wahrnehmen, es für uns also seine Identität behält.

Joseph Lengeler, Bernd S. Müller & Franco di Primio: „Neubewertung kognitiver Leistungen im Lichte der Fähigkeiten einzelliger Lebewesen", in: Kognitionswissenschaft 8 (2000), S. 160–178.

Es zeigt sich, dass einzellige Lebewesen bereits viele Funktionen aufweisen, die man üblicherweise nur bei mehrzelligen Organismen mit Gehirn erwartet. Das Überraschende ist, dass diese Funktionen in ganz unterschiedlicher Weise im Organismus verankert sind. Was kann man daraus lernen? Dass die natürliche Umwelt offenbar einen Rahmen vorgibt, innerhalb dessen Organismen Lebens- und Überlebensstrategien entwickeln, die unabhängig davon sind, auf welche Weise die Umwelt repräsentiert wird. Diese Übereinstimmung ist für mich einer der wichtigsten Belege für die Einheit der Natur, in die wir eingebettet sind. Die Umwelt gibt Randbedingungen vor, die in der Evolution des Lebendigen bestimmte Selektionen geradezu erzwingen.

Nikos K. Logothetis: „What We Can and What We Cannot Do With fMRI", in: Nature 453 (2008), S. 869–878.

Um wissenschaftliche Erkenntnisse zu ergattern, benötigt man bestimmte Methoden. Die Hirnforschung wie die Psychologie orientieren sich hierbei im Wesentlichen am Konzept der Induktion, wie es Francis Bacon vor nahezu 400 Jahren formuliert hat. Aus Beobachtungen und Daten aus Experimenten kommt man – üblicherweise mithilfe von statistischen Verfahren – zu Schlussfolgerungen. Diese sind stets Aussagen über Wahrscheinlichkeiten und erheben nicht den Anspruch einer absoluten Wahrheit. Neuerdings spielen die bildgebenden Verfahren eine wichtige Rolle, so zum Beispiel die funktionelle Kernspintomografie (fMRI). Auf diesem Gebiet ist Nikos Logothetis einer der Großmeister, und nebenbei ist er auch noch ein genialer Pianist. In seinem Text zeigt er, was wir alles können, wenn wir dieses neue Verfahren anwenden – aber vielleicht auch lieber bleiben lassen sollten. Nikos Logothetis ist auch ein Beispiel dafür, wie viel kompetenter man als sein „Doktorvater" sein kann (er war mein Doktorand).

Konrad Lorenz: „Die angeborenen Formen möglicher Erfahrung", in: Zeitschrift für Tierpsychologie 5 (1943), S. 235–409.

Dieser sehr lange Aufsatz ist grundlegend für die moderne Verhaltensforschung; jeder Leser muss selber bewerten, wie er die aus dem Geist der Zeit heraus geschriebenen Passagen beurteilt. Für mich hat sich aus dieser Arbeit überhaupt erst die Verhaltensforschung erschlossen. Ein wesentliches Argument von Lorenz war, dass sich die evolutionären Prinzipien nicht nur auf körperliche Merkmale beziehen, sondern dass sich auch tierisches und menschliches Verhalten als evolutionäres Erbe verstehen lässt. Ich habe nie verstanden, warum sich viele Zeitgenossen vehement gegen diese Argumentation wehren. Hinter dieser Opposition, oft mit großer Aggressivität vorgetragen, verbirgt sich wohl der nicht ausrottbare Dualismus, dem zufolge man das Psychische nicht auf ein evolutionäres Erbe beziehen könne. Aber auf was denn sonst?

A. R. Luria: The Mind of a Mnemonist. A Little Book about a Vast Memory, New York: Basic 1968.

Der bedeutende russische Neurologe und Neuropsychologe klärt darüber auf, dass ein zu gutes Gedächtnis jemanden lebensunfähig machen kann. Wenn man alles behält, dann kann die Fähigkeit, Abstraktionen zu bilden, unterentwickelt sein, wie dies in jenem Fall gegeben war, den Luria beschreibt. Abstraktionen vereinfachen das Leben entscheidend, und vor allem beschleunigen sie unser Handeln. Wer sich in Details verliert, und wir alle kennen solche Menschen, braucht oft sehr, sehr lange, um eine Entscheidung zu treffen. Abstraktionen haben auch etwas mit kreativer Müllbeseitigung von überflüssigen Informationen im Gehirn zu tun.

Christa Maar & Hubert Burda (Hrsg.): Iconic Turn. Die neue Macht der Bilder, Köln: DuMont 2004.
Dies ist eine Sammlung von Beiträgen, die Grundlage für eine zu entwickelnde „Allgemeine Bildwissenschaft" sein können. Es ist eine wissenschaftliche Merkwürdigkeit, dass es eine Linguistik gibt, aber keine „Imaginistik". Vielleicht kommt dadurch zum Ausdruck, dass wir in unserem Kulturkreis stärker am expliziten Wissen orientiert sind und weniger am bildlichen Wissen. Das ist aus neurowissenschaftlicher Sicht auch insofern merkwürdig, als etwa die Hälfte des menschlichen Gehirns sich mit der visuellen Informationsverarbeitung befasst, wir also eigentlich „Augentiere" sind.

Neil MacGregor: Eine Geschichte der Welt in 100 Objekten, München: C. H. Beck 2010 (zuerst 2010: A History of the World in 100 Objects).
Was für ein grandioses Buch! Kreativität kann sich auch im Museum entfalten, und MacGregor macht deutlich, warum es überhaupt Museen gibt: An einfach erscheinenden Beispielen wird die Kreativität der kulturellen Entwicklung aufgezeigt. Aber es muss immer jemanden geben, der durch das Museum führt, um einem die Augen zu öffnen, so wie MacGregor durch das British Museum in London. Der Weg bringt uns von Mumien zu Kreditkarten. Und überall zeigt sich die Kreativität des Menschen. Hier kann jeder eine kleine Übung machen: Was alles ist von Menschen geschaffen worden, wenn man nur einmal um sich schaut wie ich jetzt gerade an meinem Schreibtisch? Es kommen Hunderte von kreativen Leistungen aus der Vergangenheit zusammen, deren Schöpfer in Vergessenheit geraten sind. Doch man kann zumindest symbolisch ihre Gegenwart herbeizaubern, indem man tief Luft holt und bei diesem Atemzug relativ sicher sein kann, dass man ein Sauerstoffmolekül einatmet, das auch sie schon einmal eingeatmet haben (das ergibt sich aus einigen Überlegungen der Chemie und der Mathematik).

Ernst Mayr: What Evolution Is, New York: Basic 2001.
Ernst Mayr war fast 100 Jahre alt, als er sein Werk schrieb, das eine klare Orientierung über Fragen der Evolution ermöglicht. Das Buch ist auch ein Beweis dafür, dass man noch im höchsten Alter kreativ sein kann – das Alter ist also keine Entschuldigung dafür, nicht kreativ zu sein.

Colin McGinn: Mindsight. Image, Dream, Meaning, Cambridge: Harvard University Press 2004.
Der analytische Philosoph McGinn verdeutlicht in „Mindsight" den Unterschied zwischen Wahrnehmung und Vorstellung. Der schottische Philosoph David Hume sah zwischen Wahrnehmung und Vorstellung nur einen quantitativen Unterschied, sodass Vorstellungen „blassen" Wahrnehmungen mit weniger Intensität und Lebhaftigkeit entsprechen. Demgegenüber betont McGinn den qualitativen Unterschied: Trotz aller Ähnlichkeit wie etwa dem offensichtlichen Bezug zum Sehen seien Vorstellung und Wahrnehmung prinzipiell verschieden. Vorstellungen haben einen notwendigen Bezug zu Erinnerungen. Wenn wir beispielsweise eine Zeitreise in unsere eigene Vergangenheit machen und dann Bilder vor unserem inneren Auge entstehen, so bestimmen diese Vorstellungen unser episodisches Gedächtnis. Vorstellungen haben sich von der unmittelbaren Wahrnehmung gelöst. Sie sind die operative Grundlage des Denkens und vor allem der Kreativität. Wenn wir uns etwas Neues ausdenken, dann verbinden wir bisherige Vorstellungen in einer Weise, die vorher nicht bestand, und diese neuen Verbindungen finden jenseits des ursprünglichen Wahrnehmungsprozesses statt. In der Vorstellung haben mentale Transformationen stattgefunden, und dabei sind Vorstellungen dem Willen unterworfen worden. Aber nicht nur: Der Traum lebt von der Aneinanderreihung im Gedächtnis gespeicherter Vorstellungen, die ihre eigene Geschichte inszenieren.

D. Q. McInerny: Being Logical. A Guide to Good Thinking, New York: Random House 2005.
Auch wenn die Logik nicht die treibende Kraft von Kreativität ist, so überspringt Kreativität nicht die logischen Gesetze. McInerny gibt einerseits einen Überblick über die Grund-Sätze der Logik: über den Satz der Identität („Etwas ist, was es ist"), den Satz vom ausgeschlossenen Dritten („Tertium non datur" – „Etwas ist oder ist nicht; ein Drittes gibt es nicht") oder den Satz der Kausalität („Alles ist begründet"). Besonders wertvoll sind aber seine Hinweise, was man jenseits der logischen Regeln alles falsch machen und so seiner eigenen Kreativität ein Bein stellen kann: Mangelnde Aufmerksamkeit; Tatsachen nicht genau bestimmen; Gedanken schlecht in Worten abbilden; Schlussfolgerungen inkompetent kommunizieren; neuen

Gedanken gegenüber übermäßig skeptisch oder engstirnig sein; seinen gesunden Menschenverstand nicht gelten lassen.

Margaret Mead: Mann und Weib. Das Verhältnis der Geschlechter in einer sich wandelnden Welt, Hamburg: Rowohlt 1958 (zuerst 1940: Male and Female).
Wenn man nur die biologischen Gesichtspunkte in den Blick nimmt, stellt sich die Frage, ob Mann und Frau jenseits der reproduktiven Gesichtspunkte noch in irgendeiner anderen Hinsicht unterschiedlich gemeint sind. In diesem Zusammenhang weist Mead darauf hin, dass der Orgasmus beim Mann eine biologische Notwendigkeit ist, was für Frauen aber in keiner Weise gilt. Menschen können sich reproduzieren, ohne dass eine Frau jemals einen Orgasmus erlebt hat. Doch die biologischen Vorbedingungen seien gegeben, dass der Orgasmus gelernt und sogar kreativ entfaltet werden kann. Ob dies gelingt, bestimmen vor allem kulturelle Randbedingungen. Dabei können Frauen qualitativ verschiedene Orgasmen erleben (worauf bereits Sigmund Freud hingewiesen hat): Der an der Klitoris ausgelöste Orgasmus entspricht in seiner Dauer eher dem männlichen Orgasmus, während der vaginal ausgelöste Orgasmus durch höhere Intensität und längere Dauer gekennzeichnet sein kann und offenbar eine rein weibliche Angelegenheit ist.

Stanley Milgram: Obedience to Authority. An Experimental View, New York: Harper & Row 1974.
Jeder kennt vermutlich die berühmten Experimente von Stanley Milgram, in denen er Versuchspersonen in die Situation gebracht hat, Anweisungen eines Versuchsleiters zu folgen, bei denen die Betroffenen annehmen mussten, anderen Versuchspersonen Schmerzen zuzufügen. Ursprünglich ging es wohl darum, zu prüfen, dass die Akzeptanz von Autorität und blindem Gehorsam spezifisch für bestimmte Kulturen sei. Es wurde aber festgestellt, dass es in allen Nationen, in denen diese Experimente durchgeführt wurden, zu ähnlichen Ergebnissen kam. Wird man in eine Situation gebracht, in der jemand anderes Kompetenz ausstrahlt und Verantwortung übernimmt, ist die Mehrzahl der Menschen in der Lage, sich in einer geradezu perversen Art und Weise gehorsam zu zeigen. Bemerkenswert an diesen Studien war, dass sich Psychiater bei der Voraussage des möglichen Gehor-

sams in solchen experimentellen Situationen völlig verschätzt hatten; man konnte sich einfach nicht vorstellen, dass die Mehrzahl der Menschen ihnen gegebene Anweisungen blind durchführen würden. Was mag dahinterstecken? Üblicherweise werden die Experimente von Milgram unter einem negativen Aspekt des menschlichen Sozialverhaltens gesehen. Es gibt jedoch nichts in unserem evolutionären Erbe, das nicht eine positive Bedeutung hat. Als evolutionäres Erbe tragen wir in uns, dass wir in Gruppen leben und eine soziale Kohäsion benötigen: Gruppen sind typischerweise so organisiert, dass jemand anführt und andere gehorchen. Gehorsam ist der notwendige Klebstoff für soziale Gemeinschaften, damit man anstrengungslos miteinander umgehen kann. Kaum ein Stationsarzt käme auf die Idee, dem Chefarzt während der Patientenvisite bei einer Diagnose zu widersprechen. Ebenso ist es für Doktoranden außerordentlich schwierig, ihrem Professor zu sagen, dass er sich irrt. Zur akademischen Erziehung gehört genau dies aber auch: lehren und lernen, Mut zum Widerspruch zu entwickeln. Natürlich besteht in solchen Situationen immer die Gefahr, als Querulant zu erscheinen. Deshalb sollten Gemeinschaften, wenn sie den Anspruch erheben, kreativ zu sein, in komplementärer Weise strukturiert sein, nämlich sowohl hierarchisch als auch heterarchisch. Die Hierarchie bezieht sich auf organisatorische Bereiche, die Heterarchie auf die Kreativität, auf die Genese von Wissen. Und auf dieser Ebene sind alle gleich. Man muss herausspringen aus dem Rahmen des evolutionären Erbes, Führungspersonen einfach hinterherzulaufen, und mit Mut das Neue denken – man kann sich gegen das Ausgeliefertsein in sozialen Situationen wehren. Aber Kreativität verlangt immer auch Mut.

Arthur I. Miller: Insights of Genius. Imagery and Creativity in Science and Art, New York: Springer 1996.

Es ist vor allem die Imagination, die Verbildlichung eines Gedanken, die kreatives Denken ausmacht. Dies macht Miller an Persönlichkeiten deutlich, die üblicherweise für ihre theoretischen Einsichten bekannt sind, so zum Beispiel Albert Einstein, Werner Heisenberg oder Niels Bohr. Besonders intensiv widmet Miller sich Albert Einstein, dessen Denken bereits von dem Gestaltpsychologen Max Wertheimer genauer studiert wurde. Ein Ergebnis von Wertheimers Untersuchungen war, dass im kreativen Akt ein unwiderstehlicher Drang besteht, eine „gute Gestalt" als Ergebnis des kreativen Denkprozesses zu erzeugen– und dies gilt für jeden Menschen, nicht nur für den genialen Physiker Einstein. Eine „gute Gestalt", eine stimmige Konstellation von Einzelelementen, ist aber ein ästhetisches Kriterium. Dies führt zu dem Gedanken, dass Kreativität immer eine ästhetische Dimension hat. Die Richtigkeit eines Gedanken muss stets auch ästhetisch überzeugen.

Paul J. Möbius: Über den physiologischen Schwachsinn des Weibes, München: Matthes & Seitz 1977 (zuerst 1900).
Vielleicht sollten Leserinnen diesen Kommentar aus gesundheitlichen Gründen überspringen, denn vermutlich dürfte ihr Blutdruck in die Höhe schnellen. Vor etwa 100 Jahren, und das ist noch gar nicht so lange her, betonte der Arzt Dr. Paul Möbius die Inferiorität des weiblichen Geschlechts. „Gleichmacherei ist überall vom Uebel", stellte er fest, „aber die Geschlechtsgleichmacherei ist ein besonders großes Uebel." Schließlich habe man nachgewiesen, „daß für das geistige Leben außerordentlich wichtige Hirnteile, die Windungen des Stirn- und Schläfenlappens, beim Weibe schlechter entwickelt sind als beim Manne, und daß dieser Unterschied schon bei der Geburt besteht". Man muss es leider sagen: Die Größe eines Hirnareals wird auch heute noch mit geistiger Kompetenz in Zusammenhang gebracht. Männer und Frauen unterscheide zudem, „daß der Instinkt beim Weibe eine größere Rolle spielt als beim Manne. [...] Der Instinkt nun macht das Weib tierähnlich, unselbständig, sicher und heiter. [...] Mit dieser Tierähnlichkeit hängen sehr viele weibliche Eigentümlichkeiten zusammen", so zum Beispiel „der Mangel eignen Urteils". Fazit: „Aller Fortschritt geht vom Manne aus." Und so geht es in einem fort. Das Buch wurde, das sei betont, auch damals schon sehr kontrovers diskutiert, erhielt aber viel Zuspruch, auch von Frauen. Warum taucht es in diesem „Literaturverzeichnis" auf? Aus zwei Gründen: Von einer Gleichheit von Mann und Frau, etwa was die Bezahlung gleichwertiger Tätigkeiten anbelangt, kann auch heute noch keine Rede sein. Und an den Stammtischen werden noch immer solche Ansichten vertreten, wie sie Dr. Möbius ausgebreitet hat. Der andere Grund: Was sind eigentlich heute „schwachsinnige" Hypothesen, die man uns in 100 Jahren vorhalten wird? Eine könnte jene sein, die hinter der Altersdiskriminierung steckt: zu meinen, dass man jenseits der 50, der 60 sowieso, der 70 aber allemal, automatisch dem „physiolo-

gischen Schwachsinn" ausgeliefert sei. Natürlich ist das Alter der größte Risikofaktor, um eine Demenz zu entwickeln, aber die meisten Menschen entwickeln schlichtweg keine. Und Gegenbeispiele besonders hoher geistiger Kompetenz bei „alten" Künstlern, Wissenschaftlern, Politikern und Unternehmern gibt es viele.

Thomas Morus: Utopia. Ein wahrhaft goldenes Büchlein von der besten Staatsverfassung und von der neuen Insel Utopia, Stuttgart: Reclam 1983 (zuerst 1516).

Die Wortschöpfung „Utopia" von Morus legt gleichsam das Wort „Syntopie" in den Mund. „Syntopie" ist auch das letzte Wort dieses Buches und sollte den unglücklichen Begriff „Interdisziplinarität" ersetzen: Utopien beschreiben zukünftige Orte, die es noch nicht gibt und vielleicht niemals wirklich geben wird; „Syntopie" bezeichnet dagegen einen neuen „Ort", der dadurch geschaffen wird, dass zwei Dinge zusammengebracht werden, die scheinbar nichts miteinander zu tun haben. Und dort entfaltet sich Kreativität, an Orten, an denen Verschiedenes zusammenkommt.

Armin Nassehi: Mit dem Taxi durch die Gesellschaft. Soziologische Storys, Hamburg: Murmann 2010.

Armin Nassehi ist eine großartige Einführung in Themen der Soziologie gelungen, die dem Laien und vielleicht sogar manchen Spezialisten die Augen dafür öffnet, was eine Gesellschaft bestimmt und was sie bewegt. Ein Thema, das sich durch das ganze Buch zieht, ist das der „Perspektive" und des Perspektivwechsels: „Warum erscheint die Welt aus unterschiedlichen Perspektiven und Positionen so unterschiedlich? Warum verfangen wir uns in unseren eigenen Sichtweisen? Warum erscheint uns diese Gesellschaft als nie abgeschlossen, nie fertig, nie stillstehend, nie sicher?" Aus der Perspektive des Neurowissenschaftlers gibt es hierauf durchaus einige Antworten, wie oben dargestellt wurde. Von besonderem theoretischen Wert ist das Schlusskapitel mit dem Titel „Verdoppelungen. Warum sich die Welt unserer Beschreibung verdankt", und hier ist der Neurowissenschaftler gefordert, Widerstand zu leisten. „Das Beschreiben der Welt ist selbst der Akt, der die Welt hervorbringt", schreibt Nassehi. Schaffen wir die Welt wirklich „nur" mit der Beschreibung, also aus einer Außenperspektive? In Nassehis These spiegelt sich der tiefe Glaube an das explizite Wissen, das die menschliche Natur ausmachen soll, und hier sind Zweifel angebracht. Ich bin bereits vor aller Reflexion „in der Welt", und ich entdecke erst im Nachhinein, begabt mit der möglichen Außenperspektive auf mich selbst, dass ich verschiedene Perspektiven haben kann, die die Welt auf jeweils eigene Weise verdoppeln. Und dann erst sind unterschiedliche Beschreibungen überhaupt möglich. Aber vielleicht habe ich hier auch etwas missverstanden.

Walle J. H. Nauta & Michael Feirtag: Fundamental Neuroanatomy, New York: Freeman & Co. 1986.
Was für eine merkwürdige Konstellation: Walle Nauta, einer der führenden Neuroanatomen des 20. Jahrhunderts, arbeitete in einem Institut für Psychologie. Damit ist er auch eine Inkarnation der Idee von Interdisziplinarität oder „Syntopie". Viele der führenden Neurowissenschaftler haben ihre Prägung durch ihn erfahren. Berühmt waren seine Vorlesungen dienstagabends am Massachusetts Institute of Technology, in denen seine Denkweise besonders deutlich wurde. Mit Bescheidenheit und Stolz, Unabhängigkeit im Denken und Wertschätzung der anderen führte er uns in sein Fach ein. Einer seiner zentralen Gedanken, der auch zu einem zentralen Gedanken dieses Buches wurde: Die Funktionen des Hirnstamms bis hinauf zum Mittelhirn (Mesencephalon) dienen dem fundamentalen Zweck, das „Gleichgewicht" zu halten, „posture" zu sichern, wobei „posture" sich sowohl auf den Bewegungsapparat als auch auf das Innere bezieht. Es geht um „Standsicherheit" und damit um die Möglichkeit, sich zielgerecht bewegen zu können, aber auch um die Herstellung der Homöostase oder des inneren Gleichgewichts. Der corticale Mantel, jenes großartige Gehirn, auf das wir so stolz sind, dient im Wesentlichen der Bewertung von Situationen und inneren Zuständen. Damit stellt der corticale Mantel auch jene Dienstleistungsfunktionen bereit, die notwendig sind, um „Haltung" zu bewahren.

Donald A. Norman: Emotional Design. Why We Love (or Hate) Everyday Things, New York: Basic 2004.
Offenbar werden allerlei moderne Technologien von jungen, männlichen und rechtshändigen Ingenieuren entwickelt, die ihre Kreativität lieber nutzen, um das zu tun, was sie können, aber nicht für das, was Menschen brauchen, also anstrengungslos nutzen können. Gebrauchstauglichkeit und

Design von Produkten müssen sich am menschlichen Maß orientieren, und hierfür scheint vieles von dem Wissen aus der Hirnforschung ganz nützlich zu sein. Denn wer kapituliert nicht angesichts der vielen Funktionen seines Computers, seines Handys, seines TV-Gerätes? Kreativität entfaltet sich überall, doch nicht überall ist sie nützlich oder entspricht dem menschlichen Maß.

José Ortega y Gasset: Gespräch beim Golf. Vier Essays, Wiesbaden: Insel 1957 (zuerst 1916 und 1925).

In den vier Essays des spanischen Philosophen geht es um personale Identität und um ästhetische Prinzipien, darum etwa, dass ein Gesicht auch als schön bezeichnet werden kann, wenn einzelne Elemente alles andere als schön sind; durch die Beziehung der verschiedenen Elemente kann eine Gestalt entstehen, die man als schön empfindet. Ortega y Gassets Essays zeigen auch, dass man aus jeder Situation kreative Potenziale schöpfen kann, in der Straßenbahn oder aus einem Gespräch beim Golf. Man muss nur bereit sein, seine kreativen Potenziale zu nutzen.

Rolf Pfeifer & Josh Bongard: How the Body Shapes the Way We Think. A New View of Intelligence, Cambridge: MIT Press 2007.

Endlich wird auch einmal aus einer ganz anderen Perspektive deutlich gemacht, dass wir nicht nur „Denkwesen" sind, wie es die Philosophie von René Descartes nahelegt. Wir haben auch einen Körper, und aus der Körperlichkeit leiten sich kognitive Prozesse ab. Damit versetzt die Robotik der klassischen künstlichen Intelligenzforschung den Todesstoß, in der man meinte, man bräuchte nur das explizite Wissen, um uns zu simulieren. Wir sind mehr als nur Automaten, die Symbole verarbeiten. Es ist spannend zu beobachten, dass uns Hirnforschern gerade aus der Robotik Bündnispartner zuwachsen.

Ernst Pöppel: Lust und Schmerz. Über den Ursprung der Welt im Gehirn, 2. Auflage, Berlin: Siedler 1993 (zuerst 1982).

Sind Lust und Schmerz eigentlich Gegensätze? Könnte es nicht sein, dass in unserem Erleben, was immer es auch sei, stets beides gleichzeitig aber mit unterschiedlicher Intensität enthalten ist? Hierfür spricht in der Tat einiges. Deshalb sollten Lust und Schmerz nicht als Gegenpole angesehen werden, sondern als etwas Gemeinsames. Wenn am Erleben weder das Positive noch das Negative, weder das Lustvolle noch das Schmerzhafte beteiligt ist (und dies muss nicht auf einer bewussten Ebene der Fall sein), dann befindet man sich im Zustand der absoluten Gleichgültigkeit, wie es typisch für eine schwere Depression oder für ein Burn-out ist. Die Gefühle werden blass, man kann nichts mehr behalten, es fehlt der Antrieb, etwas zu tun, und auch die Wahrnehmungen verlieren ihre Intensität. Das ist alles kein erstrebenswerter Zustand. Unsere optimale „Erlebensmitte" liegt nicht zwischen den Polen Lust und Schmerz, es sind beide Dimensionen in allem enthalten, was unser Seelenleben ausmacht. Verliert sich das Gleichgewicht zwischen Lust und Schmerz und kippt in die eine oder andere Richtung, dann entstehen Wollust oder Qual. Wollust und tiefer Schmerz sind Grenzerlebnisse, in denen die innere Balance aufgehoben ist. Bemerkenswert ist aber, dass diese Grenzerlebnisse manchmal nicht mehr zu unterscheiden sind, nämlich in der Qual der Lust und der Lust der Qual.

Ernst Pöppel: Grenzen des Bewusstseins. Wie kommen wir zur Zeit und wie entsteht Wirklichkeit? Überarb. Neuaufl., Frankfurt (Main): Insel 1997 (zuerst 1985).

Unser Weltbild ist beschränkt, unser Zugang zur Wirklichkeit eng. Dies ergibt sich allein aus der Tatsache, dass unsere Sinnesorgane nur kleine Ausschnitte der Welt erfassen können. Für den größten Teil dessen, was uns umgibt, sind wir blind und taub, und unsere Kompetenz beim Riechen ist beschämend verglichen mit unserem Hund. Forschung dient vor allem auch dem Zweck, diese Begrenztheit zu überwinden: Wir erfinden Mikroskope und Teleskope, damit wir besser, genauer sehen können. Trotz der offenkundigen Grenzen finden wir uns aber irgendwie in der Welt zurecht. Das gelingt insbesondere dadurch, dass das Gehirn zeitsensitive Programme entwickelt hat, die zum einen der Definition von Ereignissen dienen und zum anderen zeitliche Inseln der subjektiven Gegenwart schaffen. Solche Zeitfenster dauern beim Menschen etwa drei Sekunden, und in meinem Buch schlage ich vor, den Zustand „bewusst", das „Bewusstsein", auf der Grundlage dieser zeitlichen Mechanismen zu definieren. Meine Definition von „Bewusstsein" ist also keine philosophische, sondern eine operative, die sich an Beobachtungen im Verhalten und Erleben orientiert.

Ernst Pöppel: Der Rahmen. Ein Blick des Gehirns auf unser Ich, München: Hanser 2006.

Dieses Buch hat fast ausschließlich schlechte, sehr schlechte Kritiken bekommen, doch damit muss ein Autor leben, auch wenn er etwa 15 Jahre daran gearbeitet hat. Begonnen hat dieses Buchprojekt mit dem Ziel, eine Klassifikation psychischer Funktionen zu entwickeln, eine Taxonomie des Erlebens zu entdecken oder zu erfinden. Nach etwa zehn Jahren merkte ich, dass ich gescheitert war, dass aus dem Projekt nichts wird, und einige Hundert Seiten Geschriebenes wurden dem Müll übergeben. Danach habe ich das genaue Gegenteil versucht, also ein Buch ohne jede Ordnung zu schreiben, ein Buch, das man in alle Richtungen lesen kann, das man irgendwo aufschlagen und zu lesen beginnen kann. Jedes „normale" Buch gibt durch sein Inhaltsverzeichnis einen expliziten Rahmen vor. Das dient der Orientierung, der Leser findet sich leichter zurecht, es schreibt sich natürlich auch leichter, doch verbirgt sich dahinter zumeist eine Theorie, die dem Autor selbst gar nicht bewusst ist. Man tut dann so, als sei das Wissen, das ausgebreitet wird, auch in dieser ordentlichen Reihenfolge entstanden. Das ist natürlich Unsinn. Wissenschaftliche Arbeit, sofern sie kreativ ist, gleicht eher einem chaotischen Prozess, denn die Suche nach Erkenntnissen in einem Forscher folgt selten einem geraden Weg. Woher weiß man, was einem morgen einfällt? Dieser Prozess der Unordnung, des Zufälligen ist in diesem Buch simuliert worden, wobei für manche Leser noch besonders störend hinzukommt, dass plötzliche Assoziationen, die mir beim Schreiben gekommen sind, nicht unterdrückt wurden. Das Buch hat, wie manche Leser sagen, zu viele Sätze in Klammern. Wenn das Buch überhaupt neue inhaltliche Aspekte hat, dann ist es die Entwicklung des Gedankens, dass wir uns bei der Erklärung von Prozessen des Gehirns und Phänomenen des Erlebens von monokausalen Erklärungen verabschieden müssen. Nie hat etwas nur eine Ursache. (Allerdings gab es auch positive Kommentare zu diesem Buch, und einer meinte sogar, man solle wissenschaftliche Bücher stets aus der „Innenperspektive" schreiben.)

Ernst Pöppel: Zum Entscheiden geboren. Hirnforschung für Manager, München: Hanser 2008.

Wenn man sich fragt, wie wir gemeint sind, dann ist eine Antwort, dass wir uns notwendigerweise immerzu, von Augenblick zu Augenblick, entscheiden. Dabei gilt es zwischen zwei Arten von Entscheidungen zu unterscheiden, nämlich solchen, die wir bewusst treffen, und solchen, die gleichsam mit uns geschehen, also ohne bewussten Eingriff erfolgen. Das ergibt sich alleine daraus, dass wir über ein explizites und ein implizites Wissenssystem verfügen. Im Rahmen des impliziten Wissens entscheidet das Gehirn für uns und belästigt uns gar nicht erst mit längeren Überlegungen. Im Gegensatz zum Buch „Der Rahmen" ist dieses Buch sehr ordentlich in zehn Kapitel gegliedert, wobei jede Kapitelnummer einen neurowissenschaftlichen Sachverhalt repräsentiert: die Einheit des Bewusstseins (1. Kapitel), zwei Gehirnhälften mit ihren verschiedenen Kompetenzen (2. Kapitel), drei Weisen des Wissens (3. Kapitel), vier Fehler bzw. Regeln des Denkens (4. Kapitel), fünf grundlegende Merkmale der Persönlichkeit (5. Kapitel) und so weiter. Im zehnten Kapitel wird eine „Entscheidungspyramide" mit zehn Elementen und vier Schichten vorgestellt, die den Rahmen abstecken, innerhalb dessen Entscheidungen getroffen werden. An der Spitze der Pyramide steht das Ziel, dem letzten Endes alle Entscheidungen dienen, nämlich ein Gleichgewicht, ein Equilibrium, eine Homöostase herzustellen, eine dynamische Mitte zu finden, die für jeden Einzelnen, aber auch für Institutionen gilt.

Ernst Pöppel & Eva Ruhnau: „Psychologie als eine auf Modelle angewiesene Angelegenheit ohne Taxonomie – eine Polemik", in: Nova Acta Leopoldina NF 110 (2011), S. 213–233.

Man darf es eigentlich gar nicht laut sagen, aber die Psychologie und die Hirnforschung sind gar keine Wissenschaften, wenn man einen strengen Maßstab anlegt. Ein Fachgebiet gilt dann als eine Wissenschaft, wenn seine Inhalte einer klaren Klassifikation unterliegen, wenn es eine Taxonomie gibt. Danach sucht man in unserer Zunft vergebens, was auch die mathematische Physikerin Eva Ruhnau bemängelt. Hirnforschung ist ohne Frage interessant, ja sogar spannend, sie hat für die Forscher einen hohen Unterhaltungswert und die Öffentlichkeit ist gar zu oft fasziniert von neuen Beobachtungen. Doch eine solide Wissenschaft zur Erklärung des menschlichen Erlebens oder Verhaltens ist sie eigentlich nicht. Verglichen mit Physik, Chemie oder Biologie sind wir eine „Wissenschaft des Werdens". Deshalb ist es eine wichtige Herausforderung, gültige Klassifikationen zu entwickeln, vielleicht sogar eine allgemein verbindliche Taxonomie zu schaffen. Im Augenblick ist es noch ganz anders: Manche Modelle, an denen wir uns orientieren, kommen aus der Linguistik, andere aus der traditionellen Philosophie, wieder andere aus der Physik (daraus wurde dann die „Psychophysik"), weitere aus der Verhaltensforschung oder aus Alltagsbeobachtungen, schließlich solche aus der Neurologie und Psychiatrie und – von mir bevorzugt – aus der Neuropsychologie; und jedes Modell transportiert seine eigenen Vorurteile. Das ist alles sehr spannend, aber auch sehr unverbindlich. Trotzdem scheint es die wenigsten Forscher in der Psychologie oder Hirnforschung zu stören, denn es gibt genug Details, die es zu erforschen gilt und an denen man sich erfreuen kann.

Ernst Pöppel & Beatrice Wagner: Je älter desto besser, München: Gräfe und Unzer 2010.
Es ist keine neue Einsicht, dass das Älterwerden auch Vorteile mit sich bringt. Vor etwa 2000 Jahren hat der römische Staatsmann und Philosoph Cicero in einem seiner wichtigsten Texte („Cato maior de senectute") einen Vorteil des Alters beschrieben, den vielleicht heute nicht jeder unterschreiben mag: dass wir nämlich nicht mehr unseren sexuellen Bedürfnissen ausgeliefert sind. Moderne Studien zeigen, dass dies für viele gilt, aber sicher nicht für alle. In diesem Buch beschreiben wir in zehn Kapiteln, unterstützt durch aufschlussreiche Gespräche mit Frauen und Männern unterschiedlichen Alters, welche Chancen sich im Alter, in der „Generation plus", für jeden auftun. Dafür gibt es allerdings eine Bedingung: Man muss den Willen aufbringen, sein Leben selber zu leben, man muss Verantwortung für sich selbst übernehmen. Dann kann man immer noch lernen, etwas Neues beginnen, die Gegenwart genießen, mit seinem Scheitern fertigwerden, denn natürlich gehört das Scheitern auch zum Leben und zum Älterwerden. Wir leben in einer Zeit, in der das Alter im Wesentlichen unter dem Gesichtspunkt das Abbaus, der Krankheit, des endgültigen Verfalls gesehen wird. Natürlich bringt das Alter viele Risiken mit sich, doch die Mehrzahl der Menschen ist bis in das hohe Alter gesund. Und manche erlangen im Alter sogar Weisheit, wobei man natürlich nicht versuchen sollte zu definieren, was Weisheit ist.

Tomás Radil: „Zeit in Auschwitz – Zeit nach Auschwitz", in: Ernst Pöppel & Max Kerner (Hrsg.): Zeit und Mensch, Aachen: Thouet 1996, S. 65 – 75.
Der tschechische Neurowissenschaftler Tomás Radil war als Jugendlicher in Auschwitz. „Zeit in Auschwitz – Zeit nach Auschwitz" ist der erschütternde

Bericht über die Lebensbedingungen im Lager, und es ist die Schilderung eines Lebens danach, in dem ein Forscher wichtige Beiträge zum Verständnis des menschlichen Gehirns geleistet hat. Außerordentlich wichtig sind die Hinweise über ethische Prinzipien des Lagerlebens. Trotz der grauenvollen Bedingungen bewahrte die „Goldene Regel" ihre Gültigkeit, wie sie philosophisch im kategorischen Imperativ von Immanuel Kant formuliert wurde. Eine weitere Einsicht Radils: Vergeben ist nicht möglich; man sollte sich hier keinen Illusionen hingeben. Was aber im weiteren und neuen Zusammenleben nach einer solchen Katastrophe möglich ist, das ist die Versöhnung, die „reconciliation", wie sie auch politisch tatsächlich verwirklicht wurde.

David M. Raup: Extinction. Bad Genes or Bad Luck? New York: Norton & Co. 1991.
In Raups Buch erfährt man unter anderem, dass die durchschnittliche Lebenserwartung von Arten nur etwa vier Millionen Jahre beträgt, dass also die meisten jemals entstandenen Arten auf dieser Erde schon wieder ausgestorben sind. Wäre es unter dem Gesichtspunkt der Evolution dann eine solche Katastrophe, wenn die Menschheit als Ganzes wieder von der Erde verschwinden würde? Denn schließlich gibt es uns ja schon einige Zeit. Durch das Verschwinden der Menschen auf diesem Globus würde in der biologischen Evolution eine unglaubliche Kreativität freigesetzt werden. Wenn wir also Spielball anderer Mächte wären, und vielleicht sind wir es ja sogar, dann könnte es im Interesse dieser Mächte liegen, die Menschen recht bald wieder aussterben zu lassen. Und dann wären alle Bemühungen der Menschheit, durch Wissenschaft und Technologie die Lebenserwartung der Menschheit zu verlängern, ein störendes Element im kreativen Plan dieser Mächte.

Ingo Rentschler, Barbara Herzberger & David Epstein (Hrsg.): Beauty and the Brain. Biological Aspects of Aesthetics, Basel: Birkhäuser 1988.
Dies ist offenbar das erste Buch, in dem auf einer breiten Basis neurowissenschaftliche und psychologische Aspekte mit den Künsten in Beziehung gebracht und ästhetische Prinzipien in einem biologischen Rahmen erörtert werden. Das Buch basiert auf einer Reihe von Tagungen einer Studiengruppe, die von der Werner Reimers Stiftung in Bad Homburg finanziert

wurde. Es gab zunächst erhebliche Widerstände, die Studiengruppe überhaupt einzurichten. Eine Besonderheit der Tagungen war, und dies muss man im Rückblick betonen, dass die Kommunikation zwischen den eingeladenen Künstlern und den Naturwissenschaftlern völlig problemlos war. Man hatte ein gemeinsames Grundverständnis und teilte einen gemeinsamen Enthusiasmus. Das war mit den Geistes- und Kulturwissenschaftlern ganz anders, oft gekennzeichnet durch die unterschiedlichen „Sprachspiele" – man verstand einander einfach nicht. Ein Grund für die gute Kommunikation zwischen Künstlern und experimentellen Wissenschaftlern mag auch der sein, dass beide Gruppen praxisorientiert arbeiten; es entstehen Werke, in denen etwas zum Ausdruck gebracht wird oder in denen neues Wissen erzeugt werden soll. Ein experimenteller Aufbau kann auch als ein Kunstwerk verstanden werden, und manche Künstler der Moderne wie meine Freunde Olafur Eliasson oder Igor Sacharow-Ross experimentieren mit dem Betrachter.

Eva Ruhnau, Susanne Kridlo, Bernd Busch & Kurt Roessler (Hrsg.): Ethik und Heuchelei, Köln: DuMont 2000.
Im Jahre 1998 fand in der Kunst- und Ausstellungshalle der Bundesrepublik Deutschland in Bonn ein Symposium mit diesem Titel statt, bei dem Themen aus Medizin, Gentechnik, Kerntechnik und Umweltforschung behandelt wurden; die Diskussionen waren naturgemäß kontrovers. Besonders interessant war, dass offizielle Vertreter von Ethik-Institutionen geradezu „Schaum vor dem Mund" hatten, weil es überhaupt gewagt wurde, den Begriff „Ethik" mit dem der Heuchelei in Zusammenhang zu bringen. Die Veranstaltung zielte darauf, Vertreter mit kontroversen Positionen zu den genannten Bereichen miteinander ins Gespräch zu bringen. Des Weiteren waren eher fachnahe und fachferne Repräsentanten der einzelnen Bereiche eingeladen. Es zeigte sich, dass eine kreative Diskurskultur nur sehr schwer zu verwirklichen ist, denn sie verlangt, den Argumenten der Gegenseite offen und aufmerksam zuzuhören. Offenheit gegenüber den Argumenten anderer bedeutet auch, die eigenen Argumente in Frage zu stellen. Das fällt jedem Menschen schwer, und Wissenschaftler sind auch nur Menschen. Und auch wenn ihre Argumente im Rahmen wissenschaftlicher Kreativität entstanden sind, führen unterschiedliche disziplinäre Rahmenbedingungen doch oft zu gegenläufigen Auffassungen. Man kann in seiner Kreativität

also auch ein Opfer impliziter Annahmen sein, wenn man sich diesen nicht bewusst ist. Zudem reagiert man üblicherweise emotional auf Argumente anderer, die die eigenen in Frage stellen, was man regelmäßig in Fernsehdiskussionen beobachten kann. Und so liegt es nicht fern, anderen den Vorwurf der Heuchelei zu machen und ihnen unlautere Motive zu unterstellen – eine bekannte Maßnahme, Kritik abzuwehren.

Bertrand Russell: The Art of Philosophizing, New York: Philosophical Library 1968.

Besonders hilfreich ist, dass Russell auf die „Sprachfalle" hinweist, in die wir stürzen können, wenn wir ohne Nachdenken Begriffe der Alltagssprache verwenden und diese unreflektiert in wissenschaftlichen Kontexten anwenden. Dies ist eines der größten Probleme der modernen Hirnforschung. Begriffe werden kritiklos übernommen, und manche Forscher suchen nach dem „Sitz" des Bewusstseins im Gehirn, nach dem „Ort" der Intelligenz, der Zeit, des Geldes, der Liebe oder Gottes. Von solchen Absurditäten kann man sich bewahren, wenn man einfach nur die Fakten zur Kenntnis nimmt: Jeder subjektive Akt, alles, was explizit oder implizit unser Erleben ausmacht, wird von raum-zeitlichen Mustern neuronaler Aktivitäten getragen. Das heißt, es gibt nie nur den einen Ort, an dem eine Vorstellung, eine Erinnerung, ein Gedanke oder das Erleben sitzt. Dieser ist zwar notwendig aber nicht hinreichend für die wissenschaftliche Beschreibung unseres Selbst, wenn man so will: unserer Selbst-Analyse.

Erwin Schrödinger: Was ist ein Naturgesetz? Beiträge zum naturwissenschaftlichen Weltbild, München: Oldenbourg 1962.

Schrödinger analysiert, wie wir denken, und geht dazu weit in die Antike zurück. Es fällt beim Vergleich zwischen der Physik und den Lebenswissenschaften auf, dass wir im Grunde eine falsche Bewertung vornehmen, wenn wir von der Physik als der „Paradedisziplin" der Naturwissenschaften sprechen. Die Physiker, falls Physiker dies lesen sollten, werden vielleicht entsetzt sein, wenn man sagt, dass viele Schriften der Physik eher geisteswissenschaftlich sind und die Lebenswissenschaften die eigentlichen Naturwissenschaften repräsentieren. In den Texten von Physikern wie Galilei, Newton, von Helmholtz, Mach, Einstein, Bohr, Heisenberg, Schrödinger, von Weizsäcker, Feynman, Wheeler und einigen mehr geht es in erster Linie um die

Analyse der Denkwerkzeuge und wie man mit diesen messend die Natur verstehen kann. Denn wenn wie in der Quantenmechanik der Messprozess analysiert wird, wird eine Außenperspektive gegenüber dem Objekt eingenommen. Dabei wird die Natur vom Subjekt her analysiert. Somit müssen notwendigerweise subjektive Vorgänge im Gehirn des Betrachters berücksichtigt werden, da diese die Art der Analyse beeinflussen. In den Lebenswissenschaften geht es um die Natur selbst. Das wichtigste Beispiel ist Darwin, der in die generativen Prinzipien der Natur einzudringen suchte, also aus der Natur selbst heraus dachte, als deren Teil er sich sah. In einem solchen Rahmen, der vielen befremdlich erscheinen mag, kann man sagen, dass die Physik eine idealistische, die Lebenswissenschaften eine realistische Denkweise repräsentieren.

Raoul Schrott & Arthur Jacobs: Gehirn und Gedicht. Wie wir unsere Wirklichkeiten konstruieren, München: Hanser 2011.

Was ist er nun eigentlich, Raoul Schrott, ein Dichter, Übersetzer, Sachbuchautor, Romanschriftsteller, Komparatist? Zunächst einmal ist er vor allem er selbst, dem diese Kategorisierungen wohl ziemlich gleichgültig sind, und er zeichnet sich aus durch eine herausragende Kreativität. In diesem Buch, das eigentlich zwei Bücher sind, wird man von Arthur Jacobs mit großer Sachkunde in Ergebnisse der modernen Psychologie und der kognitiven Neurowissenschaften eingeführt, und Raoul Schrott erläutert, was es mit der menschlichen Sprache auf sich hat und wie diese in Gedichten lebt.

Burrhus F. Skinner: About Behaviourism. London: Cape 1974.

Skinner wird von psychologischen Forschern in manchen Kreisen gerne unterschätzt. Immerhin zählt er zu den Gründern der modernen Verhaltenstherapie, ohne die moderne Psychotherapie nicht vorstellbar ist, und seine Überlegungen zum operanten Konditionieren bei evolutionären Prozessen, die er in seinem Aufsatz „Selection by Consequences" von 1981 ausführt (SCIENCE 213, S. 501–504), sind außerordentlich anregend. Man kann aus seinen Überlegungen auch ableiten, warum evolutionäre Prozesse so schnell ablaufen konnten. Denn es mag viele erstaunen, wie sich die Vielfalt des Lebendigen in den nur vier Milliarden Jahren und bei mehrzelligen Organismen in den letzten etwa 800 Millionen Jahren entfalten konnte. Wenn

Organismen lernfähig sind, dann haben jene einen selektiven Vorteil, die besser lernen können, indem sie beispielsweise günstigere Umgebungen aufsuchen. Bessere Lernfähigkeit ist also mit evolutionärer Kreativität verbunden – und warum sollte dies nicht auch für die kreativen Potenziale des Menschen gelten?

Stanley S. Stevens: Psychophysics. Introduction to Its Perceptual, Neural and Social Prospects, New York: Wiley 1975.
Aus der psychologischen Forschung wurden nur wenig mathematische Gesetze abgeleitet. Eines davon ist das sogenannte Potenzgesetz, das die Beziehung zwischen der Stärke physikalischer Reize und der Intensität einer subjektiven Empfindung beschreibt; Stevens hat auf diesem Gebiet die wichtigsten Beiträge geleistet. Dieses Gesetz beschreibt ein „Wunder der Natur": Wann immer man etwas hinsichtlich seiner Intensität bewerten kann, dann entspricht der Logarithmus der subjektiven Intensität der Wahrnehmung dem Logarithmus der objektiven Intensität multipliziert mit einem für das Wahrnehmungssystem typischen Faktor. Der Unterschied der wissenschaftlichen Beschreibung von subjektiven Erfahrungen ist also nur in der Größe dieses Faktors gegeben, der zwischen 0,3 (Helligkeitsbeurteilung) und 3 (Schmerzintensität) liegt. Die Kreativität der Natur zeigt sich auch darin, einfachste Prinzipien so oft wie möglich einzusetzen.

Leslie Stevenson: Seven Theories of Human Nature, New York: Oxford University Press 1974.
Sieben Theorien über die menschliche Natur stellt Leslie Stevenson vor, nämlich jene von Plato, Marx, Freud, Sartre, Skinner, Lorenz und das christliche Menschenbild. Mit Verwunderung habe ich festgestellt, dass diese philosophische Betrachtung der menschlichen Natur die biologischen Wurzeln dessen, wie wir gemeint sind, nicht stärker berücksichtigt (abgesehen von einem Hinweis auf Konrad Lorenz, dessen gedankliche Welt aber eher als Karikatur dargestellt wird). All diese Theorien, die von den Stiefbrüdern und Stiefschwestern in den Geisteswissenschaften entwickelt werden, sind jedoch schlichtweg zu „kopflastig". Gründe hierfür mögen bestimmte Vorurteile sein, die sich aus unserer Geistesgeschichte ergeben; der Hauptgrund ist aber mangelndes Wissen über die biologischen Grundlagen der menschlichen Natur.

James Surowiecki: Die Weisheit der Vielen. Warum Gruppen klüger sind als Einzelne, München: Goldmann 2007 (zuerst 2004: The Wisdom of Crowds).

„Für gewöhnlich bedeutet Durchschnitt Mittelmaß", stellt Surowiecki fest, „bei Entscheidungsfindungen dagegen oft Leistungen von herausragender Qualität. Allem Anschein nach sind wir als Menschen also programmiert, kollektiv klug und weise zu sein." Hierzu kann jeder ein einfaches Experiment durchführen: Man frage bei einem Abendessen, welche Temperatur der Raum habe, und jeder schreibt unabhängig voneinander seine Schätzung auf einen Zettel. Aus diesen Angaben bestimmt man den Mittelwert. Man wird feststellen, dass dieser die Raumtemperatur sehr viel besser wiedergibt, als die meisten einzelnen Schätzungen. Allgemein müssen vier Bedingungen erfüllt sein, damit sich die „Weisheit der Massen" tatsächlich realisieren kann: Meinungsvielfalt (dazu müssen jedem Einzelnen zumindest ein paar Informationen zugänglich sein), Unabhängigkeit, Dezentralisierung und Aggregation (die Möglichkeit also, dass Meinungen aufeinandertreffen).

Hans-Lukas Teuber: „Perception", in: John Field (Hrsg.): Handbook of Physiology. Neurophysiology III, Washington: American Physiological Society 1960, S. 1595–1668.

In dieser umfassenden Darstellung von Phänomenen und Problemen der Wahrnehmung entwickelt Teuber unter anderem das Konzept der „corollary discharge", das dem „Reafferenzprinzip" entspricht und für die Erklärung menschlichen Verhaltens grundlegend ist. Die Grundidee dieses Prinzips ist recht einfach: Wann immer wir etwas tun – sei es eine kurze Bewegung, eine längere Zeit in Anspruch nehmende Handlung, ein langfristiger Plan, den es zu verwirklichen gilt –, werden zwei parallele Prozesse im Gehirn in Gang gesetzt. Erstens wird die Aktion gestartet (Efferenz), doch gleichzeitig wird zweitens das Programm als Kopie gespeichert (Efferenzkopie). Hierdurch werden zwei Dinge gleichzeitig erledigt: Das Gehirn ist mit einem Monitoring-System ausgestattet, und mit einem weiteren Mechanismus wird festgestellt, wann etwas zum Abschluss gebracht wurde. Im Verlauf der Aktion gibt es Rückmeldungen von den Sinnessystemen (Reafferenz), die jeweils mit der gespeicherten Efferenzkopie verglichen werden; man weiß also, wie weit man schon gekommen ist. Und wenn schließlich die Reafferenz der Efferenzkopie entspricht, dann wird ein Signal gegeben, dass etwas zum Abschluss gebracht wurde. Das Gefühl, das sich dann einstellt, ist das, was man Zufriedenheit nennt. Diese Parallelaktion unseres Gehirns ist also eine wesentliche Komponente für die Herstellung und den Erhalt des inneren Gleichgewichts, der Homöostase.

Niko Tinbergen: Instinktlehre. Vergleichende Erforschung angeborenen Verhaltens, Berlin: Parey 1952.
Dieses Buch hat die moderne Ethologie entscheidend geprägt; bekanntlich haben Niko Tinbergen und Konrad Lorenz zusammen den Nobelpreis erhalten, der dritte im Bunde war Karl von Frisch mit seinen Entdeckungen über das Navigationsverhalten der Bienen. Auf einen Aspekt im Buch von Tinbergen sei besonders hingewiesen: das Phänomen der Übersprungshandlung. Wenn ein Lebewesen in eine Konflikt-Situation gerät, dann mag es geschehen, dass die aufgestaute Energie sich in ganz anderer Weise äußert; sie springt in einen anderen Handlungskontext. Typisch ist etwa eine Situation, in der man nicht recht weiß, was man sagen soll, und beginnt, sich am Kopf zu kratzen. Als Übersprungshandlung kann auch das Rauchen angesehen werden, wenn durch diese Tätigkeit eine innere Spannung abgebaut wird; hinzu kommt beim Rauchen natürlich seine antidepressive Wirkung. Alle Übersprungshandlungen dienen dem biologischen Zweck, ein inneres Gleichgewicht zu sichern.

Mario Tokoro & Ken Mogi (Hrsg.): Creativity and the Brain, Hackensack: World Scientific 2007.
Im April 2004 traf sich in Bertinoro, nicht weit von Bologna, eine Gruppe von Wissenschaftlern, um sich Gedanken über Kreativität in der Wissenschaft zu machen. Das Eindrucksvollste war eigentlich der Ort, an dem die Veranstaltung stattfand: Hier hatte schon Friedrich Barbarossa übernachtet und Dante in die Ferne geblickt. Einer der Stars war Allan Snyder, ein Kreativitätsguru aus Australien, der stets eine Ledermütze schräg auf dem Kopf trägt. Doch seine Kernthese zur Kreativität ist nach meiner Einschätzung grober Unfug. Er meint, dass bestimmte autistische Kinder besonders kreativ wären, weil sie die Welt so bildlich darstellen, wie sie optisch charakterisiert sei. Was diese Kinder aber eigentlich kennzeichnet, das ist

ihre mangelnde Fähigkeit zur Abstraktion. Ihre Kreativität ist also aufgrund eines neuronalen Problems eingeschränkt, denn ohne sich vom Detail lösen zu können, kann es keine Kreativität geben.

Siegfried Unseld: „Das Tagebuch" Goethes und Rilkes „Sieben Gedichte", Frankfurt (Main): Insel 1978.

Unselds spannende Analyse, wie die erotischen Gedichte von Goethe und Rilke nur mühsam den Weg in die Öffentlichkeit gefunden haben, liest sich wie eine Kriminalgeschichte. Und man erfährt, welchen inneren Weg Rilke ging, um sich von Goethe zu lösen und ihn dann wieder zu finden: Unseld meint, dass die erotischen Gedichte Rilkes durch „Das Tagebuch" von Goethe wesentlich beeinflusst wurden. Zur Entfaltung der Kreativität, sei es in den Künsten, den Wissenschaften, der Wirtschaft oder der Politik, gehört aber auch, sich von den Denkwelten anderer und von Vorbildern zu lösen.

Lew S. Vygotskij: Arbeiten zu theoretischen und methodologischen Problemen der Psychologie, Berlin: Volk und Wissen 1985.

Vygotskij hat in seinem nur kurzen Leben (1896–1934) der Psychologie, Philosophie und Linguistik entscheidende Impulse gegeben. Zu Beginn seiner wissenschaftlichen Tätigkeit befasste er sich insbesondere mit der „Psychologie der Kunst" und legte 1925 eine Dissertation zu diesem Thema vor. Besonders interessierte ihn, wie Kunst rezipiert wird und welche Gefühle durch Kunst hervorgerufen werden. Im Bereich der Psychologie betonte er die Bedeutung der praktischen Tätigkeit und verwies dazu auf jene Szene in Goethes „Faust", in der die Bedeutung das praktischen Handelns betont wird: „Im Anfang war die Tat." Vygotskij unterschied zwei Ebenen psychischer Prozesse, nämlich jene der sich selbst überlassenen Vernunft und jene der mit Werkzeugen ausgestatteten Vernunft. Die erste Ebene kann als natürliche Ebene angesehen werden; auf ihr sind nach moderner Sprechweise anthropologische Universalien repräsentiert. Die zweite Ebene ist offen für kulturelle Wirkungen; auf ihr können sich also kulturelle Spezifika entfalten. Lange bevor sich in den modernen Kognitionswissenschaften eine interdisziplinäre Denkweise etablierte, wies Vygotskij darauf hin, dass man drei Zugänge zum Verständnis höherer Funktionen nutzen sollte: die phylogenetische Betrachtung, die ontogenetische Analyse und die neuropsychologische bzw. pathologische Vorgehensweise. Wir können also von anderen Lebewesen lernen (eine Grundvoraussetzung dieses Buches), wir können aus der Entwicklung des menschlichen Erlebens und Verhaltens lernen (also von Kindern), und wir können von Patienten mit selektiven Störungen lernen. – Hier zeigt sich, wie jemand in vielen verschiedenen Bereichen kreativ sein kann, was es allerdings schwieriger macht, ihn einem davon eindeutig zuzuordnen.

Martin Walser: Meßmers Reisen, Frankfurt (Main): Suhrkamp 2003.
Was mag der Hinweis auf das Buch eines Schriftstellers in dieser Liste suchen? Weil viele Sätze in dieser Sammlung von Gedanken wissenschaftlichen Thesen von Hirnforschern entsprechen. Das ist ein Indiz für die „Einheit" gedanklicher Welten von Künstlern und Wissenschaftlern, nur bringen die Sätze des Schriftstellers das Gemeinte meist sehr viel klarer auf den Punkt. So hält Walser zum Beispiel fest: „Vergessensleistungen sind verlangt zur Fortsetzung des Lebens." Eine der wichtigsten Leistungen des Gehirns ist die kreative Beseitigung von Informationsmüll; der häuft sich nicht nur im Internet an, sondern auch in unserm Gehirn. An anderer Stelle heißt es: „Tatsächlich ist die Identität am wenigsten problematisch beim Geschlechtsverkehr" – sofern man bei dieser Tätigkeit nicht nebenbei noch in einen reflexiven Zustand gerät. Viele weite bemerkenswerte Äußerungen und Gedankenanregungen lassen sich nennen: „Wie weit muß man fahren, um fort zu sein?" – „Ihm war alles recht, außer er selbst." – „Wenn es einem schlecht geht, denkt man an das Leben. Wenn's einem gut geht, an den Tod. Die Waage." – „Ich sähe mich gern anders, als ich bin, werde aber dadurch nicht so, wie ich mich gern sähe." – „Schuldfähigkeit ist die höchste Fähigkeit, zu der ein Mensch sich entwickeln kann." – „Ich bewundere Menschen, die wenig Zustimmung brauchen." – „Ich bin nicht, der ich bin." – „Wir sind nicht die, die wir scheinen. Jeder verstellt sich dem Nächsten zulieb." – „Hätte man doch, als man lebte, gelebt." Das Buch endet mit dem Satz: „Alles, was ich mir sagen kann, ist nichts gegen das, was ich mir nicht sagen kann." Immer wieder wird das Grundproblem der Neurowissenschaften angesprochen, wie nämlich „Identität" erzeugt und erhalten werden kann, sei es die Identität dessen, was sich gerade in meinem Bewusstsein beim Sehen oder Denken abspielt, sei es die Selbst-Identität. Woher weiß ich, wer ich bin?

Teil 5   Kreativität in den Augen anderer

John A. Wheeler: „Bohr, Einstein, and the Strange Lesson of the Quantum", in: Richard Q. Elvee (Hrsg.): Mind in Nature, Cambridge: Harper & Row 1982, S. 1–30.

Komplementarität wird von mir als ein generatives Prinzip gesehen; Vorgänge des menschlichen Erlebens und Verhaltens, Prozesse des menschlichen Gehirns, erklären sich nach diesem Prinzip: Es müssen immer mindestens zwei Prozesse zusammenkommen, damit sich unsere subjektive Welt aufbauen kann, so zum Beispiel das genetische Repertoire und seine Bestätigung durch Umwelteinflüsse. In der Quantenmechanik dagegen ist Komplementarität ein deskriptives Prinzip. Zwischen der Beschreibung eines Sachverhalts und seiner Erzeugung besteht ein kategorialer Unterschied.

Norbert Wiener: Invention. The Care and Feeding of Ideas, Cambridge: MIT Press 1994.

Wenn man am MIT, dem Massachusetts Institute of Technology, im Hauptgebäude einen etwa 300 Meter langen Gang entlanggeht („the eternal hallway"), dann trifft man meistens jemanden, den man kennt, auch wenn man Jahre nicht dort war. Außerdem kann man an einer der Wände der Lebensgeschichte Norbert Wieners folgen, des Begründers der Kybernetik. Wiener war eines jener Genies des 20. Jahrhunderts, die einfach alles wussten und konnten. Er war mit Kreativität in der Mathematik und Statistik gesegnet, voller Ideen für Erfindungen und auch noch schriftstellerisch begabt. Zudem hielt er seine Meinung über andere, meist eine schlechte, nie zurück. Wiener geht in seinem Buch „Invention" auf ein Problem ein, das viele kreative Wissenschaftler plagt: Oft werden nämlich Entdeckungen, die zu praktisch verwertbaren Innovationen führen könnten, von der Industrie nicht aufgenommen, um sich mit einem schlechteren Produkt vor einem besseren zu schützen, denn schließlich ist das schlechtere schon auf dem Markt. Kreativität kann also auch in die Frustration oder sogar Depressionen führen, weil Märkte von anderen Kräften beherrscht werden.

Semir Zeki: Inner Vision. An Exploration of Art and the Brain, Oxford: Oxford University Press 1999.

Semir Zeki, ein guter Freund, ist einer der kreativsten Neurowissenschaftler unserer Zeit. „Inner Vision" ist ein ungewöhnliches und sehr erhellendes

Buch darüber, wie man künstlerischen Werken auf andere Weise entgegentreten kann. Kunstwerke werden in einen Rahmen gestellt, der für manche Kunsthistoriker ungewöhnlich sein mag. Ist es überhaupt erlaubt, Werke der Kunst aus neurowissenschaftlicher Perspektive zu betrachten? Es gibt in der Tat ein Verbotsschild, aufgestellt von unseren Stiefschwestern und Stiefbrüdern aus den Kunstwissenschaften, mit dem uns der Zugang zu ihren Gegenständen wegen mangelnder Kompetenz und unserem laienhaftem Gerede verweigert werden soll. Es ist sicher richtig, dass Naturforscher manchmal über das Ziel hinausschießen, wenn sie Aspekte von Kunstwerken erklären wollen, und mit Recht kann man Semir Zeki den Vorwurf machen, sich zu weit aus dem Fenster zu lehnen. Doch es gibt eine andere Perspektive, die nicht uns Naturforscher, sondern Kunsttheoretiker als Laien dastehen lässt. Denn über manche Aspekte der Künste – sei es Musik, Dichtkunst oder bildende Kunst – können sie nicht angemessen sprechen. Wir sehen Dinge, die sie nicht sehen können. Wenn man etwa die zeitliche Gestaltung musikalischer Motive untersucht, ist das ohne ein Wissen darüber, wie zeitliche Wahrnehmung im menschlichen Gehirn strukturiert ist, nicht möglich. Bücher wie das von Semir Zeki sind ein Aufruf, bidirektional zu denken. Was können wir Naturforscher von den Künsten lernen? Was können wir im Sinne einer Perspektiverweiterung zum Verständnis der Künste beitragen? Damit ist im Grunde die Aufgabe einer jeden Universität angesprochen, sich nämlich um das universale Wissen zumindest zu bemühen, wissenschaftliche Disziplinen miteinander in Verbindung zu bringen, über die Fachgrenzen hinwegzuschauen, sich in seiner Kreativität anregen zu lassen, gemeinschaftlich und mit Respekt gegenüber anderen einen Denk-Ort zu gestalten, der beschrieben werden kann als „Syntopie".

Dank

In diesem Buch wird Bezug genommen auf neueste und manchmal nicht mehr ganz so neue wissenschaftliche Ergebnisse. Diese wurden und werden möglich gemacht durch persönliche und institutionelle Unterstützung. Zu nennen sind hier insbesondere Bettina Zech als Vorsitzende des Kuratoriums des Parmenides Center for Art and Science mit den weiteren Kuratoriumsmitgliedern Oliver Jahraus und Jochen Tschunke; dieses Zentrum wird geleitet von Albrecht von Müller und mir selbst, organisatorisch betreut wird es von Susanne Piccone und Eva Ruhnau. Wie sich neue Bildungskonzepte in den künstlerischen Fächer verwirklichen lassen, das wird im Promotionskolleg „Gestalten und Erkennen" der Hanns-Seidel-Stiftung untersucht, besonderer Dank gilt dem Vorsitzenden der Stiftung, Hans Zehetmair, sowie Paula Bodensteiner, Hans-Peter Niedermeier und Rudolf Pfeifenrath. Auf den Weg gebracht wurde dieses Kolleg durch Ernst Wagner vom Institut für Schulqualität und Bildungsforschung (ISB) in Bayern. Einen kreativen Rahmen für interdisziplinäre und internationale Forschung bietet das Humanwissenschaftliche Zentrum (HWZ) der Ludwig-Maximilians-Universität München mit Oliver Jahraus als geschäftsführendem Vorstand und Armin Nassehi als seinem Vertreter sowie der wissenschaftlichen Geschäftsführung unter Leitung von Eva Ruhnau. Institutionelle Förderung kam und kommt von der Deutschen Forschungsgemeinschaft, der Europäischen Union, dem Bundesministerium für Bildung und Forschung, der Bayerischen Forschungsstiftung, der Andrea von Braun Stiftung, dem Samueli Institute in den USA, dem Institute for Cognition and Communication in München und der Peking University. Mit der Peking University wird jedes Jahr seit der Jahrtausendwende ein Workshop on Cognitive Neuroscience and Psychology durchgeführt; diese Veranstaltungen erlauben einen besonderen Einblick in die Denkweisen von Wissenschaftlern aus verschiedenen Erdteilen. Besonders anregend sind auch die jährlichen Veranstaltungen der „Unputtables" unter der Leitung von Jürgen Brenner, einer Gruppe von Chirurgen, die, wie es sich für gute Ärzte gehört, stets den Realitätsbezug abstrakter Ideen einfordern. Außerordentlich hilfreich waren die kritischen Bemerkungen von Christian Koth vom Hanser Verlag und von Stephan Ditschke; sie haben auf Verständlichkeit gedrängt, und was dennoch unverständlich geblieben ist, das ist den Autoren anzulasten.

Gedichts- und Fotoquellen

Hans Adler, „Wie glücklich sind die Tiere auf der Weide!", in: Hans Adler: Erzählungen. Villa Paradiso – Die Witwe – Das Froscherl. Gedichte aus „Affentheater". Mit einem Nachwort hrsg. von Martina Maria Quoika, Reihe „Randfiguren der Moderne", Postskriptum 1992.

Archilochos, „Dieses begehren nach ihren armen", in: Raoul Schrott: Die Erfindung der Poesie. Gedichte aus den ersten viertausend Jahren, Eichborn 1997.

Gottfried Benn, „Was schlimm ist", in: Sämtliche Werke. Stuttgarter Ausgabe, 7 Bände in 8 Teilen. Hrsg. von Gerhard Schuster (Bd. 1–5) und Holger Hof (Bd. 6 und 7), Klett-Cotta 1986–2003.

Gottfried Benn, Gesang I, in: Sämtliche Werke. Stuttgarter Ausgabe, 7 Bände in 8 Teilen. Hrsg. von Gerhard Schuster (Bd. 1–5) und Holger Hof (Bd. 6 und 7), Klett-Cotta 1986–2003.

Hans Magnus Enzensberger, „Weitere Gründe dafür, daß die Dichter lügen", in: Gedichte 1950–2005, Suhrkamp 2006.

Heinz Erhardt, „Anhänglichkeit", in: Heinz Erhardt Gesamtausgabe, Lappan 2009.

Heinz Erhardt, „Urlaub im Urwald", in: Heinz Erhardt Gesamtausgabe, Lappan 2009.

Robert Gernhardt, „Lustiger Dichter", in: Gedichte 1954–1997, Haffmans Verlag 1999.

Robert Gernhardt, „Dreißigwortegedicht", in: Reim und Zeit, Reclam 1996.

Robert Gernhardt, „Philosophie-Geschichte", in: Wörtersee, S. Fischer Verlag 1997.

Robert Gernhardt: „Welt im Wandel", in: Später Spagat, S. Fischer Verlag 2008.

Robert Gernhardt, „Die natürlichste Sache der Welt", in: Gedichte 1954–1997, Haffmans Verlag 1999.

Robert Gernhardt, „Zweierlei Therapie", in: Die K-Gedichte, S. Fischer Verlag 2004.

Goethe und Schiller, „Xenie 375: Ich", in: Goethe. Sämtliche Werke, Münchner Ausgabe in 20 Bänden. Hrsg. von Karl Richter, Carl Hanser Verlag.

Goethe, „Daimon" aus „Urworte. Orphisch", in: Sämtliche Werke, Münchner Ausgabe in 20 Bänden. Hrsg. von Karl Richter, Carl Hanser Verlag.

Goethe, „Römischen Elegie", in: Sämtliche Werke, Münchner Ausgabe in 20 Bänden. Hrsg. von Karl Richter, Carl Hanser Verlag.

Hermann Hesse, „Ein Wallfahrer-Lied von Vögeln gesungen", in: Hermann Hesse: Sämtliche Werke. Hrsg. von Volker Michels. Zwanzig Bände und ein Registerband, Suhrkamp 2001–2005.

Horaz, Ode 30 „Errichtet habe ich ein Denkmal", in: Sämtliche Werke. Lateinisch/Deutsch, hrsg. von Bernhard Kytzler, Reclam 2006.

Jodok (Hanns Freiherr von Gumppenberg), „Sommermädchenküssetauschelächelbeichte", in: Das Teutsche Dichterross in allen Gangarten vorgeritten. (Parodien) 13. u. 14. erw. Aufl., Callwey 1929.

Mascha Kaléko, „Memento", in: Verse für Zeitgenossen, hrsg. von Gisela Zoch-Westphal, Rowohlt 1980.

Erich Kästner, „Wieso warum?", in: Werke, Band I, Zeitgenossen haufenweise. Gedichte. Hrsg. von Harald Hartung, Hanser 1998.

Erich Kästner, „Neues vom Tage", in: Werke, Band I, Zeitgenossen haufenweise. Gedichte. Hrsg. von Harald Hartung, Hanser 1998.

Erich Kästner, „Die Entwicklung der Menschheit", in: Werke, Band I, Zeitgenossen haufenweise. Gedichte. Hrsg. von Harald Hartung, Hanser 1998.

Friederike Kempner, „Arglos und harmlos", in: Dichterleben, Himmelsgabe. Sämtliche Gedichte. Hrsg. von Nick Barkow und Peter Hacks, Berlin 1989.

Matthias Koeppel, „Gedeuchtittis", in: Starkdeutsch: eine Auswahl der stärksten Gedichte, Wagenbach 1983.

Gedichts- und Fotoquellen

Karl Krolow, „Exit", in: Im Diesseits verschwinden. Gedichte aus dem Nachlass, hrsg. von Peter Härtling und Rainer Weiss, Suhrkamp 2002.
Friedrich von Logau, „Die gute Diät", in: Ein Tag der Liebe. Ein Stundenbuch. Zusammengestellt von Rolf Michaelis, Insel 2008.
Rainer Malkowski, „Wollte ich heute sein wie am Anfang", in: Die Gedichte. Mit einem Nachwort von Nico Bleutge. Wallstein 2009.
Christian Morgenstern, „Das ästhetische Wiesel", in: Galgenlieder, Piper 2002.
Christian Morgenstern, „Scholastikerprobleme", in: Hundert Gedichte, Parkland 1988.
Fernando Pessoa/Ricardo Reis, „Ich weiß nicht, wer mich an mich erinnert", in: Ricardo Reis. Poesia – Poesie. Hrsg. von Inés Koebel, Fischer 2008.
Matthias Politycki, „Blaue Blume. Rudi Schachtlmacher schüttelt den Kopf über Gedichte", in: Die Sekunden danach. 88 Gedichte, Hoffmann und Campe 2009.
Matthias Politycki, „Weniger guter Geruch", in: Die Sekunden danach. 88 Gedichte, Hoffmann und Campe 2009.
Alexander Pope, „Epitaph intended for Sir Isaac Newton in Westminster-Abbey", in: The Works of Alexander Pope, Esq., in Nine Volumes, Complete, Volume the Second. London 1797 (Übersetzung von W. v. Koppenfels).
Rainer Maria Rilke, „Wunderliches Wort", in: Die Gedichte. Rilkes lyrisches Werk in einem Band, Insel 2006.
Joachim Ringelnatz, „Die Schnupftabaksdose", in: Sämtliche Gedichte, Diogenes 2005.
Joachim Ringelnatz, „Abendgebet einer erkälteten Negerin", in: Sämtliche Gedichte, Diogenes 2005.
Joachim Ringelnatz, „Logik", in: Sämtliche Gedichte, Diogenes 2005.
Joachim Ringelnatz, „Heimweg", in: Sämtliche Gedichte, Diogenes 2005.
Eugen Roth, „Arbeiter der Stirn" und „Man wird bescheiden", in: Eugen Roth: Ein Mensch. Heitere Verse, Carl Hanser Verlag 1949.
Sappho, „Mögen sie auch nur Atem sein" und „Die Musen gaben mir mein leben", in: Raoul Schrott: Die Erfindung der Poesie. Gedichte aus den ersten viertausend Jahren, Eichborn 1997.
Friedrich Schiller, „Nänie", in: Sämtliche Werke, Band 1, hrsg. von Albert Meier, Hanser 2004.
Arthur Schopenhauer, „Gebet eines Skeptikers", in: Der handschriftliche Nachlaß in fünf Bänden. Vollständige Ausgabe in sechs Teilbänden. Hrsg. von Arthur Hübscher, dtv 1985.
William Shakespeare, Sonett 18 in Übersetzung von Hans Magnus Enzensberger, in: „ lesen, wie krass schön du bist konkret". William Shakespeare. Sonett 18 vermittelt durch deutsche Übersetzer, edition signathur 2003.
Shiki, Chora, Buson, Basho, in: „Japanische Jahreszeiten", übersetzt von Gerolf Coudenhove, Manesse 1963.
Walther von der Vogelweide, „Wo Kräuter gut gewachsen sind", in: In den sonnigen Beeten. Hundert Gedichte für Gartenfreunde, hrsg. von Jürgen Engler, AufbauVerlag, Berlin 2010.

Al Karam Abdulla: privat
Bao Yan: privat
Broder Henryk M.: Marco Limberg
Burda Hubert: Ingeborg Bock-Schröder
Diekmann Kai: Parwez
Enzensberger Hans Magnus: Carolin Seeliger
Giordano James: privat
Henn Gunter: Heinz von Heydenaber
Maar Christa: Jorinde Gersina

Nida-Rümelin Julian: Bernd Euring
Pförringer Wolfgang: privat
Piccard Bertrand: © Solar Impulse | Stéphane Gros
Reinisch Maria: Christian Schlüter
Sacharow-Ross Igor: Claudia Kroth
von Heimburg York: Michael Steiner
Zondler Isolde: privat

Index

A
Abstraktion 11
Achtsamkeit 28, 31, 144
Adler, Hans 153
Adolphs, Ralph 202
Aggression 83
Aha-Erlebnis 135, 139, 219
Al Farabi 133, 203
Al Karam, Abdulla 8, 125, 131
Al Maktum, Muhammad bin Rashid 131
Alter 13
Amabile, Teresa M. 219
Amelung, Robert 77 ff.
Ammann, Jean-Christophe 203
Angst 68, 77 f., 80, 85, 89, 138, 141, 188, 190, 203
Archilochos 175
Archimedes 135, 205
Architektur 19, 21 ff., 140
Aristoteles 110 f., 160, 204
Ästhetik 21 ff., 113, 150, 231, 234, 239
Astrologie 184
Aufmerksamkeit 28, 128 f., 138, 155, 207, 222, 228
Augustinus, Aurelius 204
Austausch 18, 43
Austin, James H. 205
Autismus 245
Averroës 133
Avicenna 133
Avram, Mihai 113
Azteken 35

B
Bach, Johann Sebastian 37, 40
Bachmann, Ingeborg 91
Bacon, Francis 205, 225
Balance 111, 114 f.
Bao, Yan 8, 125 f., 128 ff., 206
Beckenbauer, Franz 55, 102
Belohnung 115, 136, 139
Benn, Gottfried 13, 180

Berchtold, Nicole C. 213
Berscheid, Ellen 207
Bestätigung 158
Beuys, Joseph 185
Bewegung 12
Bewertung 149 f., 152, 157
Bewusstsein 14, 67, 88 ff., 95, 152 ff., 167, 169, 212, 235, 237, 241, 247
Bieri, Peter 208
Biologie 7, 9 f., 12, 19, 107, 147, 152, 186, 202, 212, 215, 229, 239, 243
Bogner, Willy 55
Bohr, Niels 230, 241, 248
Bongard, Josh 234
Bono, Edward de 208
Borschberg, André 97 f.
Bottom-up-Prinzip 29 f.
Brockman, John 209
Broder, Henryk M. 8, 83
Bronowski, Jacob 211
Brück, Michael von 211
Buber, Martin 178
Buddha 211
Burda, Felix 70
Burda, Hubert 8, 52 f., 227
Burn-out 20, 235
Busch, Bernd 240
Buße 115

C
Cannon, Walter B. 212
Cassirer, Ernst 212
Chaostheorie 190
Chen, Lin 29, 213
Chronobiologie 186
Cicero 187, 238
Connor, Sarah 102
Cortisol 68
Cotman, Carl W. 213
Crowd-Sourcing 44
Curie, Marie 99

D
Dalai Lama 9
Dalí, Salvador 30
Damásio, António R. 214

Dante Aligheri 245
Darwin, Charles 40 f., 177, 206, 210, 214, 242
Demenz 51, 139, 232
Denkzerfahrenheit 112
Depression 66 f., 89, 115, 235, 248
Descartes, René 62, 183, 214 f., 234
Dichter 7
Diekmann, Kai 8, 102
Disruptives Denken 53
Dissoziation 155
Diversität 143
Dopamin 23, 69
Drei-Sekunden-Fenster 80, 144, 169, 173, 205, 235
Durchlässigkeit 18
Dürer, Albrecht 89
Dylan, Bob 54

E
Eifersucht 77 f., 80
Einstein, Albert 99, 230, 241, 248
Eliasson, Olafur 240
Elvee, Richard Q. 248
Entgrenzung 127
Enzensberger, Hans Magnus 8, 90 f., 166, 191
Epigenetik 39
Episodisches Gedächtnis 47 ff., 52
Epstein, David 239
Erhardt, Heinz 172
Erinnerung 18, 39, 47 f., 51, 59, 80, 88 f., 93, 155, 157
Erinnerungen 184
Ernährung 140
Ethik 107, 116, 118, 239 f.
Ethologie 245
Evolution 7, 11, 39 ff., 92, 117, 122, 142, 148 ff., 152 f., 155 f., 158, 186, 206, 210, 215, 221, 225 f., 230, 239, 242
Evolutionstheorie 7, 41
Extraversion 19

Index

F

Fang, Yuan 127
Farbkonstanz 225
Feiertag, Michael 233
Feynman, Richard 215, 241
Field, John 244
Flexibilität 11, 143
Fokussierung 138
Freud, Sigmund 52, 54, 89, 172, 216, 229, 243
Friedrich Barbarossa 245
Frisch, Karl von 245
Fröbe, Gert 10
Frustration 11, 20, 248
Frustrationstoleranz 11, 45

G

Galilei, Galileo 241
Gedächtnis 39, 47, 49 ff., 54, 84, 155, 157, 196, 226, 228
Gedichte 7 f., 10, 13 f., 91 f., 94, 151, 162 ff., 167 ff., 174 ff., 184 ff., 188, 191 f., 197, 207, 242, 246
Gehirn 11, 14, 17 f., 28, 30, 38, 41, 48, 50 f., 63, 67 f., 80, 87 ff., 93, 104, 111 ff., 115, 118, 122, 135, 139 ff., 144, 148, 150 f., 154, 156 ff., 162, 167 f., 181, 183, 201, 205, 213 f., 216, 219 ff., 223, 225 ff., 231, 233, 235 ff., 239, 241 f., 244, 247 ff.
Gehlen, Arnold 217
Gehorsam 229
Gelassenheit 68
Genetik 13, 19, 39 ff., 63, 117, 140, 157 f., 168, 248
Gerhardt, Volker 217
Gernhardt, Robert 165, 174, 182, 184, 186, 189, 192
Gesetz 215
Gesichtsfeld 50, 129, 206
Gewissen 114
Gigerenzer, Gerd 217
Giordano, James 8, 110, 115 ff.
Gleichgewicht 12, 21
Glück 9, 12, 23, 80, 98, 208
Goethe, Johann Wolfgang von 180, 183 f., 187, 207, 246
Goya, Francisco de 47 ff.

Grünbein, Durs 218
Guilford, Joy Paul 11
Gutyrchik, Evgeny 30, 113

H

Haiku 176
Harmonie 220
Heidegger, Martin 11, 218
Heimburg, York von 8, 42 f.
Heisenberg, Werner 136, 230, 241
Helmholtz, Hermann von 218, 241
Helson, Harry 219
Hennessey, Beth A. 219
Henn, Gunter 8, 20 f., 25
Heraklit 158, 160
Hergé 99
Herzberger, Barbara 239
Hesse, Hermann 170
Heuchelei 240
Heureka-Erlebnis 135 f., 205
Hieron II. 135
h-Index 199
Hirnforschung 17, 43, 50, 130, 154, 156, 159, 184, 197, 199 f., 204, 214, 220, 225, 234, 237, 241, 247
Hirsch, Jorge E. 199
Historische Präsenzzeit 51
Hitler, Adolf 94, 124
Hölderlin, Friedrich 218
Homogenität 122
Homöostase 9 f., 12, 19, 79, 149, 152, 171, 178, 193, 201, 212, 233, 237, 245
Horaz 34, 190
Hubel, David 29
Hume, David 228
Hunt, Geoff 67
Hüsch, Hanns Dieter 84

I

Identität 51, 57 ff., 111 f., 131 ff., 155 f., 159, 183 ff., 193, 203, 221, 225, 228, 234, 247
Identitätsswitch 62
Identitätsüberforderung 59
Imagination 230
Individualität 17, 186, 217
Induktion 206, 225

Innovation 14, 145, 205
Instinkt 231
Integration 19
Intelligenz 91, 185, 198, 241
Interdisziplinarität 233
Introspektion 48 f., 51, 60, 155
Introversion 19
Invarianten, topologische 29
IQ 66, 91
Iriki, Atsushi 17
Isolation 19
Izutsu, Toshihiko 220

J

Jacobs, Arthur 242
Jahraus, Oliver 220
Jahresuhr 140
James, William 221
Jesus 211
Jodok 173
Jones, Brian 100

K

Kafka, Franz 220
Kahneman, Daniel 221
Kaléko, Mascha 188
Kant, Immanuel 10, 113, 128, 183, 222, 239
Kästner, Erich 151, 163, 181
Kausalität 228
Kempner, Friederike 171 f.
Kerner, Johannes B. 102
Kerner, Max 238
Khan, Jahangir 67
King, Stephen 87
Kleist, Heinrich von 137, 161
Koeppel, Matthias 170
Kohärenz 62
Kohäsion 230
Kohler, Ivo 223
Kolle, Oswalt 85
Kommune I 10
Kompetenzen, linguistische 168, 170 ff., 174, 193
Komplementarität 30, 59, 156, 158 f., 178 ff., 187, 248
Konfuzius 110, 128, 131
Kontinuität 121 f., 124 f., 131, 138, 156
Konzentration 11, 122, 138, 155 f., 222

Index

Kretschmer, Ernst 223
Kridlo, Susanne 240
Krolow, Karl 190
Kuhn, Thomas S. 224
Kultur 21, 35, 114, 126, 130ff., 134, 158, 202f., 209, 213, 220, 229
Kunst 28, 93, 95, 129f., 145, 185, 187, 193, 197ff., 203f., 207, 211, 213, 216, 239, 246, 249
Kybernetik 248

L

Land, Edwin 40f., 224
Langeweile 12
Legasthenie 27, 32
Leidenschaft 105
Lengeler, Joseph 225
Li, Chuanqi 127f.
Liebe 9, 37f., 40f., 50, 58, 78, 80, 207, 212, 241
Lindbergh, Charles 101
Logau, Friedrich von 186
Logothetis, Nikos K. 225
Lorenz, Konrad 226, 243, 245
Lügen 57f.
Luria, A. R. 226
Lust 12, 110, 234
Lyrik 54

M

Maar, Christa 8, 69f., 227
MacGregor, Neil 227
Mach, Ernst 241
Madonna 74
Malewitsch, Kasimir 213
Malik, Fredmund 44
Malkowski, Rainer 185
Mann, Thomas 94
Manteuffel, Hasso von 124
Mao Tsetung 111
Marinetti, Filippo Tommaso 34
Marx, Karl 243
Masochismus 61
Mayr, Ernst 227
McGinn, Colin 228
McGovern, Patrick 43
McInerny, D. Q. 228
Mead, Margaret 229
Meditation 155f., 212
Mentalesisch 161, 163
Milgram, Stanley 229
Miller, Arthur I. 230
Mitsukoshi 177
Möbius, Paul J. 231
Module 93
Mogi, Ken 245
Mohammed 211
Moral 109, 111ff., 116ff., 197
Morgenstern, Christian 174, 182
Morus, Thomas 232
Müller, Bernd S. 225
Müller, Lena 38ff.
Multikausalität 159
Multisensorische Ereignisse 31
Multitasking 88, 145
Mut 54, 68f., 71, 74, 105, 127ff., 201, 204, 222, 230
Mutation 7, 39, 42, 91, 142

N

Napoleon I. 47, 121f.
Nassehi, Armin 22, 232
Nationalsozialistischer Untergrund (NSU) 19
Natur 13, 18f., 33, 35, 148, 150, 225, 242f.
Nauta, Walle J. H. 233
Neugier 11
Neuroethik 110, 115ff.
Neurowissenschaft 62, 107, 110, 157
Newton, Isaac 170, 225, 241
Nida-Rümelin, Julian 8, 61
Nida-Rümelin, Rolf 61
Nietzsche, Friedrich 183
Nikolitsch, Peter 77ff.
Norman, Donald A. 233

O

Ökonomieprinzip 122
Orgasmus 229
Ortega y Gasset, José 234
Ort, persönlicher 17, 141f.
Osmose 18

P

Paradigmen 224
Paretoprinzip 136
Paulus 115, 218
Peek, Kim 87f.
Persönlichkeit 62, 69
Pessoa, Fernando 184
Pfeifer, Rolf 234
Pförringer, Johann Martin 121f.
Pförringer, Sigmund 123
Pförringer, Wolfgang 121ff.
Phänotyp 117
Piccard, Auguste 98f.
Piccard, Bertrand 97ff.
Piccard, Jacques 98f.
Plato 243
Pöppel, Ernst 206, 234ff.
Politycki, Matthias 165, 174
Pope, Alexander 170
Potenzgesetz 243
Prägungsprozesse 158
Primio, Franco di 225
Prinzipal-Agent-Theorie 59
Psyche 12
Psychoanalyse 216
Psychose 112
Psychotherapie 242

Q

Quantenmechanik 248

R

Radil, Tomás 238
Rationalität 183
Raup, David M. 239
Reafferenzprinzip 142, 244
Rees, Martin 210
Reflexion 13
Regelmäßigkeit 143
Reimer, Werner 239
Reinisch, Leonard 73
Reinisch, Maria 8, 69, 72
Religion 13, 34, 115, 118, 145, 148, 211, 213
Rentschler, Ingo 239
Richtigkeit 111
Rilke, Rainer Maria 10, 13, 27, 246
Ringelnatz, Joachim 169, 179f., 188, 192
Ritualisierung 142f.
Robotik 254
Rodin, Auguste 27f., 31
Roessler, Kurt 240

Index

Rohe, Mies van der 22
Rollen 59 ff., 71, 74
Röntgen, Wilhelm Conrad 123
Roth, Eugen 162, 183
Rowling, Joanne K. 17 f.
Ruhnau, Eva 224, 237, 240
Rümelin, Angelika Aurora 61
Russell, Bertrand 241

S

Sacharow-Ross, Igor 8, 33, 240
Sacher-Masoch, Leopold von 61
Saint-Exupéry, Antoine de 98
Sappho 191
Sartre, Jean-Paul 243
Savants 87
Schiller, Friedrich 183, 192
Schizophrenie 112
Schmerz 110, 234
Schmetterlingseffekt 191
Schminken 30
Schopenhauer, Arthur 181
Schröder, Gerhard 61
Schrödinger, Erwin 241
Schrott, Raoul 175, 191, 242
Schubert, Franz 54
Schuld 115
Schumpeter, Joseph 45
Schwarm-Intelligenz 43 f.
Schweissguth, Katharina 29
Selbst-Monitoring 142 f.
Selbstverantwortlichkeit 11
Selektion 7, 39, 42, 92, 142, 215, 225, 243
Sensibilität 27
Sensitivität 11
Serotonin 115
Serrell, Orlando 88
Sexualität 12, 31, 58 f., 61, 84 f., 151, 186 f., 203, 211, 238
Shakespeare, William 191
Sicherheit 17
Silveira, Sarita 30
Sinn 141, 152, 181, 208
Sinnesorgane 27 f., 50, 152
Skinner, Burrhus F. 242 f.
Snyder, Allan 87, 245
Spencer, Herbert 215
Sport 67, 213
Stalin, Josef 111
Staunen 83
Steinhauer, Peter 77 ff.
Stevenson, Leslie 243
Stevens, Stanley S. 243
Stier, Barbara 123
Strafsehnsucht 114
Strauß, Franz Josef 103
Subjektivität 91
Suprematismus 213
Surowiecki, James 244
Symmetrie 21 f.
Symmetriebruch 38 f.
Syntopie 25, 232 f., 249

T

Testosteron 68
Teuber, Hans-Lukas 244
Theory of Mind 28, 111
Think Tank 14
Thomas von Aquin 54
Thurn und Taxis, Margarete von 123
Tinbergen, Niko 245
Tod 186, 188 ff., 203
Tokoro, Mario 245
Top-down-Prinzip 29 ff.
Traumatherapie 79
Träume 47, 52, 228
Trigger 18
Tripp, Jan Peter 93
Tuchel, Thomas 68
Tulving, Endel 48
Turner, Fred 169
two-streams hypothesis 30

U

Übersprungshandlung 245
Uhlig-Romero, Gerald 103
Unbewusstes 48, 52, 89, 135
Unseld, Siegfried 246
Ursuppe 13

V

Validität 163
Variabilität 39, 42, 142
Verantwortung 63, 238
Verdrängung 38, 117, 172
Vergessen 87, 89, 93
Vergessenskurve 89
Verhaltensforschung 226, 238
Vestibuläres System 28
Vinci, Leonardo da 130
Vorstellungskompetenz 11
Vygotskij, Lew S. 246

W

Wagner, Beatrice 171
Wahrnehmung 27 ff., 41, 80, 150, 152, 198, 213, 219, 223 f., 228, 235, 243 f., 249
Walser, Martin 247
Walsh, Don 99
Walther von der Vogelweide 178
Wang, Zhiyuan 126
Wasmeier, Markus 55
Weizsäcker, Carl Friedrich von 241
Wergelt, Angela 37 ff.
Wergelt, Hans-Peter 37 ff.
Werte 110 f., 114, 116
Wertheimer, Max 230
Wheeler, John A. 241, 248
Wiener, Norbert 248
Wiesel, Torsten 29
Wille, freier 183
Wiltshire, Stephen 87
Wissen 48
Wissenschaft 13
Wright, Gebrüder 101
Würde 63

Y

Yang, TaoXi 127
Yew, Lee Kuan 131
Yin und Yang 178

Z

Zeki, Semir 248
Zeugenaussagen 51
Zondler, Isolde 8, 20
Zondler, Urs 20, 67
Zufall 37 ff., 94, 142, 145, 203, 209
Zwillingsforschung 63